众包模式中用户行为研究

The Research of User Behavior in Crowdsourcing

卢新元/著

本书获国家自然科学基金项目（项目编号：71471074）和中央高校自主探索创新项目（项目编号：CCNU18TS040）的资助

科学出版社

北 京

内 容 简 介

进入21世纪以来，全球竞争不断加剧，知识更新速度越来越快，产品技术复杂程度越来越高，随之而来的是企业创新难度越来越大。众包模式的出现，在一定程度上能有效缓解用户需求多样化与创新能力不足之间的矛盾。作为众包模式的参与主体，接包方和发包方同时也是众包模式的用户，在众包模式对企业创新绩效带来影响的同时，对用户行为的研究也显得尤为重要。因此，本书通过文献研究、专家访谈、调查问卷、仿真博弈等方法，深入、系统地分析众包模式中用户行为的表现形式、影响因素、参与意愿、演化模型等，为我国众包的进一步发展和应用提供借鉴和参考。

本书可供从事众包工作的相关工作人员，以及从事用户行为分析、知识管理与企业创新绩效等领域的研究者、高等院校师生等参考使用。

图书在版编目（CIP）数据

众包模式中用户行为研究 / 卢新元著. —北京：科学出版社，2019.11
ISBN 978-7-03-059385-6

Ⅰ.①众… Ⅱ.①卢… Ⅲ.①企业管理-商业模式-关系-用户-行为分析-中国 Ⅳ.①F279.23

中国版本图书馆 CIP 数据核字（2018）第 252180 号

责任编辑：邓 娴／责任校对：贾娜娜
责任印制：吴兆东／封面设计：无极书装

科学出版社 出版
北京东黄城根北街 16 号
邮政编码：100717
http://www.sciencep.com

北京虎彩文化传播有限公司 印刷
科学出版社发行 各地新华书店经销
＊

2019 年 11 月第 一 版 开本：720×1000 B5
2020 年 1 月第二次印刷 印张：15 3/4
字数：298 000
定价：126.00 元
（如有印装质量问题，我社负责调换）

前　　言

随着全球竞争不断加剧，知识更新速度越来越快，产品技术复杂程度越来越高，用户的需求呈现出多样化、小众化的特点，随之而来的是企业创新难度越来越大。众包模式的出现，在一定程度上能有效缓解用户需求多样化与企业创新能力不足之间的矛盾。

众包是指一个公司、机构或者个人把过去由内部员工所做的工作、遇到的问题等发布出来，以自由、自愿的形式外包给未知的、非特定的（通常是大型的）大众的一种创新方式。众包让所有的参与者打破传统组织原有的接触壁垒，充分利用和聚集一切网络用户智慧。从众包的业务流程来看，众包模式涉及发包方、中介机构（众包平台）和接包方这三个行为主体，发包方通过中介机构将任务交给接包方。作为众包模式的参与主体，接包方和发包方同时也是众包模式的用户，在众包模式对企业创新绩效带来影响的同时，对用户行为的研究也显得尤为重要。本书基于众包模式的内涵和运行机理，对众包模式中的用户参与行为进行系统的分析，利用多种方法和手段，构建用户的参与意愿和声誉评价模型，分析众包模式下的定价策略和用户激励策略，探讨用户参与行为对企业创新绩效的影响因素和作用机理。

本书共分为 10 个章节。第 1 章绪论，介绍了本书的研究背景、目的、意义及研究内容，并对国内外研究现状和发展趋势进行了系统的归纳和分析，提出了本书的研究框架。第 2 章众包模式的基本概念与理论，对众包模式相关概念和理论进行系统而深入的阐述，为众包模式中的用户行为分析和研究提供理论和方法上的支持。第 3 章众包模式下用户参与意愿与行为研究，探讨基于场地理论和 D&M 模型（Delone & Mclean information system success model，信息系统成功模型）的众包模式下用户参与意愿影响因素及其作用机制，同时构建扩展的 DEMATEL（decision-making trial and evaluation laboratory，决策试行与评价实验室）模型，分析了众包模式下用户参与行为影响机理。第 4 章众包模式接包方声誉评价机制，利用 Gibbons 博弈模型分析接包方在声誉系统中伪造能力信息骗取任务分配的行为，然后利用 Python 网络爬虫技术，针对"猪八戒网"的在线评论数据，构建一套接包方声誉评价机制，并通过实际案例验证机制的合理性。第 5 章众包模式下接包方选择模型，从发包方、众包平台、接包方三个主体出发，构建了基于在线评论数据的接包方选择模型，选取决策树、K-最近邻、朴素贝叶斯三种分类学习算法中性能最佳者来实现模型，并基于实际众包数据验证该模型的性能。第 6 章众包模式下知识转移研究，基于社会资本理论，探讨了社会资本对众包中知识转移的影响，然后根据著名学者 Nahapiet 和 Ghoshal（1998）提出的社会资本划分维度建立模型，通过实证研究方法对理论模型加以验证。第 7 章众包模式下任务定价策略研究，以众包平台为研究对象，引入双边市场理论，主要研究众包平台上交易模式的分类及在不同交易模式下的定价策略。第 8 章协作式众包模式下激励策略优化研究，引入全支付拍卖理论和 Tullock 竞赛模型，构建无奖励限制情形下的协作式众包声誉激励策略优化模型和赏金激励策略优化模型，并对相关结果进行了数值算例验证。第 9 章众包模式下创新绩效研究，从接包方和发包方两个方面分别对众包模式下创新绩效影响因素进行研究，以组织打分评价的创新绩效为衡量标准，探讨众包竞赛下接包方创新绩效选择，构建众包模式下中小企业创新绩效影响因素模型，并为我国中小企业提高众包模式下的创新绩效提供参考建议。第 10 章众包模式创新生态系统及其演化，分析众包创新生态系统的构成与特征，通过与自然生态系统对比，分析其演化机理与规律，并最终建立众包创新生态系统的演化模型。

本书是国家自然科学基金项目"众包模式下用户参与行为对企业创新绩效的影响研究"（项目编号：71471074）、中央高校自主探索创新项目"社群 3.0 模式下用户交互行为及其作用机理研究"（项目编号：CCNU18TS040）的研究成果之一。

本书的完成和出版是课题组全体成员共同努力的结果。项目主持人卢新元负责本书的组织、撰写与统稿等工作，卢泉、张恒、黄梦梅、李梓奇、秦泽家、李杨莉、李珊珊、王雪霖、卞春会、代巧锋、胡智慧、方文琪等参与了专著的撰写。全书由卢新元进行修改和定稿，卢新元和张恒承担了本书的校对工作。本书在撰写过程中，参考了大量国内外研究成果，本书尽可能详细地在参考文献中列出了各位专家的研究成果，并在此对他们的贡献表达诚挚的感谢，正是这些学者的前期工作为本书的完成奠定了良好的基础，并为我们的研究提供了坚实的理论依据和科学方法。由于作者水平有限，书中难免存在不足之处，敬请读者批评指正。

卢新元

2018 年 12 月

于武汉桂子山

目　　录

第1章 绪 论

1.1 研 究 背 景

进入21世纪以来，全球竞争不断加剧，知识更新速度越来越快，产品技术复杂程度越来越高，随之而来的是企业创新难度越来越大。同时，企业还面临生命周期缩短、资源匮乏、创新能力不足等一系列问题，这就促使企业必须通过与更多的企业或个人合作，挖掘出更多的创新资源，以满足用户需求。并且，用户需求呈现出多样化、小众化的特点。企业要想满足用户需求并获取更多的用户，获得更大的市场份额，并保持相应的竞争优势，就必须通过与更多的企业或个人合作，挖掘出更多的创新资源，使自己的产品和服务更加多元化。企业的创新能力在企业进行产品和服务的开发过程中至关重要，而用户需求是在不断变化的。市场上产品和服务的更新换代速度不断加快，产品的生命周期不断缩短，如果不能在明确用户需求的基础上开发新的产品和服务，企业就会蒙受巨大的损失。因此，企业只有在明确用户需求的基础上，对产品和服务进行相应的创新，才能提升自己的创新绩效，进而提高自己的竞争力。众包（crowdsourcing）模式的出现，在一定程度上能有效缓解用户需求多样化与企业创新能力不足之间的矛盾。众包模式是指一个公司或机构把过去由员工执行的工作任务，以自由、自愿的形式外包给非特定的网络大众的做法。在这一过程中，企业只需要为贡献者支付少量报酬，有时，这种贡献甚至是完全免费的。

众包模式的形成始于开放源代码软件（open source software，OSS），即全球网友都可以自由参与对程序进行创造、修改的程序设计模式。众包这一概念由美国 *Wired*（《连线》）杂志的记者 Jeff Howe 于2006年6月提出。在 Web 1.0 时代，企业对用户进行单向的信息传递，消费者仅是信息的被动接受者。2005年以来，随着 Web 2.0 概念的提出，被动的信息传递已经不能满足消费者的需求，企业更加注重通过互联网与消费者进行互动，消费者从信息的被动接受者角色逐步向信息的创造者角色过渡，这为企业实现跨组织合理、快捷地利用资源提供了可能。

企业可以利用分散在各地的大众所形成的知识网络，调动大众利用互联网创造、分享和创新产品。在此基础上，一种新型的创新理念和生产方式——众包随之产生。近年来，众包模式受到中外众多企业的关注，宝洁、亚马逊、IBM（International Business Machines Corporation，国际商业机器公司）等一些知名企业已经开始了众包模式的实践。宝洁、波音及杜邦等知名公司将企业内部无法解决的难题张贴在 InnoCentive 网站上，征募全世界的人才来解决这些问题。通过搭建网络合作平台，企业可以充分利用网络节点上的每一个消费者的能动性和创造性，来弥补企业内部智力资源和物质资源的不足，降低企业成本，发展企业的核心能力。目前，全球众包网站超过千家，注册会员超过一亿人，交易额超过百亿美元。众包也成为众多学者和企业界人士关注的焦点。

众包在我国最早被叫作"威客"，这一概念由我国学者刘峰于 2005 年提出，而在 2006 年杰夫·豪就提出了众包这一概念。"威客"理论和众包具有异曲同工的效果，"威客"产生于互联网的互动问答功能，只有承认互联网的知识智慧具有经济价值，才能推动互联网用户回答问题、完成任务。"威客"的核心思想是：把人的知识、智慧、经验和技能能通过互联网转换成实际收益。其主要应用于解决科学、技术、工作、生活和学习等领域的问题。在该模式下，人类的知识和智慧将会因为互联网而被无限放大和传播，并创造出令人惊讶的社会财富。众包的理念在古今中外人们的生活实践中得到了广泛运用，并获得了满意的结果，悬赏形式在历史上留下了很重要的足迹，这种悬赏的形式就类似于现在所说的众包。但是，由于当时信息交换受到时代的影响，无法迅速地扩大其运用范围。20 世纪 80 年代以来，全球化步伐加速，各领域的技术也不断革新，知识创新再一次受到高度重视。同时，企业还面临产品周期缩短、资源匮乏、创新能力不足等问题，使得企业必须通过与其他先进的企业或者个人进行合作，将更多的资源挖掘出来，真正做到将"产销结合"改变成"产费结合"。Web 2.0 时代出现的微信、微博等新型的网络社交的运用形式，将 Web 2.0 个性化、高效化、平扁化和大众化等特点运用到更多的社会实践中。相关数据统计表明，仅仅发展了 10 年，中国互联网网民已经达到 5 亿人，年轻化网民居多且处于持续增长态势，我国国民成为"数字原住民"的人数越来越多。互联网也因此成为年轻人工作和生活的一部分，互联网工作方式也被网民接受。

众包继承并发展了 Web 2.0 的概念，以网络大众自身所具有的智慧换取网民所需要的财富、满足和认同。它极大地利用了 Web 2.0 的互动性，网民在传播知识的同时也在慢慢形成知识原创和高效率的知识创造模式。被人熟知并经常使用的 Linux 系统和 Windows 系统，以及国外的维基百科和国内的百度百科就是大众通过在网络上分工协作创造出来的。因为在信息时代，企业需要更加庞大和专业化的网民群体来高效地完成工作，以及广泛地运用知识，这也是企业发展所需的重要资源，这些都对众包模式的普及发挥了重要的作用。

除此之外，长期传统封闭的生产方式受到开放式的社会化大生产的重大冲击，市场经济对自然经济的冲击也导致了劳动分工，互联网的普及让这些"业余爱好者"知识获取和知识分享途径丰富起来。作为一种开放的、自由的创造形式，众包能够快速地被运用到如今的生产方式中，如"Facebook""土豆视频""优酷视频"等，并且均创造了很高的效益和利润。例如，虽然 YouTube 2006 年内部员工只有 67 名，其成立仅仅不到两年的时间，却能以 16.5 亿美元的高价被世界 500强的搜索公司谷歌收购。

综上所述，众包的兴起是互联网发展和社会生产变革的综合结果，是大众以主人公身份主动参与知识创造的重要进程。但是，迄今为止，众包没有意识到互联网的知识价值化问题，没有对其诞生的根源进行探讨，众包这一理念还处在概念模糊和泛化应用的阶段。目前，众包这一理念在我国蓬勃发展，"猪八戒网""一品威客"等众包平台发展迅速，与此同时，支付宝推出了"蚂蚁微客"，京东推出了"京东众包"，小米则推出了"MUIU 论坛"，众包这一理念在我国得到更广泛、更深层次的应用。

众包模式虽然吸引了高校、企业、政府等组织的关注，但目前学者对于众包模式的研究仍旧比较匮乏。国内外学者对于众包模式的研究主要体现在以下四个方面：第一，众包的优势源于什么；第二，众包的内涵及其类型；第三，大众参与众包的动机和行为；第四，众包的应用及企业基于众包的商业模式构建。企业实现众包模式的关键在于充分利用企业外部的知识和能力网络。因此，企业必须思考众包的参与者为何愿意参与众包项目，即对用户行为进行分析，同时需要对众包模式给企业创新绩效带来的影响进行横向和纵向的分析，以便更加科学有效地制定众包策略。

1.2 研究目的及意义

1.2.1 研究目的

知识经济时代，创新保持着国家和企业发展的原动力。知识资源是企业不断进行创新的最重要的资源。市场需求的不断变化，用户个性化的需求，技术和产品生命周期的缩短，使得知识创新成为企业生存和发展的必要条件。一些企业通过持续的技术和产品的研发投入，希望能维持新产品和服务在市场上的领先性和竞争性，然而这种创新投入却是有风险的。因为随着市场和技术环境的不断改变，即便是一些具有较强创新能力的企业，也不是总能从其产品创新中获益。主要的原因首先是大量创新投入产生的成果较难转化成为市场所接受的产品，即转化率低；其次是面临用户不断变化的需求，企业却没能及时通过技术或产品创新来满足这些需求。以"用户参与"为核心的开放式创新模式，能以用户为创新主体，充分立足用户需求，而且由于这种并非完全出于商业目的的创新成本较低，能较好地解决上述企业难以从高投入的自行创新中获益的困难。

首先，本书主要结合众包平台的发展现状，对众包平台中用户的接受意愿、众包社区内部，以及众包社区到企业的知识转移的过程及绩效进行研究，帮助学界和业界更好地理解大众参与众包平台的活动并进行决策的过程，以及这种用户参与如何帮助企业提升创新绩效。其次，众包的发展离不开众包平台中的用户，本书还着眼于众包平台中接包方能力的评估，以期为接包方能力的提升和众包平台的可持续发展提供相应的对策。再次，本书还着眼于众包平台中接包方和发包方的特点及众包平台自身的特点，利用博弈论等相关理论为用户和众包平台提供相应的定价和发包策略。最后，本书还着眼于众包平台自身，探究众包平台中知识转移的效率及影响因素，并分析众包平台的创新能力和众包平台的创新生态系统，帮助众包平台提升创新能力和实现可持续发展。

1.2.2　研究意义

（1）理论意义。对众包模式的研究，可以进一步发展现有的企业创新理论。虽然传统的创新理论也认为企业要注重整合企业外部资源，但很少有学者从大众参与者的视角来研究企业创新绩效等问题。众包模式中参与企业创新活动的主体，可以是企业外部的任何单位或个体，这将大大弥补企业创新资源的不足，因此，研究众包模式有利于进一步完善和丰富现有的企业创新理论。

史特金对用户创造内容的网站进行研究发现，大部分用户只是在跟随其他用户，或者是其他内容的跟随者，只有一小部分用户是创造内容的生产者，还有一些用户则会对内容发表自己的观点[1]。同样地，众包用户虽然有一定的用户量，但是能够积极参与任务的用户相当有限，其商业价值无法完全与企业融为一体。因此，众包作为知识经济时代开放式的创新模式，能否实现用户知识向企业成功转移是运用众包模式成败的关键。同时，通过研究得出处在网络关系中用户的相互

---

① 史特金定律，https://baike.baidu.com/item/史特金定律/9731360?fr=aladdin。

作用关系并据此提出具体的应对策略也是亟待研究的重要课题。

（2）实践意义。艾瑞咨询集团（iResearch）的调查表明，截至 2012 年底，中国提供众包服务的相关网站已经超过 100 家，注册会员超过 2 000 万人，累积交易金额超过 3 亿元。由此可见，众包模式的发展有效地扩大了电子商务的范围，形成了一个新的"无形商品"电子商务模式。对于企业来说，将业务众包出去能够集中更多人的智慧，同时获得多个解决方案，能够降低成本、缩短研发周期、提高质量等，这将会对企业的经营、管理和创新活动产生非常大的影响，但众包服务提供商及其所属的公司要想生存下来，必须要有大量的参与者，既要有大量的客户通过威客网站发布有偿任务，也要有众多有意愿的参与者参与任务，只有这样才能满足网站"多样性"的客户要求。因此，对用户参与意愿和参与行为进行分析，来研究其对企业创新绩效的影响就显得特别重要。本书的研究成果将为客户企业、众包服务提供商制定众包战略提供借鉴和参考。

众包平台不仅仅是社交平台，同时也是用户之间、用户与企业之间的交易平台，社区内部的运行机制和传统的交易市场有很多类似之处。因此，在自由的网络众包市场环境下，无论是接包方还是发包方，以自身满足为出发点才会产生任务匹配。同时，网络化众包服务平台是由海量用户组成的虚拟平台，用户之间能否形成紧密而强有力的关系网是关乎创新任务产出的主要节点。因此，从用户所具有的或者相互之间形成的社会资本出发，并结合众包的特质和前人的研究，总结与众包密切相关的因素，深入讨论这些因素对众包中知识转移的影响，对以后众包活动的开展和众包平台的运营具有重要的实践意义。

1.3 研 究 内 容

众包的研究涉及的方面多种多样，具有系统性、复杂性的特点。本书在结合国内外相关研究的基础上，综合运用数据挖掘、头脑风暴、情感倾向得分算法、分类算法、结构方程和博弈论等多种研究方法，从接包方、发包方和众包平台的整体视角入手，对众包平台中存在的一些问题进行全面分析。本书共分为 10 章，主要内容如下。

第 1 章：首先介绍本书的研究背景、目的和意义；其次，具体介绍本书的各个章节的研究内容；最后，对众包领域内的相关研究进行总结和评述。

第 2 章：主要介绍众包的概念和模式分类，对众包应用的实例进行分析，并对众包相关的理论进行介绍和总结。

第 3 章：由于众包模式下用户参与行为的复杂性和多样性，随着任务的进行，会演化为不同的用户参与行为。因此，用户参与行为的全过程会表现出不同的特征，其影响因素的种类或者作用关系及效果也会有所不同。如果运用社会学的角度来看待众包网站，它其实是一个小型的社会，是有着共同特点的群体。群体的关键是群成员之间有着直接的接触与交流，并产生情感上的认同，从而形成参与意愿。对于各类网站来说，参与意愿是一个非常重要的因素，如果用户没有参与意愿，就不会有忠诚度的存在。当用户的参与意愿达到一定强度，该用户就可能会愿意继续参与到网站的相关活动中。如果网站想要维护用户群的稳定性，那么就应该提升用户的参与意愿。因此，为了更好的解决众包模式下用户参与意愿与忠诚度问题，本章基于场地理论和 D&M 模型构造了包含工作价值取向因素、用户因素和网站因素三方面因素的众包模式下用户忠诚度影响因素的模型，探讨众包模式下用户参与意愿影响因素及其作用机制。

根据以上对众包模式下的用户参与意愿及忠诚度的分析，对用户的不同参与行为从以下几个方面进行影响因素分析：赏金数额、任务难易程度、任务期限、市场价格、竞争任务数量、用户知识水平、用户习惯、用户能力、参与用户数量等。首先，通过对众包网站用户的访谈分析，采用扎根理论提炼出用户参与行为的影响因素。在此基础上，构建扩展的 DEMATEL 模型，分析这些参与行为影响因素之间的相互关系，如悬赏数额、任务难易程度、任务期限等会对参与用户数量产生直接影响。此外，在对众包网站用户进行问卷调查的基础上，研究这些影响因素对众包用户不同参与行为的作用机制，从而构建众包模式下用户的不同参与行为影响因素及其作用关系模型。该章的目的是为下一步众包模式下的用户参与行为对企业创新绩效的影响研究提供依据。

第 4 章：该章将评论文本和评论得分合称为用户在线评论，在对评论文本进行情感倾向分析的基础之上，综合评论得分及评论时间、任务价格等其他声誉影响因素，利用 Python 网络爬虫技术，针对国内知名的众包网络平台猪八戒网的评论数据，构建一套众包模式下接包方声誉的评价机制，并搜集 9 个商家的实际案例验证机制的合理性。

主要研究内容分为：首先，针对目前众包网站已经存在接包方声誉系统，但发包方的交易体验依然不高的现实情况，对众包模式的内涵和特点及信号理论进行回顾，并利用 Gibbons 博弈模型分析接包方在声誉系统中的伪造能力信息骗取任务分配的行为，得出在不充分了解接包方能力的情况下应当利用声誉信息的结论，为接包方声誉评价机制的设计提供理论基础；其次，利用 Python 语言对猪八戒网的 95 364 条用户评论进行采集，将其作为语料库，经过去重、去停用词，构建得出情感词典，并以此计算评论文本的情感倾向性得分；最后，在综合时间、交易金额、情感倾向得分等维度的基础上集结出一套众包模式下接包方的声誉评价机制，并结合猪八戒网中 9 个真实的接包方店铺情况进行评估，证明该套评价机制能较为真实地反映出接包方的声誉及其能力。

第 5 章：该章系统性地结合众包网站的特征，从发包方、众包平台、接包方三个主体出发，以胜任力理论模型为基础，构建基于在线评论数据的接包方选择模型，以国内某大型众包网站为实验对象，因其记录有接包方评分、任务描述、任务中标情况等多样特征数据，故能很好地被用于实验。该章将解决以下两个问题：①众包平台有哪些特征数据对接包方筛选是有用的，不同特征因子组合对接包方选择结果的影响；②如何选取合适的分类算法来实现接包方的分类筛选。

具体的思路是：首先，将胜任力理论模型与众包特征相结合，基于接包方、任务设计、众包平台 3 个方面提出具体特征维度，构建基于在线评论数据的接包方选择模型；其次，通过对决策树（decision tree）、K-最近邻（K-nearest neighbor）、朴素贝叶斯（naïve Bayes）3 种分类学习算法性能进行比较，选取性能最佳的分类算法来实现接包方选择模型；最后，基于实际众包数据对本书模型的性能进行验证。

第 6 章：该章以社会资本理论为依据，综合众包领域内的现有研究，深入地探讨社会资本对众包中知识转移的影响。首先，对研究背景和意义做出详细的交代，并采用文献和理论回顾的方法作为研究支撑，从社会资本角度、知识转移角度和众包角度 3 个方面入手，分析社会资本与知识转移的关系；其次，以学术界公认的著名学者 Nahapiet 和 Ghoshal（1998）得出的社会资本划分维度建模依据，对研究进行假设；最后，利用设计问卷的方式对数据进行收集，并在数据统计软件 SPSS 21.0 和 AMOS 19.0 分别进行数据可行性分析和验证性分析，得出相关的结论。

第 7 章：该章以众包模式中连接接包方和发包方的众包平台为研究对象，引入双边市场理论，主要研究众包平台上交易模式的分类及在不同交易模式下的定价策略。因此，该章主要研究以下几个方面的内容：首先，对双边市场理论和众包相关研究进行归纳总结。结合众包这一创新模式的特点，对众包平台的结构和双边市场特征进行研究，并且对众包交易模式按照一定的角度进行分类。其次，按照前文的分类情况，在选取包括组内网络外部性、组间网络外部性及平台差异化等影响因素的基础上，建立不同交易模式下众包平台的定价模型，并根据模型结果进行分析，同时给出相应的定价策略，以期为众包平台管理者的定价决策提供理论指导。

第 8 章：该章对众包平台发包策略的研究将从两个方面展开，分别是无奖励限制情形下的协作式众包声誉激励策略优化和无奖励限制情形下协作式众包赏金激励策略优化。

对于无奖励限制情形下协作式众包声誉激励策略优化：首先，引入全支付拍卖（all-pay auction）理论，考虑发包方对奖励个数及奖励总价值无限制且奖励满足声誉奖励条件，即均质条件下，构建协作式众包模式下期望总收益的数学模型；其次，基于该模型属性设计协作式众包模式中声誉类奖励最优分配策略；最后，利用比较静态均衡法研究无奖励限制情形中接包方参与数量及群体接包能力发生变化时对协作式众包声誉激励策略的最优解的影响，并对相关结果进行数值算例验证。

对于无奖励限制情形下协作式众包赏金激励策略优化：首先，考虑到赏金额度的分配与声誉奖励分配的不同，利用 Tullock 竞赛模型对无奖励限制下的赏金激励策略进行建模分析；其次，再次利用 Tullock 竞赛模型对有奖励限制情形下的协作式众包激励策略进行建模分析，建立比较基准模型；最后，通过对优化模型与基准模型的相关重要指标的对比，确定优化模型的优越性。

第 9 章：针对众包模式下创新绩效影响因素的研究，本书从接包方和发包方（即中小企业）这两个方面分别开展研究。

该章探讨的众包竞赛下接包方创新绩效属于个人层面的创新绩效，发包方发布创意性任务主要是为了得到有创造性的想法和方案，接包方提交的方案越新颖，表明接包方的创新绩效越高。由此，本书选择以组织评价的创新绩效指标为衡量标准，即发包方根据接包方提交方案的创新性进行打分。

该章针对众包模式中中小企业创新绩效的研究如下：首先，对国内外关于众包、关系网络质量、服务质量理论、动态能力及创新绩效的相关研究进行梳理，根据已有研究，厘清变量之间的关系及作用机理，并与我国众包模式的发展现状相结合，从中找出具有代表性的变量和指标进行测量，从而构建研究模型。其次，通过实证研究方法对理论研究模型进行检验，通过我国几大众包平台收集样本问卷，运用 SPSS 22.0 和 Smart PLS 3.0 软件对获得的样本数据进行统计分析，判断问卷设计是否合理，并依据样本数据对研究模型提出的假设进行验证，验证各因素间的作用关系是否正确。再次，分析中小企业与众包社区的关系质量、用户提交作品质量对企业创新绩效的影响程度，以及分析动态能力的调节效应，并对分析结果进行总结。最后，根据研究结果联系我国众包模式的发展现状，为我国中小企业提高众包模式下的创新绩效提供参考建议。

第 10 章：该章主要对众包及生态系统两方面进行文献回顾，并对本书中的众包创新生态系统给出定义，分析众包创新生态系统的构成与特征，通过与自然生态系统对比，本书分析其演化机理与规律，并最终建立众包创新生态系统的演化模型。首先，从自组织协同演化的角度，本书引入协同学中序参量的概念，构建众包创新生态系统自组织协同演化模型，并对模型进行求解说明和应用分析；其次，根据自然生态系统基本理论和生态增长方程，构建众包创新生态系统生态平衡模型，从竞争、共生、捕食三个群落的基本关系出发，对众包群落内部及群落之间的关系进行生态平衡分析；最后，通过对众包创新生态系统的分析及演化研究，最终提出相应的管理启示，期望在众包产业的发展过程中，该管理启示对众包产业发展具有一定的指导作用。

1.4 研 究 评 述

1.4.1 众包相关研究评述

Howe（2006）首次将众包定义为"把传统上由内部员工或外部承包商所做的工作外包给一个大型的、没有清晰界限的群体去做"，他提出众包这种新型商业模式将会改变劳动力的组织方式。Brabham（2008）认为"众包"不仅仅是一个流行词，众包是一种可以聚集人才、利用智慧，同时又可以降低成本和时间的新模式。Estellés-Arolas 和 González-Ladrón-de-Guervara（2012）指出，众包是志愿者或者业余人士利用空闲时间，解决问题或提出各自观点的做法。Poetz 和 Schreier（2012）指出，众包是企业的开放式创新生产，它通过网络设备，聚集外界众多离散的资源。这些资源可以是个体（如创意人员、科学家或者工程师），也可以是团队（如开源软件群体）。仲秋雁等（2011）指出，众包是将软件开发领域中开放源代码的方法应用到其他领域。Afuah 和 Tucci（2012）等认为企业应用众包的原因更倾向于解决企业内部遇到的难题，寻求企业外部的创意。Howe（2008）指出，众包现在兴起的一个很大的原因在于互联网的应用，并非互联网使得众包成为可能，而是互联网的出现使得众包更高效，尤其是近年来兴起的 Web 2.0 在很大程度上提高了企业和其他群体进行交互的可能。Benkler（2006）将众包现象称为"以大众为基础的大众生产"（commons based peer-production），并进一步指出这种大规模项目不依赖于市场或清晰的组织层级，是大众自发进行互动和协作的。Kleemann 等（2008）从众包参与者角色转变出发，认为消费者不再仅仅是企业所提供产品和服务的被动接受者，而是已经积极地、直接地参与企业产品和服务的整个提供过程。他们指出众包模式中产生了一种新的消费者类型，即"工作的消费者"（working consumer），并进一步指出消费者的角色出现了转变的趋势，消费者现在变得更像是与企业一起创造价值的合作者（co-workers），因为消费者承担了生产过程的一部分职能，企业和大众之间的关系已经发生了重大的改变。

常静等（2009）认为在大众生产中，大众是自愿参与的，大众与企业之间不存在雇佣和管理的关系。Demil 和 Lecocq（2006）提出了"集市治理"的概念，阐述了包括众包在内的网络社区的治理方式，他们认为集市治理不具备企业拥有的正式的命令，也不具备网络结构所拥有的较强的社会控制，集市治理在正式的或非正式的控制方面都比较弱。Whitla（2009）认为包括众包在内的诸多网络社区采用的是松散的、非正式的组织方式，是一种既不同于企业，又不同于市场的生产组织。史新（2009）等对"威客"在国内的发展现状进行研究，归纳出"威客"存在的四种类型：A 型"威客"（积分型"威客"）、B 型"威客"（悬赏投标型"威客"）、C 型"威客"（知识、能力出售型"威客"）、M 型"威客"（地图型"威客"），指出了"威客"模式在定价机制、交易机制、信用体系、信息服务能力、盈利模式等方面存在的问题，并提出了建设性的优化策略。Feller 等（2012）对众包模式下个人信用问题进行了研究，并从"威客"的基本情况、信用情况、任务情况及活跃程度等几个方面构建了"威客"个人信用评价体系。

1.4.2　众包模式下用户参与行为动机理论相关研究评述

Yang 等（2008a）对国内的威客网"任务中国"中的用户行为进行了研究。他们发现用户倾向于选择参与竞争对手少的任务，研究结果显示奖励对参与用户的激励和吸引存在着重要的影响。Tung 等（2014）通过建立个体参与众包的行为与奖励之间关系的模型，提出了一种计算大众愿意参与众包活动的"底薪"的方法，即计算大众愿意参与的最低报酬的数量方法。Anhtuan（2012）等对解决科学问题的众包网站"https://www.innocentive.com"获胜者的参与动机进行了研究，他们指出在该网站中，货币奖励是吸引参与者参与的最重要的因素，除此之外，解决科学问题的内部动机和有充足的业余时间也是参与者参与众包的主要原因。Leimeister 等（2009）在对 SAPien[①]参与者动机的研究中指出，激励大众参与的外部动机主要包括学习知识或技能、报酬、社会因素和自我营销动机，并指出用户希望自己的创意受到欣赏的动机要高于报酬的刺激，并进一步认为这种形式的众包可以成为 SAP 人力资源部门招聘员工的一种工具。Albors 等（2008）通过对"Sourceforge"网站参与者进行调查，发现 1/3 的受访者表示获取经济报酬是他们加入这个社区的主要原因。另外，Bayus（2013）通过对众包网站上解决了科学性问题并获得奖金的人进行分析，发现 65.8%的参与者拥有博士学位，并正在从事科研工作，参与者的主要动机是获取酬金。Adler 和 Chen（2011）用 Maslow 需

---

① SAP：system applications and products，系统应用和产品。

求层次理论和 Clayton Alderfer 的 ERG 理论（existence-relatedness-growth theory）来解释用户参与众包的动机，并认为用户主要是为了满足社会和成长的需要。Rogstadius 等（2011）采用使用与满足理论（uses and gratifications theory）来解释为什么消费者会参与公共产品的设计，他们认为人们参与众包的动机包括升职、促进共同合作打发无聊时间、认识新的朋友和接触新的社会。

另外，众包模式下参与者动机影响其努力投入程度、接包参与意愿及接包服务质量，从而对发包方是否能够通过众包活动达成目标产生重要影响。关于众包模式中接包方参与动机的研究主要从内部动机与外部动机两方面展开。

内部动机是指人们从事某项活动主要受与个人相关的内在因素的影响，如兴趣爱好、能力胜任感、自控感、自主性、自我价值等。Chandler 和 Kapelner（2013）研究众包任务价值与意义和接包方努力程度之间的关系。他们发现在亚马逊在线众包平台"土耳其机器人"（Mechanical Turk）上简单的图像标注任务若被赋予有意义的框架之后，接包方从接包意愿及接包质量上均有正面激励效果。Rogstadius 等（2011）发现外部动因，如金钱奖励可以增加接包方接包意愿与接包后完成任务的速度，但对众包任务质量激励程度有限，而内部动机能够提高接包方接包产出质量。

外部动机主要来源于获得实用价值，如金钱报酬、获取声誉等外部激励吸引。Ograniscia（2010）研究发现，参与者参与众包活动的主要动机是获取现金报酬。庞建刚和潘丽娟（2016）采用主成分分析法对众包参与者动机进行研究，结果表明大众参与众包的主要动机优先级依次为内化的外部动机、外部动机、内化的内部动机。DiPalantino 和 Vojnovic（2009）的研究表明，竞赛的参与者数量随着金钱报酬额度增加呈现对数形式的增长。除了金钱报酬外，名誉奖励也能够强化参与者的参与意愿。无论在众包竞赛还是在协作式众包中，接包方愿意通过增加接包数量或提高接包质量的方式争取众包平台名誉类奖励，相关研究表明，名誉类奖励能够向行业内传递个人技能水平信号，达到建立个人资本进行自我营销的目的。

1.4.3　用户参与行为影响因素相关研究评述

Brabham（2008）通过对图片网站 iStockphoto 众包社区中的用户调查发现，获得金钱、提高个人技能、获得乐趣是参与者加入众包社区最重要的影响因素。Majchrzak 等（2013）在对关于维基百科参与者的研究中发现，编辑者乐于参与的原因主要与自主性、任务的重要性、任务的新奇性及所需技能的多样性等因素相关。Sun 等（2011）在对国内众包平台网站"任务中国"中参与 IT（information technology，信息技术）设计相关任务的"威客"的实证研究中指出，收益与成本比对参与者的满意度有着显著的影响，进而会影响"威客"的参与行为。但 Sun 等（2011）没有直接研究"威客"参与众包活动的努力期望对其参与行为的影响。Lerner 和 Tirole 等（2002）通过设定 F/OSS（free/open source software，免费开源软件）系统的项目来分析在什么情况下一个演算程序员选择参加该项目。通过研究，他们发现当所获得的收益超过付出的成本时，程序员将会选择参加该项目。Feller 等（2012）的研究则从影响参与者数量的角度出发，分别对买方的出价、任务期限、任务难易程度等方面进行研究，提出影响卖方参与任务的因素主要涉及任务金额、任务难易程度及特定时间内竞争性任务属性，认为参与者参与的动机主要是获得赏金。Bagozzi（2006）研究发现人们参与免费开源软件开发的原因主要在于获得自我能力的提升与同行人士的认可。Djelassi 和 Decoopman（2013）在研究互联网用户的使用行为时发现感知娱乐性对用户行为有较为显著的影响。Doan 等（2011）通过对 13 个网站进行调查分析，发现要想使公众参与众包，必须给出相应的酬劳，当其他的激励无效或效果不明显时，金钱的激励使用户参与众包更具主动性。Cosley 等（2007）发现，很低的进入门槛和吸引眼球的网站设计也是人们参与众包的重要原因。Huberman（2008）通过对 YouTube 进行调查发现，关注度是人们参与众包的驱动力，在 YouTube 中，如果用户对某一类视频下载得较多，就有更多类似的视频被上传到 YouTube。Simula 和 Ahola（2014）发现质量较高的解决方案往往来源于一小部分技能较高的参与者，而当参与者是风险规避型时，他们认为任务的发布者则应该设置多个奖项，而不仅仅是奖励提交了最优解答方案的"威客"。Baba 等（2014）通过实证研究发现，现金的激励对发布者获得理想的解答方案而言有着重要的影响。Yang 等（2008b）对"任务中国"上的"威客"进行的研究表明，"威客"对获取报酬的预期是激励和吸引他们参与的重要因素。Howe（2008）、Benjamin 等（2013）认为众包参与者大都是出于兴趣爱好而投入工作，其目的往往是非商业的，如娱乐、自我表现、试验等。Fuller 等（2007）在对众包的实证研究中指出，参与者感知发包方对任务的描述与评价对用户的参与有重要作用，他提出众包网站要吸引更多的参与者，可以要求发包方在发任务的时候明确说明产品评价的标准，发包方要尽可能多地提供关于产品评价方面的信息，让参与者更清楚地理解发包方的需求，做出符合发包方要求的产品。李忆等（2013）通过对"众包"网站的实证研究指出，大众参与众包的预期收益、对众包平台的信任、努力与期望、参与意愿等因素对用户的参与行为有着正面的影响。仲秋雁等（2011）通过 PAM-ISC（post-acceptance model of IS continuance，接受后的信息系统持续使用模型）的实证分析指出，我国网民可能更注重参与众包社区的乐趣、自我肯定及虚拟社区感等方面，他们认为众包参与者不仅想获得产品功能上的便利，还要通过众包来表达自己的价值主张、展示自己的生活方式、满足自己的心理需求。邬适融（2010）从众包模式下任务或者产品属性与市场竞争状况进行综合考虑来研究它们对任务参与者的行为影响，发现任务属性和市场竞争状况会对任务解决者人数产生影响，并认为任务赏金、期限等任务属性对众包参与者有较大的影响。

1.4.4　众包模式下接包方声誉评价机制相关研究评述

利用文本情感分析测量商家声誉的相关研究已经取得了许多进展，但受限于评论语言类型，中文语言词义复杂、结构多变，用户评论激励机制不健全，评论文本随意性强，基于中文情感分析的商家声誉评价机制研究目前仍处于发展阶段，面临着如下几个方面的挑战。

1）缺少有效的垃圾评论过滤识别机制

在线评论尤其是众包网站中的用户评论随意性强、文本长度较短、重复性高，评论的有用性较差。文本质量严重影响了文本情感分析的效果。语料库中切分后的单词词频可以看作是该单词对整个语料库的贡献程度，如果中文分词过程出现偏差，情感对象的情感信息可能面临丢失甚至反向的情况，因此，对于语料库中的垃圾评论文本需要进行准确有效的过滤处理。

2）缺少细分的众包任务领域情感词典

HowNet、大连理工情感词典等基础情感词典无法实时更新"颜文字"、emoji表情、网络用语等高时效性词汇。同时，正如前文所指出的，即使是同一个单词，随着时间的推移，情感倾向会发生偏移甚至完全反转。领域情感词典的匮乏，会导致某些领域内专有名词的情感极性无法被判断，并且中文文本存在动态的情感歧义词，有时需要结合上下文语境进行分析，更增加了文本情感分析的难度。

3）情感词程度级别区分性不足

一般研究采用正向、负向对情感极性进行区分，也有一些文献选择了更多维度的极性分类（如分为"喜、怒、哀、乐、惧、恶"等六个维度），但都将情感词的情感程度认定为相同，缺乏程度上的差异，并且上下文对双重否定或明褒暗讽的意见存在识别困难，可能会造成情感程度判断出现偏差，甚至得出完全相反极性的问题。

1.4.5　众包模式下接包方任务绩效相关研究评述

从接包方、任务设计或众包平台单一角度来考虑接包方筛选，很少有人系统性地综合考虑所有特征来探讨其对接包方的影响；目前的研究主要以实证研究的方式来探讨众包流程中各因素对接包方筛选的影响，很少有人将分类算法应用于接包方的分类筛选研究，而分类算法在其他类型的平台网站，如问答社区平台，被广泛应用于分类筛选和结果评估；大部分对接包方选择的研究，主要是基于接包方内在特征来评估接包方，很少有人考量任务设计对接包方筛选的影响，也很少有学者考虑平台上一些投标统计信息对接包方的影响。

1.4.6　众包活动中的知识转移相关研究评述

知识转移在国内外的研究较多，但是随着社会的发展，相比 Teece（1977）首次提出的知识概念，目前知识的外延在不断扩大。Teece 指出，知识转移会因不同地域、文化而不同，而知识的转移则会降低这种差异，并且在转移过程中能够根据实际情况对知识进行完善和发展。在 Teece 对知识概念进行阐述后，不同领域的学者逐渐对知识转移进行深入研究，在丰富了知识转移概念和机理的基础上提出了自身观点。Nonaka（1991）认为知识转移主要是以知识单元为主，在知识管理研究中对知识转移的研究最为重要，并且知识转移就是知识单元之间的传递。Davenport 和 Prusak（2000）指出，知识转移得以顺利完成，一方面知识必须存在转移方和被转移方，另一方面被转移方要完全吸收传递的知识才能算实现了知识成功转移。Dixon（2000）认为知识转移是知识主体间知识有方向性的运动过程，而知识内部则通过知识数据库、动手实践、团队协作等各种形式将知识进行分享。王道平等（2013）通过对知识转移进行研究，将知识转移分成三类，一是知识从产生的地方向使用的地方进行转移的系统性知识转移；二是在商业运用、基层研究等各个领域内的知识转移；三是对现有的知识整合和运用。付菁华（2009）通过研究得出，知识转移是知识接收方通过不同的工具和手段将知识进行吸收，同时在运用过程中将知识不断创新。黄蕊和李朝明（2014）的研究表明，知识转移是将隐性知识变成显性知识的过程，即知识发送方通过各种方法或者工具将知识进行编码，知识接收方将知识解码成能被利用的知识。

从前人的研究来看，学术界结合实际从不同的角度对知识转移进行研究和定义，因此也没有一致的定义，但是从研究情况来看，我们可以总结出知识转移需要具备一定的特性。知识转移成立的条件是需要有知识发送方和接收方，而在转移过程中，需要借助信息媒介，同时还要考虑知识转移双方所处的情境。

综上所述，知识转移就是使知识在接收方和发送方之间进行深度融合，从而提高知识的利用率，让知识传递者和知识接受者在知识获取、运用、更新、集成和创造五个过程中高效结合。因此，本书结合众包相关知识，认为众包模式下的知识转移是发包方通过将知识进行编码发布到众包平台上，接包方通过解码接受任务，最终运用于企业创新。

1.4.7 众包定价机制的相关研究评述

针对众包平台定价机制的研究，本书从众包平台定价的影响因素和众包平台定价模式分类这两个方面展开论述。

1. 众包平台定价的影响因素

在对国内外学者关于双边市场定价影响因素的研究进行总结的基础上，众包平台定价的影响因素主要包括需求价格弹性、两边的用户归属、服务质量差异化、网络外部性、排他行为、产品互联互通及众包平台搜索匹配技术等。

国内外学者对双边市场定价的影响因素进行了深入研究，为双边市场定价提供了重要的研究视角。也有学者，如纪汉霖（2011）等，提出众包平台观察用户交易次数的难易程度这一影响因素也是决策定价时需要考虑的。但现有的关于这一影响因素的文献研究还较少，本书在对众包平台的定价策略进行分析时也将该因素纳入其中。因此，本书在综合考虑影响双边市场定价的因素的基础上，结合众包平台观察用户交易次数的难易程度和众包模式的特点，将众包平台的交易模式进行分类，并且分别确定了与之相对应的众包平台定价方式。

2. 众包平台定价模式分类

在对于双边市场定价方式的研究上，国内外专家的看法相对统一。双边市场的定价方式主要包括以下三种，分别是收取注册费、收取交易费和两步制收费。Lerner 和 Tirole（2002）构建了众包平台收取交易费时的模型；Armstrong 和 Wright（2007）通过建立众包平台收取注册费时的定价模型及众包平台两步制收费时的定价模型对众包平台的不对称定价进行了研究；Hagiu（2009）研究了产品多样性对定价的影响。

作为双边市场理论的主要研究点之一，双边市场的定价研究一直是国内外学者研究的热点。Kim（2012）研究了在垄断环境下两个新旧众包平台之间存在交叉网络外部性的情况，研究表明，众包平台间的网络外部性也对众包平台定价有重要影响。Chang 和 Evans（2000）重点研究了银行系统中交换费应如何定价，讨论了集中定价的竞争效应。Manenti 和 Somma（2009）重点分析了银行卡业的竞争行为，研究表明银行卡企业之间的竞争行为是影响交换费和市场份额的重要因素。陆伟刚（2012）分析了电信运营商在不同情形下的定价，研究表明，定价结构的非中性并不会引起恶性竞争。岳中刚（2006）对垄断和竞争环境下的众包平台定价和影响因素进行了研究。从以上关于双边市场定价的相关研究综述可以看出现有的文献多数集中在传统行业的定价研究上，而将双边市场与新兴的众包模式相结合的研究较少。

国内外专家对众包模式和双边市场都进行了相对系统的研究，并取得了一定的成果。但是，现有的研究很多都是关于双边市场的研究综述或者传统双边市场的定价问题，关于众包模式的研究则集中在基本概念和相关综述上。

1.4.8　众包激励机制相关研究评述

本书的激励机制主要指众包平台中的发包策略，学者对众包激励的研究主要从奖励分配策略和奖励限制策略两方面展开。

1. 奖励分配策略

众包竞赛与协作式众包的发包方对众包活动结果的关注点存在区别。众包竞赛的目的在于从众多参与者中选出最优方案、产品或服务，发包方更为关注胜出者提交方案是否最优。而对于协作式众包的发包方而言，其更为关注的是通过众包方式吸引足够多的参与者进行知识、技能、经验的贡献，获取全部接包方贡献的总收益。对于两种不同目的的众包模式采用怎样的激励策略成为其各自是否能够达到目的的关键。

Terwiesch 和 Xu（2008）通过对不同类别的开放式创新众包项目进行研究后发现，在创意型众包任务中把唯一奖励授予胜出者有利于激励高水平参与者的参与意愿，从而获取最优方案，而多奖元组（即众包最终奖励个数非唯一）在知识共享类别的众包活动中能增强接包方的参与积极性。Matros 和 Possajennikov（2016）认为在参与者是风险中立者且处于信息对称的情况时，对于以期望产生最优个体为目标的发包方而言，授予唯一奖励给赢者是最优的。Xu 和 Larson（2014）通过设计低产量参与者过滤机制后发现，唯一奖励的设置在众包竞赛中具有理想的激励效果。Denicolò 和 Franzoni（2010）指出在高度创新的众包活动中采用赢家通吃的方式会产生更好的激励效果，因为在创新性质的众包活动中温和宽松的奖励制度会造成创新竞赛过程变得缓慢甚至停滞，从而造成奖励资源的浪费。Cavallo 和 Jain（2013）认为委托方期望在严格的时间限制内获取目标结果，在此之后的任何代理方提供的方案都是无效的。他们认为该过程中向所有非零努力的代理方支付报酬比设置唯一奖励给赢家是更有效的激励策略。Hofstetter 等（2017）认为金钱激励对接包方的积极情绪影响在众包活动结束之后持续存在；

基于认知评价理论，他们指出在众包活动中提供更多的奖励能够激励高绩效水平的参与者再次参与，并投入更多的创造性努力从而提高接包方提交方案的最优水平与平均水平。

2. 奖励限制策略

奖励限制策略设计的合理性直接影响在众包竞赛及协作式众包模式中不同目的发包方最终目标的达成情况。在奖励机制的研究中，主流研究方向主要分为两种：一种是发包方提供的奖励总额度固定，也称之为固定奖励限制，即在参与者参与竞赛前，组织者已经公示对奖励总额限制或奖励分配情况限制；另一种是奖励总额及分配情况在竞赛前没有严格限制，其中包括组织者为了达到活动举办目的会根据参与者参与情况对奖励总额及分配方式进行调整。

Duffy（2013）比较了采用固定奖励限制策略时，当参与者贡献大于固定奖励设定时，Tullock 拍卖（Tullock auction）模型中组织者的期望总收益高于采用全支付拍卖竞赛模型的期望总收益。在不同竞赛环境中，由于总奖励的预算限制，存在对奖励数量及固定奖励价值之间的取舍关系。Liu 和 Lu（2014）的研究表明，在总奖励限制且所有参与者均可获奖的情况下，奖励遵循参与者的实际努力效用函数高低进行分配使得组织者期望总收益最高。Schöttner（2008）指出在创新竞赛的场景下，参与者在非固定奖励情况下需要付出的投入不稳定，因此采用限制奖金总额的方式可以降低竞赛发起者之间的竞争支出，从大众那里获取相对多样化的创新服务。Kaplan 和 Wettstein（2015）发现奖励限制策略不同，在非对称环境中采用无奖励限制，即对全部参与者提供与努力程度相关的报酬能够刺激最优方案的产出。夏晓华和王美今（2009）指出全支付模型框架下的非对称竞赛活动中，参与者在竞赛中努力水平并非其实际能力水平时，固定奖励限制策略优于线性奖励策略；所有参与者在竞赛活动中全力以赴时，线性奖励策略优于固定奖励限制策略。

1.4.9 众包模式对企业创新绩效影响因素相关研究评述

Le 等（2010）、Doan 等（2011）、Bucheler 和 Sieg（2011）、Majchrzak 和 Malhotra（2013）把众包模式中的任务解决过程看作一个创意产品的开发过程，认为新产品的属性（如开发难度等）在很大程度上影响一个新产品的开发过程是否能够顺利进行及最终是否能够开发出令人满意的产品。Krishnan 和 Ulrich（2001）的研究则强调了在新产品开发过程中环境变量对企业绩效的影响。Terwiesch 和 Loch（2004）认为在开放式的背景下，如果出现了更多的参与者，那么更多的外部资源将会被开发出来，任务发布者也将会得到较好的作品。Lerner 和 Tirole（2002）研究发现，程序员在参与一个开放式程序开发的过程中将会考虑付出的成本与所得之间能否得到平衡。Leimeister 等（2009）认为企业可以通过众包模式来设计创意比赛从而促进自身创新能力的提高。管理学家 Prahalad 和 Ramaswamy（2005）指出消费者参与企业创新的模式正在挑战公司传统的价值创造模式。用户借助网络的互动性、快捷、个性化和开放性等优势，使得自身在企业价值创造中的参与度大大提升，并且这一影响正在蔓延到企业的整个价值链。Chesbrough（2003）提出了开放式创新（open innovation）的创新范式，他指出当企业在发展新技术的时候，应同时将企业内部和外部所有有价值的创意结合起来。Madsen 等（2012）从客户内部化的角度探讨了新型的企业创新方式，他认为企业利用外部资源，并使外部人力资源承担部分原有内部员工的职能，弥补内部资源的不足，促进企业的发展。一些学者，如刘文华和阮值华（2009）、Kazai（2011）、Morris 等（2012）、Poetz 和 Schreier（2012）等认为，众包通过互联网发布任务，发包方不需要招聘专门的人员和设立专门的办公场所，从而可以节约大量成本。Schenk 和 Guittard（2011）认为大众中总有一些人具有解决某个问题的能力，故在相似的学识水平下，群体的智慧往往胜过单个最聪明的人，与其强迫内部员工加强学习，不如放手让世界各地的兼职"志愿者"与内部员工联手解决问题。Boudreau（2012）认为众包在一定程度上加剧了金字塔形组织结构的解体，他指出众包有利于组织结构的扁平化和无边界化。美国西北大学凯洛格商学院的 Sawhney 和 Prandell（2000）认为，在网络经济的商业背景下，一个问题往往难以由一个人独立解决，需要具备不同技能、知识、信息和技巧的人员共同解决，众包通过利用集体智慧展示公众网络协作的力量、汇集知识的多元性正适于解决这种具有复杂性和多样性的问题。Corney 等（2010）将各种机械 CAD/CAM[①]引入众包的分析中，指出从长远看，可以通过众包建立"问题和解决方案"数据库，这样大众就成为解决方案的提供者。

1.4.10　众包创新生态相关研究评述

通过对国内外众包研究的总结，我们可以发现，越来越多的学者开始关注众包，主要的研究方向包括众包模式、参与意愿、创新绩效、众包机制等方面。在实际应用中也产生了如猪八戒网、阿里众包、中软国际解放号、京东众包等各种众包平台，以及苏宁、亚马逊、沃尔玛等诸多采用众包模式的企业。此外，众包的思想也在逐渐影响企业的创新模式，许多企业不再故步自封，而是采取开放式

---

① CAD：computer aided design，计算机辅助设计。CAM：computer aided manufacturing，计算机辅助制造。

创新，利用社会上的资源为企业创造绩效。但是，本书也发现对众包的研究缺少从宏观角度的思考，比较少的文献提及众包产业，因此本书希望从宏观产业的角度研究众包创新生态系统。

1.4.11 国内外综述结论

总的来说，国内外的学者对众包、用户行为及影响因素、众包模式对企业创新绩效的影响、定价和激励机制等方面做了大量的研究。具体来说，在众包方面，学者对众包的概念、众包的类型、众包与外包的区别、众包产生和发展的原因、众包模式运作的过程等做了较为深入的研究；在用户行为及影响因素方面，学者对用户行为产生的动机、激励因素和环境变量等做了大量的研究；在众包模式对企业创新绩效的影响方面，学者对众包模式对企业成本的影响、对创新模式的影响、对提升创新能力的影响等做了大量的研究。这些研究成果为本书的研究奠定了坚实的理论基础。

不难看出，如果将企业创新的影响因素与众包参与者的行为结合起来考虑，目前的研究就有待进一步完善，具体表现在以下两个方面。

1）对众包参与者行为的影响因素有待进一步完善

缺乏从参与者之间的相互影响，以及网络机制、用户持续参与的角度去考虑参与者行为的影响因素。国内外的研究表明，众包的兴起源于互联网的发展和用户的参与，而众包的发展却得益于互联网上用户的持续参与，因此有必要对众包参与者相互之间的影响因素、用户持续参与的影响因素进行研究，但目前国内外在这些方面的研究还较少，尤其是对众包用户持续参与行为的研究。

2）对企业创新绩效的影响研究有待进一步丰富

众包模式的出现已经改变了企业传统的创新方式，现在多数学者是从众包模式这个角度来对企业创新绩效的影响因素进行研究，而少有学者从众包参与者行为对企业创新绩效的影响角度进行研究，因此有必要对企业创新绩效的影响因素进行完善和补充。

第 2 章　众包模式的基本概念与理论

2.1　众包的概念与特征

2.1.1　众包

国内外学者从许多方面定义了众包的概念，但仍没有统一的定义，其概念和定义仍在随着国内外学者的进一步研究而丰富和完善。

"众包"一词自 2006 年被 Jeff Howe 提出后，受到了学界广泛的关注，此后，包括 Howe 在内的众多学者都对众包的概念内涵进行了修正和补充。Howe 认为众包是一种将任务进行分包的模式，是一个机构或公司把原来由员工或者外部承包商做的任务，通过自由、自愿的方式外包至一个非特定的、没有清晰界限，并且经常是比较大型群体的做法。Nigel（2006）认为众包是一种资源整合方式，其可以将不规则资源进行整合，利用互联网来刺激和协调不规则的资源配置，以达到组织化进行的状态。Brabham（2008）对众包做了详细阐述，即企业通过网络平台发布内部需要创新的问题，大众同时通过网络平台对该问题进行作答，最终获胜者获得奖励，而大众创造的知识产权为企业所有的一种知识交易、知识生产模式。Chanal 和 Caron-Fasan（2008）认为众包是一种企业利用外部离散资源，包括科学家、业余爱好者等个体或群体进行开放式创新的方式。倪楠（2009）提出众包就是组织通过特定的网站把特定的难题或者任务进行公示，而大众则根据任务要求完成任务并获得报酬。姜奇平（2009）认为众包形式在我国起源很早，如比武招亲、皇榜告示等就是众包的一种体现，他指出众包更多地强调企业突破组织边界，通过跨组织、跨时间与空间进行信息交流和资源共享。有学者通过对众包现象进行研究指出，众包的参与者更多是喜欢利用业余时间的专业人士或者一些热爱学习的网民，其将众包定义为，众包是业余爱好者或者专业网民利用互联网平台将自己的想法表达出来的一种做法。Enrique 和 Femando（2012）认为众包是一种参与式网络活动，由个人、机构、非营利性组织或企业发起，通过灵活地公开选拔，由不同知识背景的人群自愿参与。Saxton 等（2013）认为众包是一种新的商业模式，其充分利用互联网技术将组织中的任务分发给虚拟大众来完成。Brabham（2008）认为众包不仅是一个流行词，还是企业可以聚集人才、利用智慧来降低成本和时间的一种新模式。Terwiesch 和 Loch（2004）将众包定义为，一些具有一定专业背景及相同兴趣爱好的人联合起来为组织解决一些问题，同时获得赏金的活动，并且这些问题是组织或企业完全依靠组织内部资源较难解决的。夏恩君等（2015）认为众包是一种多人参与的创新性活动，由公司或组织将企业员工或承包商的任务通过在线社交或网络平台进行发布，大众以自由、自愿的形式承接任务。

　　事实上，众包这一概念最早起源于外包，外包是指将一项难题或工程交给指定的群体去完成。从众包与外包的关系来看，两者之间既有联系又有区别。Howe（2006）指出了众包和外包的区别，外包强调的是专业化分工，但是众包强调的是组织和个人的知识交互，众包可以跨组织、跨地区、跨文化地吸收网络创新资源，创新性更强，效益更好。张晓霞（2010）认为外包与众包的共同之处在于两者都扩大了组织的边界，充分利用了外界资源，它们的目的都是为企业降低生产成本、提高效率、节省人力资源，两者的根本区别在于，外包是专业化分工作用下规模经济的产物，而众包受益于社会差异化、多样化带来的创新潜力。从众包的组织形式来看，众包综合了网络组织形式和企业组织形式，企业在网络平台上发布任务，使网络组织与企业形成对接。众包被认为是新的利益网络的集结，这种网络和传统企业的专属网络不同，它是多元化交叉的，具有高增值的特点，它所形成的价值网络既是创新的聚集，也是知识人才的重新聚集。众包模式的出现形成了新的要素组织方式，众包类似于企业和市场中相互渗透、相互作用的中介，其优势是比市场更稳定，比科层组织更灵活。刘晓芳（2011）认为外包是一个企业以开放资源的方式与其他企业形成的一种价值链关系，而众包所带来的却是基于互联网的企业与企业之间、企业与用户之间的一种互动关系。众包与外包的区别如表 2-1 所示。

表2-1　众包与外包的区别

特征	众包	外包
兴起时间	21 世纪初	20 世纪 80 年代
实施条件	互联网	并不局限于互联网
合作对象	未知大众	专业公司

特征	众包	外包
合作对象专业化程度	专业化程度要求较低	专业化程度要求较高
对象数量	数量无限	数量有限
与合作对象关系	互动关系	价值链关系

　　基于以上内容阐释，本书认为众包是指一个公司、机构或者个人把过去由内部员工所做的工作、遇到的问题等发布出来，以自由、自愿的形式外包给未知的、非特定的（通常是大型的）大众的一种创新方式。众包让所有的参与者打破传统组织原有的接触壁垒，充分利用和聚集一切网络用户智慧。

　　从众包的本质来看，它是一种通过运用组织外部大众的知识、资源和力量来执行组织特定任务、没有具体发包对象的一种大众委托契约。从众包的业务流程来看，众包模式涉及三个行为主体，分别是发包方、中介机构（众包平台）和接包方，发包方通过中介机构（众包平台）将任务交给接包方。从众包的经济组织方式来看，它是一种新价值网络，是介于企业与市场之间的第三种组织，是一种和网络相对应的组织形式，主要是突出对组织的资本专用性边界的突破，它能够跨越组织机构共享资源，并且通过网络技术来调动大众的创造性。从众包的组织形式来看，它综合应用了网络组织形式与企业组织形式，企业在众包网站上发布任务，从而让网络组织形式与企业的对接成为可能。从资源整合的方面看，目前众包环境下相对比较成熟的商业模式主要有两种，其中影响力较大并且广为人知的一种模式就是维基模式，它能够调动大众加入内容创造活动的积极性；另一种模式是价值链模式，它根据众包理念对传统的产品和服务进行重新架构。维基模式主要是指大众为相关机构或企业生产内容，并且相关机构或企业既可以通过销售内容来获利，也可以依托内容来获得第三方（如广告商）带来的利润。价值链模式是指企业或机构抛开传统意义上要占有关键环节的思维方式，让众包网站中的用户尽量参与价值链的每个环节，重新构建价值链的体系。

2.1.2　接包方

　　接包方即方案贡献者，用户通过网络聚集，利用 IT 进行沟通，并根据自己的兴趣爱好和个人能力等承接任务。接包方可以是专业人士，也可以是出于兴趣爱好的业余人士，其是众包模式得以顺利应用的基础。根据众包的定义可以看出，企业愿意采用众包模式的一个重要原因就是众包平台另一边拥有数以万计的具有专业知识背景的接包方群体。接包方参与众包的动机包括经济动机、兴趣动机、胜任动机及知识获取动机。经济动机主要是指接包方为了获得发包方在任务发布时所设定的奖金或者物质奖励而参与其中。根据需求层次理论可以发现，用户参与众包最直接的动机也是经济动机。兴趣动机是指用户基于自己的兴趣爱好而参与众包活动。事实上，企业在应用众包时所提出的难题一般都围绕某个领域的热点，代表某个领域的最新动态，因此众包平台上一些任务对于相关领域的技术人员是非常具有吸引力的，他们会因为对这些问题感兴趣而参与其中。胜任动机是指当人们完成一项任务时会对实现自身价值感到满意。需求层次理论指出人们有实现自身价值的需求，因此，当接包方看到一项自己比较擅长且可以解决的任务时，出于胜任动机，他们会积极参与以证明自身价值和专业能力。常静和杨建梅（2009）深入调查众包社区的用户参与动机，发现求知动机是接包方多次提及的参与众包的动机之一。求知动机即用户对于知识和自身能力提高的需求，用户积极参与众包不仅可以提高自身能力，也可以获取相关知识和技能，满足相关知识需求，本书将这一类动机称为知识获取动机。此外，众包任务的接包方遵从史特金的 1∶9∶90 定律，假如接包方群体足够大，即使 1% 的人是天才，9% 的人是一般的参与者，90% 的人毫无创造价值，任务也可以被完美解决。

2.1.3　发包方

众包模式中的发包方一般是企业或者机构。为了获得外部创新资源，企业会将自身遇到的难以解决的问题或者企业的创新需求发布到众包网站上，同时提出相应的任务要求和奖励，从而吸引广大问题解决者参与。随着企业对创新的需求越来越高，企业内部的资源已无法满足企业当前的发展，因此企业会将目光转向外部资源。在这种背景下，对于企业而言，众包是一种高效率、低成本的模式。企业采用众包模式主要有以下两个方面的优势：一是效率高、成本低。对于一个传统企业来说，不管是雇用专业人员还是将任务外包，企业都必须为此支付较高的成本。但是，如果采用众包模式，将问题交给大众解决，企业只需要支付一定数额的赏金就能在短时间内获得满意的解决方案。二是人才的多元化。以国内的猪八戒网为例，该网站现有的注册服务商已经达到 2 000 多万人，2 000 多万人的智力成本是任何一家企业都无法承受的，但是众包模式可以让这 2 000 多万人为企业所用。Howe（2008）认为发包方发布一个任务能够获得解决答案的概率取决于在多大的一个群体内发布这个任务。

2.1.4　众包平台

　　众包平台作为有效连接接包方和发包方的中介桥梁,是接包方和发包方成功交易的重要影响因素。众包平台可以分为两种,一种是由企业自己创立并管理的,如 DELL 的"创意风暴"和 IBM 的"全球创新项目",旨在推动企业的持续创新;另一种是由中介平台创建运行的,如 InnoCentive、任务中国、猪八戒网等,旨在为供需双方搭建交易平台提供科研创新、创意方案等。接包方和发包方都是众包平台的服务对象,众包平台为发包方提供发布任务、搜索接包方和托管赏金等服务,为接包方提供展示专业能力、搜索任务和权益保障等服务。众包平台提供的一系列服务都为接包方和发包方成功匹配提供了保障,增加了双方成功交易的概率。作为众包得以顺利应用的基础,众包平台具有两个显著特征:一是交易对象为知识或创意,传统交易平台的交易对象一般是有形的物品,如国内的购物平台——天猫,并且同一个物品可以被多个消费者购买,而众包平台的交易对象决定了每一项交易都具有专属性的特点;二是众包平台的发展和盈利主要依靠接包方和发包方之间的交叉网络外部性。不管是接包方还是发包方,接入众包平台都是因为另一方的接入,交叉网络外部性的存在使得一方的效用会随着另外一方规模的增加而增加,因此众包平台要获得长远发展就必须平衡好接包方和发包方之间的关系。

　　对双边市场理论和双边市场主要特征进行归纳总结,可以得出众包平台具有如下双边市场特征。

　　1. 众包平台双边用户的异质性

　　众包平台的两边连接着接包方和发包方这两类异质用户,并且接包方和发包方之所以会异质,是因为这两者有着不同的交易目的。发包方是为了通过众包平台更高效率、更低成本地获得解决方案,接包方是为了利用自己的知识或者创意获得经济或者精神上的满足。而众包平台的作用就是将接包方和发包方连接起来,为接包方和发包方的高效互动和成功交易提供一个平台。

　　2. 众包平台双边用户的需求互补性

　　对于接包方来说,众包平台有两个功能是非常重要的,一个是众包平台另一边连接了大规模的具有不同学术背景或知识创意的接包方;另一个是在接包方给出解决方案的过程中,赏金是托管在众包平台的,只有获得认可的方案所有者才能获得赏金,这在一定程度上保证了资金的安全性。而对于发包方而言,不管是出于经济原因还是兴趣原因，众包平台上需要有足够多的任务或者难题可供选择，如果众包平台上的任务过少，接包方会逐渐流失。另外，接包方的方案在获得认可后，赏金会由众包平台直接给出，从一定程度上也保障了接包方的合法权益。总而言之，发包方需要大规模的接包方利用自己的知识创意给出解决方案；而接包方则需要通过解决问题提交方案获得经济或者精神上的收益。不管是接包方还是发包方，这两者接入众包平台的前提就是另外一方的需求，缺少任何一方，交易就不能完成，众包平台也就没有了存在的意义。因此，接包方和发包方对于众包平台所提供的服务具有互补性需求。

3. 众包平台定价结构的非中性

双边市场中，平台定价结构的非中性是一个十分显著的特征，众包平台也具有该特征，即众包平台对一边的定价会影响到另一边接入用户的规模，而当另一边接入数量变化时，众包平台为了保证自己的利润，会调整对另一边的定价。以众包平台为例，若众包平台对接包方提高定价，此时接包方的接入规模会降低，又因为存在组间网络外部性，当一边的数量较少时另一边的效用也会降低。因此，发包方的效用会随着接包方规模的降低而降低。此时，众包平台为了防止发包方的流失并且为了保证利润，会对发包方采取低价、免费甚至补贴的策略。事实上，众包平台之所以会对接包方和发包方倾斜定价，是因为接包方和发包方之间存在价格转移不完美性。在传统市场中，一般企业可以找到价格转移的途径，如上游企业原材料价格提高，制造商可以将价格转移给下游的买家以降低原材料提价造成的损失。但是，在双边市场中，众包平台无法实现价格转移。当众包平台对接包方定高价，接包方无法将众包平台提价导致的损失进行转移。但是对于众包平台而言，众包平台的利润有可能增加。产生这一现象的原因主要有两个，一是众包平台对接包方的定价提高；二是众包平台对发包方实行低价甚至补贴，使得发包方的规模增加。

4. 众包平台双边用户的交叉网络外部性

发包方之所以会选择通过众包模式来解决问题，是因为众包平台的另一边有规模巨大的接包方。当接包方的数量越多时，发包方找到满意解决方案的可能性就越大。也就是说，发包方的效用会随着接包方数量的增加而增加。同样地，对于接包方而言，只有当众包平台所连接的发包方的数量足够多时，众包平台上的任务才会足够多，从而接包方搜索到自己想去解决并且能够解决的任务的可能性就越大。总而言之，众包平台所连接的接包方和发包方所获得的效用随另外一方规模的增加而增加。因此，接包方和发包方之间存在交叉网络外部性，并且是一种正向的交叉网络外部性。

5. 众包平台双边用户的组内网络外部性

事实上，接包方和发包方之间不仅存在交叉网络外部性，同样还存在组内网络外部性，并且有正外部性和负外部性之分。当发包方在众包平台上发布一个难题或者任务之后，随着参与竞标的接包方的数量增加，接包方之间的竞争也会愈加激烈。此时，接包方之间就会产生负向的组内网络外部性。与接包方不同的是，发包方之间由于口碑效应的存在，彼此之间也极少产生竞争，因此，接包方的组内网络外部性一般为正向的。

2.1.5　众包模式中主体之间的关系

在众包平台上，买方角色由任务发包方扮演，而问题解决者则是为发包方提供知识创意产品的接包方，接包方、发包方和众包平台构成众包模式的三个主体（三要素），而众包平台又是接包方和发包方之间相互沟通的桥梁。发包方提出一个问题，在众包平台上注册后将问题进行发布，在发布问题的同时将赏金托管到众包平台上。接包方在众包平台上注册后进行搜索，当搜索到自己感兴趣的难题后，给出解决方案。若解决方案被发包方认可，则众包平台将托管的赏金发放给接包方。众包平台基本运作机制如图 2-1 所示。

图 2-1　众包平台基本运作机制

2.1.6　众包竞赛

众包竞赛即竞赛式众包，是最常见的一种众包表现形式，企业为了解决自身难以完成的问题，大都借助众包平台通过众包竞赛去实现。关于众包竞赛的概念，国内外学者给出了自己的见解。Brabham（2008）将众包竞赛定义为，众包竞赛是组织或个人将自己需要解决的问题发布在互联网上，网络中的群体为其提供解决方案，发布任务的组织或个人为提供最好解决方案的人提供奖金奖励的一种线上生产模式。Terwiesch 和 Xu（2008）从经济学的角度对众包竞赛进行了解读，发起竞赛的人将自己不易解决的创新任务发布给不同的团体或个人，让其选择是否参与任务，并给予最佳解答者一定的奖励。Bullinger 等（2010）进行了更为细致的解读，即任务发布者将需要解决的创新难题通过网络平台设置成竞赛的模式，并对竞赛的任务完成期限、需要达到的效果和获胜者的奖励进行详细说明，任务解答者可以通过任务的类型和自身的能力对任务进行合理的匹配，选择适合自身的任务，并为任务发布者提供解决方案。Sun 等（2015）则从知识共享的角度去解释，认为众包竞赛是知识寻求者在 InnoCentive 等众包平台上发布任务，同时提供一定的奖金激励吸引众包平台用户的参与，并从中寻求满意的创意方案。国内学者中，郑海超和侯文华（2011）从众包竞赛流程的角度考虑，认为众包竞赛是企业在网上发布竞赛任务，解答者可以根据自身兴趣和能力选择任务并提交任务解决方案，然后企业对所提交的任务解决方案进行评价，选出最佳方案，同时给予竞赛获胜者事先约定奖励的一种竞赛模式。韩清池和赵国杰（2014）从开放式创新的角度，将众包竞赛定义为企业为了从外部资源中得到创新性的想法和方案，利用互联网平台，以公平、公开的形式外包给非特定群体的开放式创新模式。

综上所述，本书对众包竞赛做如下定义：企业或个人将自身需要解决的问题放在众包平台上，众包平台中的解答者选择需要解决的竞赛任务，然后根据自身的专业技能和知识水平提交解答方案给发布者，由发布者选择最优的解答方案并给予获胜解答者一定奖金奖励的一种创新模式。

与传统的创新模式相比，众包竞赛作为一种新型的创新模式有其独特的优势。首先，众包竞赛的最大特点就是其多样化的创新性。不同背景、学历、阶层的人拥有的知识覆盖面是企业内部员工难以完全覆盖的，当他们为同一个目标努力时，其思考的角度各不相同，产生的方案会更具创新性。企业利用众包正是为了获取创意型的方案，提升其创新绩效，使企业在激烈的市场竞争中占据一席之地，这些目标在众包竞赛中更易实现。其次，众包竞赛能够充分调动参与者的热情。企业从参与者中寻求解决方案，打破了传统企业创新的壁垒，并且能够从数量众多的参与者中获得巨大的创新方案来满足企业的需求。再次，众包竞赛能满足消费者需求。企业的需求归根结底来自消费者，消费者提出的解决方案间接地反映了消费者的喜好和内在需求，节省了企业进行外部调研所需的时间，同时大大缩短了研发周期。最后，从外部环境中获取资源能在很大程度上降低企业成本。企业在众包平台上投入的奖励，要远低于内部研发部门产生创意的成本，可以相对而言较少的成本获得大量创意方案，因此，众包竞赛越来越受到企业的关注。

众包竞赛包括三大主体，即发包方（组织者）、众包平台（中介机构）、接包方（解答者）。众包竞赛的一般流程是：发包方将任务放在众包网站，接包方可以发现该任务，并会根据自身的爱好和能力选择任务，并在规定时限内上传任务答案给众包网站，发包方对提交的答案进行筛选后选择最满意的答案，同时将奖金给予中标者。众包竞赛一般流程如图 2-2 所示。

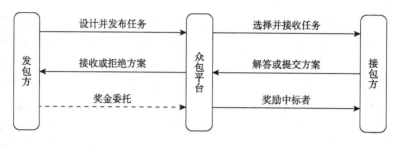

图 2-2　众包竞赛一般流程

2.2　众包的分类

2.2.1　众包模式的分类

Howe（2006）根据美国的实际情况，从发包方的目的出发将众包模式分为四个主要类型，即大众智慧、大众创造、大众投票和大众集资。大众智慧是指汇集网络大众的知识，在互联网环境下，通过群体智慧解决问题，问题解决的方式主要来源于群体智慧，大众知识面广，拥有不同知识库，可以从多样化角度来解决问题。这一类众包模式往往需要通过众包平台的力量来实施，通过众包平台汇聚大众的力量。典型的大众智慧平台有 InnoCentive、任务中国、猪八戒网等，企业或组织将问题发布到网站上，由大众去解决。大众创造是指企业或组织利用大众旺盛的创造能力，通过某一平台将任务外包出去，吸引热情的群众进行创造，利用大众的主动性充实平台的大部分内容，平台获利的同时，大众的自主性也得到很大的提高。典型的大众创造有图片网站 iStockphoto、YouTube、优酷、百度百科、维基百科、LOFTER 图片社区等。大众投票是指利用网络上大众的信息甄别能力，对海量信息分类筛选，最终保留有价值的内容。典型的例子有购物网站的首页推荐；购物网站上消费者可以通过之前其他消费者购买后的评价进行筛选；谷歌利用大众对网页的搜索次数对搜索结果进行排序；百度知道的答题库，根据大众的推荐数选取最优的答案；在淘宝网上根据买家的打分来判断卖家的信誉；今日头条的一周热点新闻；一品威客任务筛选等。大众集资是指将群体的资金聚集起来并加以利用，典型的例子有国内的京东众筹、P2P[①]宜贷网等，国外的

---

① P2P: peer-to-peer，点对点。

Sellaband 等，大众可以对自己感兴趣的项目进行投资。

　　Panchal（2009）从参与者之间的关系这一维度出发，将众包模式分为竞争型众包和合作型众包。竞争型众包是指当发包方发布难题后，参与者之间是一种竞争关系，只有获胜者才能获得报酬，典型的例子有国内的任务中国网站；合作型众包是指一些任务的解决需要群体大众之间的合作，典型的例子有百度百科，对于一个词条的完成需要大众合作来进行不断完善。

　　涂慧（2013）根据众包平台的不同将众包模式分为体验型众包和解决型众包。体验型众包是指组织搭建一个属于自己的平台，其目的是创造一个交流的环境以了解大众对于产品或服务的体验，旨在根据大众的体验提升产品或服务的质量；解决型众包一般是指企业或组织通过第三方中介平台来解决依靠内部资源无法解决的问题。

　　按企业参与众包的途径可以把众包模式划分为两类，即自建平台和第三方平台（Brabham，2010）。自建平台是企业建立自己专属的网站发布任务，吸引和管理大众的参与，企业自建专属的众包平台一般需要较高的信息化水平和一定的用户群体，因此多为实力强大的企业，如宝洁的"创新中心"吸引世界各地的研发人才参与其项目中，国内的京东众包、苏宁众包，旨在解决同城"最后一公里"配送问题。更多企业通过第三方平台发布任务，吸引大众参与，目前各类型的众包平台层出不穷，如创意型的猪八戒网、综合型的任务中国、预测型的 Kaggle、软件型的 Coding、日常任务型的阿里众包、微差事等，可以满足不同企业多样化的需求，大众也可以依据自己的技能水平有选择地通过这些平台参与众包中。

　　从众包的性质来看，可以将众包模式划分为三种，即众包竞赛、协作社区式众包和虚拟劳动力市场。众包竞赛是由多个解答者接受发布者提出的问题并以竞争的形式独立完成，胜出则获得相应的奖励。以美国的 InnoCentive 创新平台为代表，该平台利用竞赛的机制进行科学问题的研发，所有注册用户都可以参与竞争，胜出者获得奖金，构建的是赢者通吃的模式。目前国内的众包网站猪八戒网也主要以竞争性的任务为主。协作社区式众包类似传统的公司，它将多名贡献者的成果进行编排，整合成一个连贯的整体，实现价值的整合。协作社区的优势是多元化，强调的是成员的自组织，问题解答者可以公开地自由分解问题，提供解决答案，并进行修正，没有任何等级制度，体现的是协同学习。协作社区的缺点在于，参与的贡献者来自世界各地，他们来自不同的企业、领域，兴趣动机一样，因此协作式众包的管理难度更大。这一类型的典型代表是 Wikipedia，任何人都可以参与词条的修改中，只要审核通过，修改的内容就可以被全世界的人看到。和其他的贡献智力资源的众包类型不一样，虚拟劳动力市场贡献的是劳动力资源。虚拟劳动力市场类似于传统的服务承包中介，根据买方和卖方的服务进行匹配。由于公司通常不愿自己搭建这样的平台，虚拟劳动力市场一般由第三方中介机构操作，它灵活性极高，不像传统劳动力市场中介那样让卖方长期为买方工作，相反，它是一个现货市场，负责为不同的任务寻找拥有合适技能的卖家，通常情况下是按需匹配，但是可以随时提供大规模的支持。

综上所述，众包模式分类如表 2-2 所示。

表2-2　众包模式分类

分类角度	具体分类	典型案例
发包者的目的	大众智慧	InnoCentive、任务中国、猪八戒网
	大众创造	iStockphoto、YouTube、优酷、百度百科、维基百科、LOFTER 图片社区、土豆网
	大众投票	淘宝网、百度知道、今日头条、一品威客等
	大众集资	京东众筹、P2P 宜贷网、国外的 Sellaband
参与者之间的关系	竞争型众包	任务中国
	合作型众包	百度百科
众包平台的不同	体验型众包	星巴克点子网
	解决型众包	InnoCentive
参与众包的途径	自建平台	宝洁的"创新中心"、京东众包、苏宁众包
	第三方平台	创意型的猪八戒网、综合型的任务中国、预测型的 Kaggle、软件型的 Coding、日常任务型的阿里众包、微差事
众包的性质	众包竞赛	美国的 InnoCentive 创新平台、我国国内的众包网站猪八戒网
	协作社区式众包	Wikipedia
	虚拟劳动力市场	

2.2.2　众包交易模式分类

在国内外众包网站研究的基础上可将众包交易模式归纳为三类，分别是悬赏制交易模式、招标制交易模式和指定任务外包模式，其中指定任务外包模式也可以称为雇佣制交易模式。

悬赏制交易模式是指发包方在众包平台上注册后发布任务。主要流程分为两个阶段，一是任务发布阶段，发包方在众包平台上填写具体任务需求，然后将任务赏金托管到众包平台上，由众包平台进行发布；二是任务反馈阶段，当接包方接包后提交解决方案，由发包方决定采纳哪一种方案，同时众包平台将赏金发放给被采纳方案的接包方。悬赏制交易模式的主要特点有三个。第一个特点是资源浪费，当发包方发布一个任务后，所有参与该任务的接包方都必须提交方案。事实上，发包方最后只会选择其中一个方案，其他的方案则会被淘汰。这种情况就造成了资源的极大浪费，因为其他被淘汰方案的参与者所耗费的时间、智力等成本都不能产生任何价值。第二个特点是全额托管，当发包方填写任务需求后，需要将任务赏金全额托管到众包平台上。事实上，尽管这种模式在一定程度上保障了接包方的权益，但是在实际操作中，也有可能会出现发包方对所有提交的方案都不满意的情况，而此时赏金无法退还给发包方。第三个特点是发包方定价，在悬赏制交易模式下，发包方在任务发布阶段就定好了赏金金额，接包方没有议价能力。

招标制交易模式的交易流程与悬赏制交易模式基本一致，有所不同的是，第一个阶段发包方发布任务时没有具体赏金金额，只有预算范围，并且接包方一开始所提交的方案只是一个包含报价的方案计划。在第二个阶段发包方选定某一接包方后会按照接包方的方案签订合同，发包方根据合同托管赏金，接包方根据合同完成任务后获得赏金。与悬赏制交易模式相比，招标制交易模式的主要特点有两个。第一个特点是接包方定价，发包方在发布任务时并不会填写具体金额，而具体的报价则由接包方在提交初步方案时提出。第二个特点是资源浪费较少，因为在初次方案提交阶段，接包方所提交的方案并不是完整方案，发包方只有在选定接包方后，才需要接包方提交完整方案。尽管其他淘汰者也需要耗费时间和智力等成本，但与悬赏制交易模式相比，这种交易模式产生的资源浪费较小。

雇佣制交易模式的主要流程可以分为三个阶段。第一个阶段是展示阶段，接包方在众包平台上注册后，众包平台为他们提供一个"工作室"，用于展示接包方的个人简历、知识背景和工作能力等；第二个阶段是筛选阶段，发包方根据自己的任务需求主动寻找并筛选符合需求的接包方；第三个阶段是合作阶段，发包方选定接包方后，主动进行沟通，在达成合作意向后，接包方按照要求完成并提交任务。与上述两种交易模式相比，雇佣制交易模式主要有两个特点：一是众包平台不参与。雇佣制交易模式中，接包方和发包方是一对一的服务，双方直接进行交易，众包平台一般不参与其中。二是个性化服务。在发包方选定接包方后，双方会进行进一步沟通交流，合作方式更加灵活，接包方可以更方便地为发包方提供个性化服务。

通过上述对三种众包交易模式交易流程和特点的详细分析，众包交易模式可重新进行分类。很明显可以看出，在悬赏制交易模式和招标制交易模式的交易过程中，众包平台一直参与其中，所有过程均在众包平台上完成。对于众包平台来说，双边用户的交易次数很容易被观测。因此，可将悬赏制交易模式和招标制交易模式划分为一类，统称为悬赏招标制交易模式。而在雇佣制交易模式交易过程中，众包平台的作用被弱化，众包平台一般不参与其中，接包方和发包方之间可以直接进行沟通交流，此时众包平台观测用户交易次数的难度较大。

悬赏招标制交易模式的交易流程如图 2-3 所示，发包方在众包平台上发布任务后将赏金进行托管，接包方通过众包平台选择任务和提交方案，发包方确定中标者后，由众包平台将赏金转付给中标者。

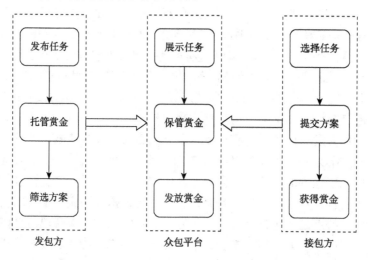

图 2-3　悬赏招标制交易模式的交易流程

雇佣制交易模式则是发包方处于主动地位，发包方在众包平台上筛选接包方，并根据接包方在众包平台上的技能展示确定合适的合作者，随后直接将任务交给该接包方，由接包方和发包方经过沟通交流后确定任务方案。因此，双方是一对一的交易，交易方式更加灵活。雇佣制交易模式的交易流程如图 2-4 所示。

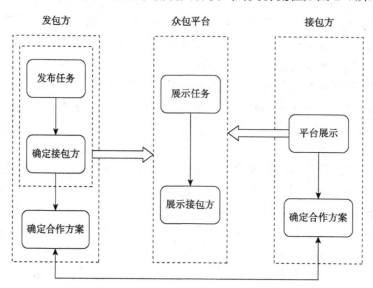

图 2-4　雇佣制交易模式的交易流程

2.3　众包服务相关理论

2.3.1　社会资本理论

"社会资本"一词最早是由马克思在资本主义市场环境下提出的，主要用来阐述资本主义剩余价值的本质。社会资本理论早期在实体环境中的用户行为、行业经济、企业组织等领域应用众多，但是由于受到外界环境的控制，其运用和研究外延无法得到拓展。因此，随着技术和信息的变革，社会资本理论如今也在不同领域得到了发展，其含义也不尽相同。

在关系主义方法论的基础上，Bourdieu 于 1986 年首次在社会学领域运用了社会资本理论。他将社会资本定义为：社会资本是由于相互之间的网络关系而产生的现有资源和潜在资源的总和，而相互之间要形成稳定的网络内在联系主要靠成员之间的信任或者了解等（Bourdieu，2011）。这一阐述受到众多学者的认可。他认为这些资源的集合需要拥有一定的关系网络基础，而且这些资源积累与个体和团体或者某种网络社区形成制度化形式密切相关，即相互之间必须形成一定制度化或者共同遵循某种约定，从而自然积累形成社会资本。

James S. Coleman（詹姆斯·S. 科尔曼）以研究社会结构为目的，将经济学概念中的微观与宏观节点作为研究社会资本的切入点，进而深入研究社会结构。研究指出，行动者以利益为出发点，并且在整个过程中受到其他行动者的控制，两者为了实现各自的利益进行交互，使得这种关系长期得到保持，而这种保持的社会结构就是产生的社会资源，其社会资本形成行动者用于生存的资本财富（Jan et al.，2005）。同时，James S. Coleman 还指出，物质资本、人力资本与社会资本可以自由转换。社会资本主要形式有行动者之间的期望和义务、相互之间形成的信息网络、共同遵循的规范与惩罚制度、树立的权威和各种组织。Nan（1982）以社会资源理论为研究基础，提出了自身对社会资本理论的理解，并指出社会资源存在于参与者的相互作用的关系网中，如果要得到财富、金钱、知识等资源必须从关系网中交互获得。因此，他认为社会资本是在社会关系中付出代价并且希望在交互中得到回报的资源，也是在遵循规则前提下通过有目的的动机获取的镶嵌在社会结构中的资源。对此研究，他采用环境的异质性、所处环境中的地位和相互之间的强度来衡量拥有的资源，且这三个变量与社会资本呈现显著的正相关关系。Nahapiet 和 Ghoshal（1998）将社会资本划分为结构资本、认知资本和关系资本三个维度，现已成为研究社会资本的主要划分维度。结构资本是三个维度的基础，是个体相互之间形成的联系，主要体现在网络交互结点、网络布局和适用的组织。认知资本则需要共同的文化、言语和共同的目标与价值观等。关系资本主要指信任、社区认同、互惠等。三个维度都对组织产生巨大的影响，有利于低成本地提高关系网络中的活动成本、提高活动效率等。

2.3.2　双边市场理论

1. 双边市场概念

关于双边市场的概念，虽然现有的研究较多，但仍未有一个统一的概念。Rochet 和 Tirole（2006）从价格结构的维度出发认为双边市场是指，若 P_c 为平台对买方 c 的定价，P_v 为平台对卖方 v 的定价，设平台向两边用户制定的定价 $P = P_c + P_v$ 固定时，若平台对其中一边用户所制定的价格发生改变时，交易总量也会随之变动。Armstrong（2007）从交叉网络外部性的角度出发认为双边市场是指，两种类型的用户在中介机构或者平台进行联结，并且一边用户加入平台的数量会直接影响另一边用户加入平台所获得的效用。Rysman（2009）则认为双边市场必须满足两个条件，一是平台上交易双方是两种不同类型的用户，二是一边用户的接入与否、规模等都会对另一边用户产生影响。国内学者黄民礼（2007）在综合上述学者对双边市场定价的基础上，认为可以将双边市场定义为，存在一个平台，连接具有交叉网络外部性的买卖双方，并且平台的需求和交易量直接受到平台对买卖双方制定的价格的影响。

2. 双边市场特征

（1）双边市场连接的是两类异质用户。大多数情况下，双边市场是在单边市场基础上随着交易地点的变化演化而来的。双边市场最大的特点在于：存在一个平台连接了两类异质用户，并且一边用户的效用主要是通过与另一边用户进行互动获得的。平台的作用则是将这两类异质用户进行更好的匹配，使这两类用户能够进行更加高效的互动。用户异质的原因主要分为两种情况：一种情况是来自不同消费实体的消费者，如房地产中介机构连接的买房者和卖房者，银行卡行业中的持卡者和商户；另外一种情况是拥有不同交易目的的消费者，如本书研究对象中的接包方和发包方。这两者在一定情况下可以转换。

（2）两边用户的需求具有互补性。在传统的单边市场中，需求的互补一般是指产品的功能性互补或者产品之间存在一种消费依存关系，并且这种产品通常由同一个消费者消费，以此共同满足消费者的某一需求。但在双边市场中，某一平台企业提供的产品或服务间的互补性源于其所连接的两类异质用户的联合需求，并且缺少任何一边用户的需求，该平台也不会有任何需求。这种具有相互依赖性的需求就是经济学上所称的"鸡蛋相生"的问题，即只有当这两类异质用户同时对该平台提供的产品或服务产生需求时，该平台才有存在的价值。以大型商超为例，对于消费者而言，大型商超提供的齐全商品使得消费者可以在最低购物成本的条件下购买到自己所需的商品，并且当供应商越多时，消费者的购物成本越低。同样地，对于供应商来说，大型商超消费者的规模越大，其销量越高。因此，大型商超提供的产品或服务使得消费者和供应商之间存在互补性需求。

（3）平台定价结构具有非中性。张凯（2013）认为，在单边市场中，唯一影响交易总量的因素就是价格总量。在双边市场中，一笔交易的完成需要买卖双方、平台三方的参与。因此，交易总量不仅受到价格总量的影响还会受到价格结构的影响。在双边市场中，平台对产品或服务的定价在一般情况下并没有遵循边际成本加成的原则。现实生活中的大型商超对消费者实行免费进入，而对产品入驻商收取一定的费用。因此，在单边市场中，定价唯一的根据就是供需法则，不会出现倾斜定价的情况。而在双边市场中，平台的定价则会出现定价结构非中性的特点，经常会出现平台在追求利润最大化的情况下实行价格补贴策略，即对一方收高价，对另外一方实行免费甚至补贴的策略。

（4）交叉网络外部性。网络外部性是指，网络中用户的效用取决于消费同一产品或服务的用户规模，可以划分为直接（组内）网络外部性和间接网络外部性。

直接网络外部性，是指网络的价值随着接入用户规模的增大而随之增加，其又被称为组内网络外部性。梅特卡夫法则就是典型的例子，通信网络的价值与接入网络用户数的平方成比例。间接网络外部性，是指当某一产品或服务被用户使用的数量增加时，该产品或服务的互补产品数量也会随之增加，从而导致该产品的价格降低。在双边市场中，交叉网络外部性是指平台一边获得的效用受到另外一边接入数量和质量的影响，也被称为组间网络外部性。以大型商超为例，大型商超在消费者和供应商之间起到一个桥梁的作用，假设其他条件不变，当大型商超中入驻的供应商越多时，在大型商超里可供消费者挑选的产品就会越多，因而消费者选择到令自己满意的商品的概率也会越大；同样地，当一个大型商超的人流量或者购买者越多时，供应商的销量也会越大。总而言之，不管是对消费者还是对供应商来说，一方获得的效用与另一方接入规模成正比。

三种网络外部性具体含义如表 2-3 所示。

表2-3　三种网络外部性具体含义

网络外部性	用户	作用对象	具体含义
直接（组内）网络外部性	A（B）	A（B）	A、B为同一边产品
间接网络外部性	A	B	A、B为互补产品
交叉（组间）网络外部性	A	B	A、B为双边市场中两边的产品

3. 双边市场分类

国内外学者从不同的角度出发对双边市场平台进行了分类。

（1）按照平台功能的不同，Evans（2003）将双边市场平台分为市场制造型平台、观众制造型平台和需求协调型平台三类。市场制造型平台的主要作用是将买方和卖方吸引到平台上，且平台为双方的交易提供信息和服务等，以此提高买卖双方成功匹配的概率，降低双方成功交易的搜索成本。证券交易所和房地产中介机构等就是典型例子。对于平台用户而言，加入该平台，可供选择的交易对象增加使得交易的效率更高。观众制造型平台的主要特点就是尽可能多地吸引观众，使得企业更愿意使用该平台发布相关信息，以此实现观众和广告或信息发布者的匹配。现实生活中典型的观众制造型平台主要有报纸、电视媒体、门户网站等。需求协调型平台是指通过平台对双边用户的需求进行协调。现实生活中，典型的需求协调型平台包括各类操作系统。以电脑操作系统为例，软件开发商开发出与电脑操作系统相兼容的软件，用户购买使用该软件的前提就是安装该操作系统。

（2）按照平台竞争的不同，Armstrong和Wright（2007）将双边市场平台分为垄断性平台、竞争性平台和存在竞争性瓶颈平台。垄断性平台是指市场上仅有一个平台。竞争性平台是指市场上有多个平台，但用户只能接入其中一个，即两边用户都是单归属。存在竞争性瓶颈平台是指用户有多个选择，并且用户期望可以加入多个平台，这就产生了用户部分多归属的现象。事实上，在现实生活中垄断性平台很少见，更多的是存在竞争性瓶颈平台。众包平台也属于存在竞争性瓶颈平台，国内的众包平台主要有猪八戒网、一品威客等，不管是接包方还是发包方都可以自主选择众包平台接入。

（3）按照参与者数量多少，Rochet和Tiorle（2006）将双边市场划分为简单双边市场和复杂双边市场这两类。简单双边市场是指参与者只涉及平台及买卖双方。现实生活中，典型的例子有报纸等。而复杂双边市场则是指除了上述的三方外，可能还包括其他参与者。例如，社交网站平台中除了用户和广告商，其参与者还包括第三方插件商。显然，众包平台可以被看作简单的双边市场，现有众包平台仅涉及接包方和发包方。

（4）按照交叉网络外部性的正负，双边市场可以分为正交叉网络外部性市场和负交叉网络外部性市场两类。正交叉网络外部性是指一边用户的效用与另一边用户的接入规模成正比。现实生活中，典型的例子有软件开发平台。相反，负交叉网络外部性是指一边用户的效用与另一边用户的接入规模成反比。例如，对于电视媒体，广告商的效用会随着观众的增加而增加，而观众对于广告的态度是厌恶的，因此观众的效用会随着广告商数量的增加而降低。从众包平台的主要作用出发，可以明显看出，众包平台连接的接包方和发包方之间具有正的交叉网络外部性。

综上可知，双边市场分类如表 2-4 所示。

表2-4　双边市场分类

分类角度	具体分类	典型案例
平台功能	市场制造型平台	证券交易所
	观众制造型平台	报纸
	需求协调型平台	电脑操作系统
平台竞争	垄断性平台	邮电系统
	竞争性平台	手机运营商
	存在竞争性瓶颈平台	网购平台
参与者数量	简单双边市场	报纸
	复杂双边市场	社交网站平台
交叉网络外部性的正负	正交叉网络外部性市场	软件开发平台
	负交叉网络外部性市场	电视媒体

2.3.3　创新生态系统理论

1. 创新系统方法的产生及其演进

创新系统方法的理论最早于 19 世纪由德国经济学家李斯特提出，其在著作《政治经济学的国民体系》中提到了"国家系统"（national system）的概念，他认为现代工业需要依靠科学技术的力量。为了改变德国工业落后于英国工业的严峻形势，李斯特积极主张政府要建立一个国家系统，来促进德国工业化的发展进而带动德国经济的发展。20 世纪 40 年代起，组织生态学逐渐兴起，主要是通过生态学的视角，结合新制度经济学等学科理论来对个体的发展趋势进行研究，并对组织间的关系进行探究，思考组织与外界环境之间具有何种联系。组织生态学认为达尔文的进化论也适用于错综复杂的社会环境，这些环境都是直接影响组织的相关因素，因此组织需要了解并适应这些环境因素。组织生态学根据研究对象又可划分为几个分支，即个体生态组织理论、种群生态组织理论、群落生态组织理论、企业生态系统演化理论等。20 世纪 80 年代，伊查克·爱迪思提出了企业生命周期理论，将企业发展的整个周期类比为自然界中的生物体，通过企业生命周期理论，可以为不同企业选择合适的管理模式来与企业生命周期的特点相适应，给予企业所处不同阶段的相关信息从而促进企业发展，企业就可以在不同阶段取长补短，获得较好发展，也有利于企业延长生命周期。Moore（1993）首次系统阐述企业生态系统，他将生物系统类比企业竞争，强调企业生态系统中的组织与个体之间联系的重要性。Adner（2006）认为企业创新需要创新生态系统内的各个企业伙伴协调一致，才能创造出具有顾客价值的产品。美国总统科技顾问委员会（President's Council of Advisors on Science and Technology, PCAST）在 2003年展开一项对美国创新生态的研究，并发表了两个研究报告，对创新生态系统在美国经济发展中的重要作用予以肯定，并指出应该继续发展创新生态系统。创新生态系统的提出和理论发展对一个国家的创新体系具有重要意义。

2. 创新生态系统的界定

在国外，Adner（2006）将协同整合机制理念引入创新生态系统，从而获取对接用户需求的各企业创新成果的解决方案。Luoma-Aho 等（2009）在描述创新生态系统时，将其定义为多个创新主体之间相互联系、参与知识交流，进而推动创新发展的生态系统。Jordan 和 Russel（2014）提出创新生态系统是由多个子系统组成的，这些子系统包括经济环境等诸多因素，它们之间相互联系，构成一个有利的创新环境。创新生态系统也可以看作由各种关系联结而成的网络，该网络中，人才和信息等要素不断流动。此外，Jordan 和 Russel（2014）、Zahra 和 Nambisan（2012）认为创新生态系统是一个以创新平台为中心的互联网络，彼此联系较少的公司之间通过这个创新平台协同合作，共谋发展。

在国内，张运生（2008）和张利飞（2009）将创新生态系统描述成一种具有自然生态系统特性的技术创新体系，这种体系由系统中各元素相互协调、共同进化而形成。郑小勇（2010）则将技术创新与技术创新商业化之间的关系引入创新生态系统。黄敏（2011）提出组织间为了实现共同的创新目标而围绕核心组织所形成的一种网络化系统就是创新生态系统，在创新的过程中，核心组织不断与周围组织产生联系、进行知识共享，并在此基础上进化，逐渐发展成新的组织模式。游小珺等（2014）将参与创新活动的各元素联系起来，在一定范围内形成一个具有体系、网络、环境创新的完整集合。

2.3.4　动机理论

动机是指激发、引导和维持人们行为的动力，它更偏向于一种心理活动，大众会受到内部和外部动机的激励而做出对自己来说合适的选择。众包竞赛中，接包方的积极参与是保证竞赛顺利进行的前提，因为众包竞赛需要的是外在资源，多样性、多层次的接包方是创新产生的基础。动机从大体上可以分为内部动机与外部动机。

内部动机是个体对事物本身产生的兴趣，在没有外在刺激的情况下，会产生参与活动的冲动，这种内部动机或是自我满足感提升，抑或是本身的兴趣，正因为有了这种动机的刺激，才让参与者更好地参与活动。相比外部动机，内部动机更能激发人们的主动参与和持续参与行为。例如，自主性（self-autonomy）、自我决定感（self-control）、归属感（affiliation）、能力胜任感（competence）等。个体行为的产生很大一部分依赖于价值观的满足，现实生活中也常发生当某活动或产品理念与个人价值观体系匹配度较高时，个体参与活动或购买及使用产品的意愿强烈。在常规工作环境中，由于外部规章制度限制条件较多，企业或组织的员工从事的工作往往并非出于自身喜好与热爱。然而，在互联网开放与自由的环境下，个体内部动机更容易实现。这是因为，在互联网环境下任务或活动参与者能够从自身偏好出发，拥有对任务参与的自由选择权利，享受选择任务带来的自我决定感及完成任务带来的能力胜任感。内部动机激励方式能够通过精神满足得以实现。例如，在众包竞赛中，任务解答者通过完成复杂且高难度创新类任务时获得的能力胜任感本身对解答者而言就是精神奖励。

外部动机产生的前提是要有外部事物的刺激，指参与者参与活动的行为来源于与自身、活动任务和环境无内在联系的外部刺激产生的动机。活动的组织者为了使任务达到想要的效果，经常会设置一定的奖金来吸引参与者，这种情况下参与者可能不是对活动本身的兴趣而是受了奖金的刺激才会参与活动，获得实际的奖励是参与者真正参与的动力所在。对比内部动机，外部动机可能让人们没有那么主动或持续地参与任务。外部动机也可分为两类，单纯的外部动机（如避免惩罚、获取任务报酬、任务赏金、声誉及荣誉等）及内化的外部动机（如自律、认同调节）。

众包竞赛及协作式众包活动中，发包方往往采用对外部动机的强化从而强化参与者参与行为，这个观点也被学者通过对众包平台进行的调查分析结果证明。除了外部动机中金钱报酬对参与者参与的直接激励之外，声誉及名誉性的荣誉动机刺激能够使参与者在参与活动中达到自我营销的目的，因此也被认为属于单纯的外部动机。与单纯的外部动机不同的是，内化的外部动机的主要特征是活动参与者在追求自身内部需求（如兴趣爱好、价值观等）的同时，也追求参与活动带来的使用价值。例如，小米手机爱好者参与品牌手机软件开发的外部创新众包活动，在满足自身兴趣爱好的同时，也追求软件更新后的被优化的手机使用体验感。

2.3.5　工作设计理论

Hackman 和 Oldham（1976）提出的工作设计理论目前应用最为广泛，其中关于工作动机的工作特征模型有五个核心维度，即技能多样性、任务完整性、任务重要性、任务自主性及反馈，具体如图 2-5 所示。

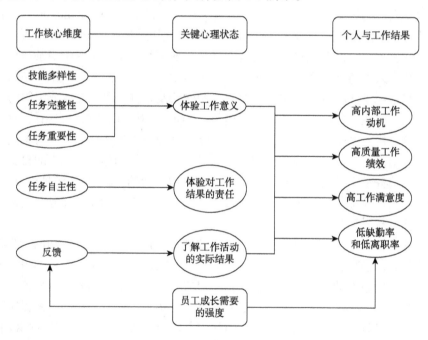

图 2-5　工作特征模型

图 2-5 中的五个核心维度的值越高，工作者在完成任务的过程中会获得越高的满足感，进而这些工作特征会显著影响组织的绩效水平。如何设计出一个令员工满意的工作流程或任务形式一直受到组织中管理人员的关注，因为这将大大提升员工参与工作的积极性。有学者也发现工作特征能对组织的绩效产生显著影响。因此，人们对于工作特征的研究一直未停止，除了上述的工作特征外，学者还研

究了其他的工作特征，如工作隐性、任务的复杂性等。在研究工作特征和内部动机的过程中，有学者发现任务自主性和技能多样性会显著影响员工的内部动机，而内部动机又会对员工的工作满意度产生影响。郑海超和侯文华（2011）通过工作设计理论，在研究任务设计对解答者参与意愿的研究中发现，内部动机与外部动机相比对解答者的参与意愿有更重要的影响，并且任务自主性、多样性和可分析性对内在动机有正向影响，任务隐性对内部动机有负向影响。任务特征会对解答者内部参与动机产生不同的影响，而这又会进一步影响解答者的绩效水平。根据动机理论，如果没有内部动机，员工的热情和投入会降低，员工的工作绩效会受到影响。

2.3.6 开放式创新理论

Web 2.0 时代出现了许多基于用户共同兴趣爱好的交流平台，拓宽了用户的交流渠道，增加了用户之间的关联性，改变了用户的行为方式甚至决策模式，使用户在商品市场不再只是消费者，更是生产者。这种改变必然要求企业对生产模式和经营模式进行相应调整，以适应社会化网络下市场的新需求。进入 Web 3.0 时代后，信息流通速度快且门槛低，金字塔式的组织结构由于存在信息不对称的情况，不再适应快速变化的市场需求，需要建立扁平化组织结构，形成用户驱动生产（C2B①）的生产模式，以优化管理模式，建立完善的客户关系管理机制。因此，企业创新成果不仅仅指企业产品研发的数量和质量，也包括企业的内部组织结构和管理模式，企业可以利用网络传播快速的特征，将创新产品利用网络渠道投入市场，检验企业创新效果。

开放式创新概念最早由美国的 Henry Chesbrough 教授提出，相对于封闭式创新，开放式创新是指企业通过突破组织边界，加强与外部组织和用户之间的合作与交流，提高企业绩效。传统创新模式强调企业发展要依靠自身研究开发实力及内部市场渠道，而开放式创新模式强调外部资源的重要性，创新需要整合内外部资源。开放式创新有两种形式，分别是由外至内和由内至外，组织运用开放式创新模式，一方面能从组织外部获得创新资源，通过整合外部和内部创能资源，能提升组织内部创新绩效、减少创新费用，对创新能力弱、研发资金不足的中小企业效果尤为明显；另一方面能增加企业潜在用户，使创新成果投入市场后取得更好效益。开放式创新拓宽了企业边界，能将组织、用户和资源整合在一起产生效益，Web 3.0 时代，社会网络化为开放式创新发展提供了推动力。

---

① C2B：customer to business，消费者到企业。

2.3.7　委托代理理论

委托代理理论最早出现在美国经济学家伯利和米恩斯的《现代公司与私有财产》一书中，是制度经济学契约理论的一部分，其建立在非对称信息博弈论基础之上，主要研究委托代理关系。委托代理关系是指一个或多个行为主体依照某种明确或默认的契约，指定、雇用另一些行为主体为其服务，同时授予后者一定的决策权利，并根据后者提供的服务数量和质量对其支付相应报酬。从经济学角度而言，委托人和代理人都是经济人，追求自身利益最大化。委托人先确定一种激励机制，刺激代理人更高质量地完成任务，实现委托人目标利益最大化，代理人依据委托人制度的激励方式决定自己的努力程度，使自身利益最大化。由于两方行为主体目标不一致，以及在委托—代理过程中存在信息不对称和不确定因素，所以在委托—代理过程中会存在逆向选择和道德风险等问题。

众包模式中企业与用户之间的关系是典型的委托—代理关系，企业是委托方（发包方），用户是代理方（接包方），委托方以任务的形式将组织内部问题发布到众包平台，并制定一系列激励机制与任务要求，接包方根据自身技能及兴趣等因素选择任务，且接包方不止一个，属于多代理人委托代理。

2.3.8　众包网络外部性理论

"网络外部性"一词最早由 Rohlfs 提出，其后 Katz 从网络用户数量的角度对网络外部性进行了界定，提出当某种产品的互联网用户应用数量增加时，该种产品单个用户的效用会增加。有学者认为网络外部性的特点在于，能通过提供互动机制，利用群众力量创造价值。这种基于社会网络的商业平台的盈利存在两个关键点：平台需要一定数量的多边用户，用户间互补，以激发网络价值；通过深层次挖掘网络用户的价值，有利于推动企业盈利。

中小企业通过第三方网络众包平台发布任务，体现了以任务为中心的交互生态圈，在众包平台内，企业和用户围绕共同的任务进行沟通，使得任务得到解决，体现了网络效应。众包平台将企业、用户与资源都纳入同一个交互生态圈中，发包方对任务进行合理设置后发布到众包平台上，从接包方提交的方案中获得解决方案，接包方和发包方都能从这一过程中获得利益，而且众包社区用户也可以转变为企业产品的潜在消费者，使众包平台既是创作平台也是营销平台。

2.3.9　竞赛理论

在现实生活中，个人或团体为了获取奖励或者逃避处罚，付出努力以超越对手进行相互竞争的过程被认为是竞赛。竞赛理论就被用以研究上述类似的情形，如寻租、政府土地拍卖、运动竞技比赛、升学考试等。其研究方向主要从完全歧视型与不完全歧视型两种竞赛模式展开。完全歧视型竞赛在经济学角度又被认为属于全支付拍卖，其主要特征是参赛者在竞赛过程中的贡献可以被准确衡量，也就是说，如果参赛者被认定为该次竞赛中贡献度最高者，那么毫无疑问该参赛者一定能够获得最高奖励。完全歧视型竞赛的研究场景通常处于不完全信息的背景下。不完全歧视型竞赛的特征是，参赛者在竞赛过程中的贡献无法被组织者准确衡量，即使参赛者在该次竞赛中贡献最高，还是存在无法获得奖励的情况。在不完全歧视型竞赛研究中，学者通过建立竞赛成功函数（contest success function，CSF），将参赛者的参与贡献与获得奖励的概率建立联系来提高对参与者贡献判断的准确度，其中 Tullock 竞赛成功函数（Tullock CSF）应用最为广泛。

研究者对竞赛模型研究的主要焦点是参赛者与竞赛设计者之间的博弈问题。其核心是如何设计竞赛能够帮助竞赛举办方最大化获取参赛者的贡献。相关学者从竞赛结构设计、竞赛奖惩机制设计两个方面展开研究。

1. 竞赛结构设计

从最大化竞赛举办方竞赛收益的角度出发，如何设计竞赛结构及在不同竞赛结构中如何设置奖励成为研究热点。竞赛结构从竞赛特点上主要分为以下四个类型，即单回合竞赛、多回合竞赛、集中竞赛、多小组赛。不同的竞赛结构的奖励设计存在差异。

在单回合竞赛中，当参赛者能力水平差异化较小时，竞争更为激烈，设置唯一奖励为最优解；若参赛者能力水平差异化较大，多奖励的设置更优。对比单回合与多回合竞赛结构，学者发现分组多回合竞赛能够激励参赛者付出更多的努力，特别是当参赛者能力水平差异化较大时，多回合竞赛结构的激励效果更为明显。在多回合竞赛结构中，设置层层淘汰的机制能够协助竞赛举办方筛选出能力水平最强的参赛者。对比集中竞赛与多小组赛结构设计，当参赛者能力水平差别较小时，集中竞赛结构中参赛者的总贡献总是大于把其拆分成多小组赛结构的总贡献。对于期望获取参与者总贡献最优的竞赛举办方而言，竞赛规模越大意味着收益越优。

2. 竞赛奖惩机制设计

竞赛理论研究的热点问题一直集中在竞赛激励问题上，分别是奖励设计与惩罚设计。惩罚设计的研究相对较少，主要原因是学者认为在封闭式竞赛中（无法中途退出的比赛），有胜出者也就意味着有落败者。因此，在考虑竞赛激励的问题上只需要单方面考虑奖励设计即可。

1）奖励设计

竞赛奖励设计中奖励个数的分配策略及奖励额度限制对于参赛者参与有显著影响。竞赛奖励设计的主要类别总结如表 2-5 所示。

表2-5　竞赛奖励设计的主要类别总结

分类依据	奖励设计类别	
奖励个数分配	赢者通吃	多奖元组（即最终奖励个数不唯一）
奖励额度限制	固定奖励额度	努力关联奖励额度

根据竞赛结构特点及参赛者特征，选择合适的奖励设计尤为重要。研究者研究奖励设计的影响因子时发现，影响竞赛举办方选择奖励设计类别的因素有参赛者风险偏好属性、参赛者贡献成本函数线性或非线性及参赛者信息对称性。研究者发现，风险喜好的参赛者在多回合竞赛中的表现更优。在竞争激烈的创新众包竞赛中，由于发包方更为关注的是获取最高期望收益，即选出最优方案，在这种竞赛类型的奖励设计上采用赢者通吃的奖励分配策略可以激发风险偏好型参赛者"冒险"从而获取最优收益。影响奖励额度限制设计的主要是参赛者在竞赛中投入的努力程度与个人能力水平。当竞赛获奖的概率被参赛者投入的努力水平决定时，采用努力关联奖励分配策略对竞赛组织者而言是最优的选择。

2）惩罚设计

尽管惩罚设计在竞赛理论中多为奖励设计的补充，部分学者对惩罚设计还是进行了相关的研究分析。在完全歧视型竞赛环境中，低水平参与者会因为惩罚机制的存在降低其参与意愿；一般水平的参赛者会选择参与但其平均竞赛贡献会减少；能力水平高的参赛者参与意愿和参与贡献均会增加。因此，若竞赛举办方以获取最大参赛者总贡献为目的，则不应该设计惩罚机制；若竞赛举办方期望通过竞赛获取最高质量的方案或最高水平的参赛者，则设置惩罚机制能够产生正向激励。

2.3.10　全支付拍卖理论

拍卖理论作为主流经济学理论之一，为现实存在的大量竞赛性质的博弈问题找到了合理的解释途径。拍卖理论最早由 William 提出，其首次将拍卖视作不完全信息下的博弈行为进行研究。全支付拍卖分为两种形式，即第一价格全支付拍卖（first-price all-pay auction）与第二价格全支付拍卖（second-price all-pay auction）。第一价格全支付拍卖模型中，无论竞标者是否最终得标均需要支付投标的费用或代价，且在拍卖结束后不予返还，因此该模型常被用于为竞赛类问题研究建模。第二价格全支付拍卖模型中，竞标者无须先行支付相关费用，只有最终得标者需要支付次最高竞标价，该模型常被用于解决生物研究领域的冲突问题。在使用全支付拍卖理论对研究对象进行建模分析时需要对竞标者估值情况、竞标者信息来源分布进行假设。

1. 竞标者估值

全支付拍卖之所以被应用，是因为拍卖方不清楚竞标者对竞拍物的价值评估。拍卖方与竞标者之间对竞拍品的价值不确定是全支付拍卖的基本特点。竞标者估值类型如表 2-6 所示。

表2-6　竞标者估值类型

估值类型	估值类型特点
私人价值	竞标者只知道竞拍品对自己的价值
关联价值	竞标者拥有与真实竞拍品价值相关的估计或渠道信息
公共价值	对于全部竞标者而言真实的竞拍品价值确定

在研究建立全支付拍卖模型时需要考虑竞标者估值对真实情况的拟合度。若竞标者获得的竞拍品不再流通于市场，那么该模型中基于私人价值的假设合理。关联价值适用的建模场景通常是竞拍品在被竞拍后能够继续在市场中流通的情况。公共价值假设适用于在竞拍过程中竞拍品价值无法确定，但其真实价值对于所有竞标者是相同的情形。

2. 全支付拍卖模型基本假设

在全支付拍卖模型中基本假设为对称、独立及私人价值假设。对称模型中的一般设定为：对于不可拆分价值的竞拍品，存在 N 个独立的投标人 $i(i = 1, 2, \cdots, n)$，能够支付的最高的对竞拍品的估值为 X_i。X_i 为在区间 $[0, \omega]$ 上相互独立的随机变量，且服从单调递增的概率分布 F ，概率密度函数为 f 在区间 $[0, \omega]$ 上连续。

2.4　本章小结

　　本章主要回顾了与本书相关的一些基础理论知识，主要包括众包的概念与特征、众包模式中的参与主体及特征、众包模式的分类，同时深入分析了众包服务的一些基本理论，本章主要为后面几章做铺垫工作。

第 3 章　众包模式下用户参与意愿与行为研究

3.1　众包模式下用户参与意愿

随着科技的发展，互联网已经与人们的生活紧密相连，可以方便人们快速了解相关资讯。各种类型网站的出现，在一定程度上满足了不同用户的不同需求。如果运用社会学的角度来看待网站，它其实是一个小型的社会，是有着共同特点的群体。群体的关键是群成员之间有着直接的接触与交流，并产生情感上的认同，从而形成参与意愿。参与意愿主要是指用户参与众包网站任务意愿的强烈程度。网站中的群体活动具有自愿行为、上瘾行为和匿名性的特点。对于各类网站来说，参与意愿是一个非常重要的因素，如果用户没有参与意愿，就不会有忠诚度的存在。如果用户的参与意愿能达到一定强度，该用户就可能会愿意继续参与网站的相关活动。网站要想维护用户群的稳定性，那么就应该提升用户的参与意愿。

3.1.1　满意度、忠诚度、D&M 模型在众包模式中的应用

1. 满意度的概念

20 世纪 50 年代，一些学者开始关注和认识用户满意度，差距理论是心理学中的一种理论，它为用户满意度的研究提供了理论根据。后来又出现"期望确认"理论，该理论是由 Oliver 在 1980 年的时候提出来的，该理论为用户满意度的进一步研究奠定了坚实的基础。在用户决定购买产品之前，Oliver（1980）认为用户会对该产品形成某种期望。在购买使用之后，根据具体的使用情况，用户会对该产

品给出自己的评估。如果用户对产品的评估高于自己的期望，会产生正面的期望不确认；如果用户对产品的评估与自己的期望相等，会产生期望确认；如果用户对产品的评估低于自己的期望，会产生负面的期望不确认。用户购买产品之前的期望与购买产品之后的评估将会对用户的满意度形成影响。用户会根据自己的满意程度决定是否继续购买，如果用户的满意度比较高，那么他再次购买的意愿就会比较高。有很多学者研究过满意度，由于学科背景的不同，考虑的角度也不一样，学术界还没有给电子商务环境下的"满意度"一个统一的定义，因此本书采用目前比较通用的概念，认为电子商务环境下用户满意度的内涵是用户对其参与某网站经历的满意程度，主要是指对网站的技术、交易经验和总体感受的满意程度。很多实证研究都显示，用户满意度是用户忠诚度的关键影响因素，本章将通过结构方程模型来检验它们的影响关系是否显著。

2. 忠诚度的概念

由于学科背景的不同，考虑的角度也不一样，学术界还没有给电子商务环境下的"忠诚度"一个统一的定义，因此，本书采用目前比较通用的概念，认为电子商务环境下的用户忠诚度，即用户出于对某个网站的偏好与喜爱，愿意经常关注该网站，反复参与到该网站中，甚至把该网站推荐给自己的朋友；同时，用户在情感及心理上对该网站有一种高度的信任感，并会自觉地维护该网站的形象及利益。

3. D&M 模型

D&M[①]模型是 IS（information system，信息系统）领域的里程碑式成果，自该模型建立以来，对于 IS 评价的研究大多以 D&M 模型为思考框架。西方学者从 20 世纪 70 年代开始关注 IS 实施项目成功评价的研究，最基本的成果就是确定 IS 成功的指标体系，或者说确定 IS 成功的因变量。很多学者从不同的角度、运用不同的指标来评价 IS 是否成功，形成了百家争鸣的局面。美国学者 Delone 和 Mclean（2003）总结前人研究成果，提出了关于 IS 成功的六个主要指标为系统质量、信息质量、服务质量、用户满意、系统使用（或系统使用意愿）和净收益，即 IS 成功模型，解释了指标之间的联系。该模型把 IS 成功看成一个过程，具有时间和因果关系。系统质量、信息质量和服务质量共同而又单独地影响系统使用和用户满意；系统使用和用户满意相互影响；系统使用和用户满意直接作用于净收益（如组织绩效）。Delone 和 Mclean（2003）认为，IS 成功本身是一个多维变量，很难简单说一个变量比另一个好，应该根据研究目标、组织环境、具体研究系统哪个方面，以及研究方法和分析层次等要素选择要考察的变量，从综合角度进行研究。具体情况如图 3-1 所示。

---

① D&M 指 Delone & Mclean。

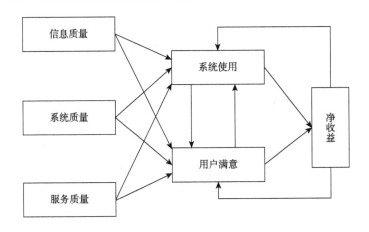

图 3-1　D&M 模型

3.1.2　参与意愿的影响因素

有很多因素都会影响用户的参与意愿，为了找出对参与意愿有普遍影响的因素，有很多学者对其进行了大量研究。

DiPalantino 和 Vojnovic（2011）以多种类型的网站为研究对象，调查发现用户加入与该网站有关的活动中主要是为了达到一定的目的，如娱乐性、自我发现、社会提升、维持人际关系、信息性等；Humphrey 等（2010）提出了六边形模型，模型的中心部分主要是用户的参与意愿，影响用户参与意愿的因素有六个，即对网站品牌的认同、网站中与他人的互动能力、分享共同利益、精确定制的内容、有机会参与网站的发展和发现志同道合的人。Dai 等（2016）表明，用户加入与该网站有关的活动中，主要是为了能够得到四个方面的满足，即心理性、社会性、娱乐性和功能性的满足。

3.2　用户参与意愿模型

3.2.1　模型构建

为了更好地解决前面提出的众包模式下用户忠诚度问题，通过大量的文献分析，本书构造了众包模式下用户忠诚度影响因素的模型，该模型主要包括三个方面的因素，即工作价值取向因素、网站因素和用户因素。

1. 工作价值取向因素

工作价值取向因素主要包括四个维度，分别是自我超越、自我提升、开放、保守。众包环境下的自我超越是指用户为他人提供帮助和支持、与他人产生某种联系和奉献社会等。自我提升主要是指能够获得与自己付出相匹配的报酬，以及获得成就感和被认同感等。开放主要是指用户可以参与不同职能的任务和自主决定完成任务的方式。保守主要是指众包网站制定了相关的规则制度，从而保障用户的权益不会受到侵犯。

2. 网站因素

网站因素主要包括信息质量和系统质量。信息质量主要是指该网站传递信息的准确性、提供信息的时效性及用户能否根据该网站提供的信息做出适当的交易决策。系统质量主要指网站的导航性、快速的反应与交易处理能力、设计的人性化等。

3. 用户因素

用户因素主要包括满意度、参与意愿和忠诚度。满意度主要是指用户对众包网站的技术、交易经验和总体的满意程度。参与意愿主要是指用户参与众包网站任务意愿的强烈程度。忠诚度主要是指用户是否经常参与该网站的任务、未来是否会继续参与该网站的任务、会不会把该网站推荐给自己的朋友。

在文献梳理的基础上还进行了访谈，访谈主要采用面谈的形式，从用户那里了解哪些因素会影响用户对众包网站的忠诚度，讨论用户忠诚度影响因素的选取是否合理，并使调查问卷量表的设计更加符合实际情况，根据访谈结果，本书构建了如图 3-2 所示的用户对众包网站忠诚度的影响因素模型。

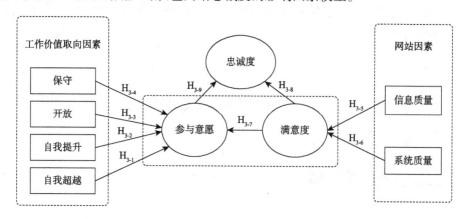

图 3-2　研究模型及假设

3.2.2　研究假设的设计

1. 工作价值取向与参与意愿的关系

用户是否愿意参与众包网站的活动，主要取决于网站的服务质量（D&M 模型中服务质量是影响用户行为或行为意愿的一个重要变量）能否满足用户需求，也就是环境能否令用户满意。心理学家提出了场地理论，认为个人与环境共同决定行为。在传统的人力资源研究中，学者主要将员工个体行为作为人与环境匹配的结果变量进行探究以期促进员工的积极行为。众包网站的用户可以看成企业的外部人力资源，本章将用户参与行为作为个体与众包环境匹配的结果变量，指出人与环境的匹配可以分为一致性匹配和互补性匹配，其中，互补性匹配可以细分为两种匹配，即要求—能力匹配和需要—供给匹配。本章主要研究需要—供给匹配。为了更好地研究众包模式下个体与众包环境中的需要—供给匹配问题，即个人需求与组织供给匹配，本章引入新的研究变量——工作价值取向。

Schwartz（1992）、Cable 和 Edwards（2004）指出工作价值取向主要包括四个维度，分别是开放、保守、自我提升及自我超越。众包涉及的人群相当广泛，用户参与的目的也不尽相同。用户可能因为能够为他人提供帮助或支持而参与众包活动；也可能因为能够获得与自己付出相匹配的报酬，或者获得成就感、被认同感等参与众包活动；还可能因为网站在行业内拥有领先地位和良好声望，以及能够让个人的财产、信息和知识产权等方面的权益不会受到侵犯而参与众包活动。用户参与众包活动的这些原因，都可以归纳为工作价值取向。因此，工作价值取向能够测量众包模式下用户的心理需求。Schwartz（1992）、Cable 和 Edwards（2004）编制的工作价值取向量表能够用来测量众包模式下个体与环境匹配中的需要—供给匹配。

在众包模式下，参与意愿是影响用户参与众包活动的重要因素，如果用户的参与意愿较强，那么他将愿意向该网站投入更多的时间和精力，因此，本书主要是通过"参与意愿"来度量众包模式下用户的行为意愿。根据场地理论，个人与环境共同决定行为，本书认为：众包网站提供的环境与用户工作价值取向的匹配度越高，用户的参与意愿就会越高。因此，本书提出以下假设：

H_{3-1}：众包网站环境与用户自我超越价值取向的匹配度正向影响用户对众包网站的参与意愿。

H_{3-2}：众包网站环境与用户自我提升价值取向的匹配度正向影响用户对众包

网站的参与意愿。

H$_{3-3}$：众包网站环境与用户开放价值取向的匹配度正向影响用户对众包网站的参与意愿。

H$_{3-4}$：众包网站环境与用户保守价值取向的匹配度正向影响用户对众包网站的参与意愿。

2. 网站因素与满意度的关系

如果将 D&M 模型应用到众包领域，可以认为：信息质量正向影响用户对众包网站的满意度；系统质量正向影响用户对众包网站的满意度。信息质量指用来评估信息的特性，如时效性、准确性和有用性等。众包网站主要是智力型知识产品的交易，用户做出交易决策之前，要浏览、收集和筛选相关信息，如果网站的信息模糊不清，用户就会有不好的感知；如果众包网站能给用户提供较高质量的信息，满意度的建立就会相对容易。因此，本书提出以下假设：

H$_{3-5}$：信息质量正向影响用户对众包网站的满意度。

在网上交易过程中，双方并没有直接的接触，只能通过系统进行交互，系统质量就成了双方关注的焦点。系统质量用来评估网站系统的特性，如导航性、可用性等。设计出良好的用户界面可以正向影响用户的满意度，系统的导航性和展示功能是用户满意度的重要驱动因素，与系统质量有关的其他因素对用户满意度的影响也十分显著。因此，本书提出以下假设：

H$_{3-6}$：系统质量正向影响用户对众包网站的满意度。

3. 满意度、参与意愿与忠诚度的关系

如果将 D&M 模型应用到众包领域，就需要对其中的两个因素——"使用意愿"和"净收益"进行适当的转化。在众包模式下，"使用意愿"比较适合用"参与意愿"来度量，参与意愿是影响用户参与网站活动的重要因素，如果用户的参与意愿较强，那么他将更愿意向该网站投入更多的时间和精力。在众包模式下，"净收益"比较适合用"忠诚度"来度量，因为如果用户能够保持一定的忠诚度，那么众包网站就会拥有一定规模并且相对稳定的用户群，而且能够吸引新的用户加入。Reichheld 和 Sasser（1990）也指出如果能让用户的稳定率提高 5 个百分点，那么该行业的平均利润会相应增长 25~85 个百分点。因此，本书用"忠诚度"度量众包模式下 D&M 模型中的"净收益"。

本书认为：用户的满意度正向影响其对众包网站的参与意愿，用户的满意度正向影响其对众包网站的忠诚度，用户的参与意愿正向影响其对众包网站的忠诚度。用户参与意愿与满意度的影响是相互的，如果用户对众包网站系统质量感到满意，就愿意在该网站花更多的时间，再次访问该网站的可能性也会变大，还可能会推荐该网站给其他潜在用户。如果用户对服务有高满意度时，忠诚度也会提高，就会产生重复参与行为。

Blanchard 和 Markus（2004）的研究表明，随着用户参与意愿的提高，用户间的关系也会增强，活跃程度也会随之提高，并产生对会员身份的认同。因此，本书提出以下假设：

H$_{3-7}$：用户的满意度正向影响其对众包网站的参与意愿。

H$_{3-8}$：用户的满意度正向影响其对众包网站的忠诚度。

H$_{3-9}$：用户的参与意愿正向影响其对众包网站的忠诚度。

3.3　调研方案的设计

3.3.1　调查问卷

1. 调查问卷的设计

本书研究的调查问卷主要分为五部分：第一部分主要是筛选题，用来筛选出符合调查情况的用户（本书的调研对象是投标者）；第二部分主要是针对用户背景资料的调研，如人口统计因素和网络使用经验；第三部分主要是调研用户忠诚度的前因变量，如网站因素和工作价值取向因素；第四部分主要是针对用户忠诚度中间变量的调研，如满意度和参与意愿；第五部分主要是对用户忠诚度的调研。

为了保证测量的信度和效度，调查问卷后面的三个部分主要采用外文期刊中变量的测度指标，并根据研究主题进行适当的修改，最终得到的研究变量及其测量题项内容见表3-1。个人基本信息除外，调研问卷中的所有指标都使用 7 点 Likert法测量。1 代表非常不同意，2 代表不同意，3 代表有些不同意，4 代表不确定，5 代表有些同意，6 代表同意，7 代表非常同意。

表3-1　研究变量及其测量题项

研究变量	指标	指标内容	选项	来源
开放	OP1	你在该网站可以参与不同职能的任务	1；2；3；4；5；6；7	Cable 和 Edwards
	OP2	你在该网站可以自主决定完成任务的方式	1；2；3；4；5；6；7	（2004）
保守	CO1	你在该网站的个人的财产、信息和知识产权等方面的权益不会受到侵犯	1；2；3；4；5；6；7	Cable 和 Edwards
	CO2	该网站制定并且有力执行了完善的交易和操作规则	1；2；3；4；5；6；7	（2004）
	CO3	该网站在行业内拥有领先地位和良好声望	1；2；3；4；5；6；7	

续表

研究变量	指标	指标内容	选项	来源
自我提升	SI1	你在该网站能够获得与自己付出相匹配的报酬	1；2；3；4；5；6；7	Cable 和 Edwards
	SI2	你在该网站可以获得成就感和被认同感等	1；2；3；4；5；6；7	（2004）
自我超越	ST1	你在该网站工作是希望为他人提供帮助和支持	1；2；3；4；5；6；7	Cable 和 Edwards
	ST2	你在该网站工作是希望与他人产生某种联系	1；2；3；4；5；6；7	（2004）
	ST3	你在该网站工作是希望奉献社会	1；2；3；4；5；6；7	
系统质量	SQ1	该网站易于导航	1；2；3；4；5；6；7	Lee 等（2009）
	SQ2	该网站有着快速的反应与交易处理能力	1；2；3；4；5；6；7	
	SQ3	该网站的设计很人性化	1；2；3；4；5；6；7	
信息质量	IQ1	该网站传递准确信息	1；2；3；4；5；6；7	Kim 和 Park（2013）
	IQ2	该网站提供的信息是最新的	1；2；3；4；5；6；7	
	IQ3	你能够利用该网站所提供的信息做出适当的交易决策	1；2；3；4；5；6；7	
满意度	SA1	你对该网站的技术比较满意	1；2；3；4；5；6；7	Morgan 和 Hunt
	SA2	你对该网站上的交易经验比较满意	1；2；3；4；5；6；7	（1994）
	SA3	总体而言，你对该网站是满意的	1；2；3；4；5；6；7	
参与意愿	PA1	在该网站中你经常进行互动	1；2；3；4；5；6；7	Ridings 和 Gefen
	PA2	你每周都会浏览该网站	1；2；3；4；5；6；7	（2004）
	PA3	你每次上网都会浏览该网站	1；2；3；4；5；6；7	
忠诚度	LO1	你经常参与该网站的任务	1；2；3；4；5；6；7	Ganesh 等（2000）
	LO2	未来你会继续参与该网站的任务	1；2；3；4；5；6；7	
	LO3	你会把该网站推荐给你的朋友	1；2；3；4；5；6；7	

2. 调研问卷的发放

为了保证数据的准确率，调查严格依据研究内容，加强了对调研对象的选择和对调研过程的控制，主要体现在以下三个方面。

1）调研对象的选择

因为问卷中的问题与众包网站的系统质量、信息质量、工作价值取向、用户满意度、参与意愿和忠诚度等因素密切相关，所以被调查的用户必须对众包网站非常熟悉，该次调研对象主要是在众包网站上有交易经验的用户。

2）问卷发放方式的选择

众包网站的用户都是通过网络进行交易的，因此该次调研主要采用网上问卷调查来进行数据收集。网上问卷调查的成本比较低，效率相对较高，而且灵活性比较大。给猪八戒网的用户发放问卷，要求每位用户只能填写一份问卷。

3）调研问卷的回收

该次调研总共发放了 260 份调研问卷，回收了 226 份，问卷的回收率为 87%，去掉不合格的问卷 10 份，收到有效问卷 216 份，有效调研问卷的回收率为 83%。如果有问卷符合以下两个方面的内容，就被认定为无效问卷：如果同一个 IP（Internet protocol，网络之间互连的协议）填写 2 份及 2 份以上的调研问卷，那么就只能保留该用户填写的某一份调研问卷；如果问卷所有题目得到的分数之间不存在显著差异，如用户对所有题项的打分都为同一个分数，就认为该份问卷是无效的。

3.3.2　数据分析方法的设计

本章主要使用数据处理软件 AMOS 17.0 和 SPSS 17.0 来分析有效问卷中的数据。SPSS 17.0 主要用来处理数据的信度、效度和描述性统计。结构方法模型的分析主要是用 AMOS 17.0 处理。数据的具体处理方法主要体现在以下几个方面。

1. 数据的描述性统计分析

应用描述性统计分析的方法来描述收到的用户的整体情况，主要涉及用户的年龄、性别、使用互联网的时间、职业、收入情况和在众包网站中标的次数等，具体情况如表 3-2 所示。

表3-2　用户基本情况描述指标及其选项

题项	描述指标	选项			
1	是否经常浏览众包网站	经常浏览	偶然浏览	从不浏览	
2	是否熟悉众包网站	非常熟悉	不怎么熟悉	一点都不熟悉	
3	是否有众包网站的交易经验	有	没有		
4	性别	男	女		
5	年龄	小于 18 岁	18~24 岁	25~30 岁	31 岁及以上
6	学历	高中（中专）及以下	大专	本科	研究生及以上
7	月均收入	3 000 元及以下	3 001~5 000 元	5 001~8 000 元	8 001 元及以上
8	提交过的任务次数	1~20 次	21~40 次	41~60 次	大于 60 次
9	中标的次数	1~20 次	21~40 次	41~60 次	大于 60 次
10	职业	政府机关工作人员 学生	企事业单位员工 其他	个体经营者	自由职业者
11	每周上网的时间	5 小时以内	5~10 小时	11~20 小时	20 小时以上
12	使用互联网的时间	2 年及以下	3~5 年	6~8 年	9 年及以上

2. 数据的信度分析

信度是用来测量数据可靠性的指标。在调查问卷中，用来反映用户相同特征问题的答案相近或者相同时，它们的测量才是可靠的。这些指标的信度通常由 Cronbach's α 值来度量。当 Cronbach's α 值比 0.5 小时，则收集到的数据可靠性比较差，不能做下一步的分析；当 Cronbach's α 值大于等于 0.5、小于 0.7 时，可以认为收集到的数据可靠性一般，能够对数据进行下一步的处理；当 Cronbach's α 值大于 0 时，则认为收集到的数据可靠性比较强，完全可以对数据进行下一步的处理。本章涉及的变量开放（OP）、保守（CO）、自我提升（SI）、自我超越（ST）、系统质量（SQ）、信息质量（IQ）、满意度（SA）、参与意愿（PA）和忠诚度（LO）都必须进行数据的信度分析。

3. 数据的效度分析

效度用来衡量用户打分的正确性，主要是指测量工具可不可以测量到研究人员想要测量的内容。研究者通常用两个方面的数据来衡量效度，即结构效度和收敛效度。结构效度具有一定的主观性，通常情况下，如果调查问卷的内容以某些著名学者的经典研究作为基础，借鉴在相应领域影响力相对较大的研究人员设计的问卷，并在自己的研究范围内进行适当的修改，就能够认为这份调查问卷的结构效度是合格的。

收敛效度意味着为了测量某种特质的某些题目能够通过数据同时反映到该因素的构面上，这些题目的度量数据间会有强相关性。用 SPPSS 17.0 处理数据，如果每个测度指标的标准化负载量比 0.5 要大一些，就能够认为用于调研量表的收敛效度是合格的。

4. 结构方程模型分析

本书通过 AMOS 17.0 对前面提出的研究模型进行检验，观察相关度量指标是不是在合理的范围内，并研究各变量之间的互相关联程度。结构方程模型的分析步骤主要包括四个方面。

（1）构建理论研究模型。通过文献参考，分析变量间的作用关系，提出相应的假设，构建出研究模型，并运用路径图来表示。

（2）通过数据来检验相关模型。运用 AMOS 17.0 画出基本研究模型，并向其中导入数据，通过参数估计的方法来度量模型的拟合情况。

（3）模型的修正。之前构建的研究模型的拟合情况未必会很好，如果模型的拟合情况满足不了要求，那么就会修正模型或者对模型进行重新构建。

（4）模型的解释。如果研究模型通过了检验，就可以对假设检验的结果进行分析，并得出一系列的研究结论和与之相对应的解释。

3.3.3 数据分析

1. 样本的构成情况分析

通过观察表 3-3 能够发现，被调查用户中，18~30 岁的用户大约占总数的 80%，这表明参与该众包网站的大部分人比较年轻，这部分用户主要是在校大学生和处于职业发展初期的工作人员，他们有较多的闲余时间和精力。在学历方面，80% 以上的用户拥有大专及以上文凭，这表明参与该众包网站的大部分用户受教育程度比较高，能够通过知识换取价值。这说明研究的调研对象是可行的。

表3-3 用户样本构成统计

描述指标	选项	频数	百分比
性别	男	111	51.4%
	女	105	48.6%
年龄	18~24 岁	83	38.4%
	25~30 岁	89	41.2%
	31 岁及以上	38	17.6%
	小于 18 岁	6	2.8%
学历	本科	97	44.9%
	大专	78	36.1%
	高中（中专）及以下	37	17.1%
	研究生及以上	4	1.9%
月均收入	3 000 元以下	81	37.5%
	3 001~5 000 元	96	44.4%
	5 001~8 000 元	34	15.7%
	8 001 元及以上	5	2.3%
提交过的任务次数	1~20 次	131	60.6%
	21~40 次	23	10.6%
	41~60 次	10	4.6%
	大于 60 次	52	24.1%

续表

描述指标	选项	频数	百分比
中标的次数	1~20 次	145	67.1%
	21~40 次	16	7.4%
	41~60 次	7	3.2%
	大于 60 次	48	22.2%

注：由于舍入修约，数据有偏差

2. 变量的描述性统计分析

结构方程模型中各变量问题的描述性统计分析见表3-4，从整体来看，大部分变量的最小值为 1，各变量的最大值大部分为 7，这表明被调查者对每个问题的打分范围比较广泛。

表3-4 变量问题的描述性统计分析

变量	具体问题	最小值	最大值	均值
SA1	你对该网站的技术比较满意	1	7	5.11
SA2	你对该网站上的交易经验比较满意	1	7	4.21
SA3	总体而言，你对该网站是满意的	1	7	4.94
IQ1	该网站传递准确信息	1	7	5.72
IQ2	该网站提供的信息是最新的	3	7	5.40
IQ3	你能够利用该网站所提供的信息做出适当的交易决策	2	7	5.53
SI1	你在该网站能够获得与自己付出相匹配的报酬	1	7	2.74
SI2	你在该网站可以获得成就感以及被认同感等	1	7	2.80
SQ1	该网站易于导航	1	7	5.33
SQ2	该网站有着快速的反应与交易处理能力	1	7	5.40
SQ3	该网站的设计很人性化	1	7	5.22
PA1	在该网站中你经常进行互动	1	7	5.37
PA2	你每周都会进该网站	1	7	5.11
PA3	你每次上网都会进该网站	1	7	4.87
OP1	你在该网站可以参与不同职能的任务	1	7	3.88
OP2	你在该网站可以自主决定完成任务的方式	1	6	3.65
LO1	你经常参与该网站的任务	1	7	5.05
LO2	未来你会继续参与该网站的任务	1	7	4.44

变量	具体问题	最小值	最大值	均值
LO3	你会把该网站推荐给你的朋友	1	7	4.69
ST1	你在该网站工作是希望为他人提供帮助和支持	1	7	3.41
ST2	你在该网站工作是希望与他人产生某种联系	1	7	2.57
ST3	你在该网站工作是希望奉献社会	1	7	3.69
CO1	你在该网站的个人的财产、信息和知识产权等方面的权益不会受到侵犯	1	7	5.51
CO2	该网站制定并且有力执行了完善的交易和操作规则	1	7	4.44
CO3	该网站在行业内拥有领先地位和良好声望	1	7	3.87

3. 数据的信度分析

表 3-5 展示了该次研究数据的信度分析结果。

表3-5　Cronbach's α 值

变量	LO	SQ	SA	IQ	PA	CO	ST	SI	OP
Cronbach's α 值	0.915	0.898	0.897	0.837	0.830	0.782	0.788	0.921	0.863

本书涉及的变量开放（OP）、保守（CO）、自我提升（SI）、自我超越（ST）、系统质量（SQ）、信息质量（IQ）、满意度（SA）、参与意愿（PA）和忠诚度（LO）的 Cronbach's α 值大于 0.7，而且整体的 Cronbach's α 值为 0.760，也大于 0.7，表明调查收集到的数据可靠性比较强，完全可以对数据进行下一步的处理。

4. 数据的效度分析

效度用来衡量用户打分的正确性，主要是指测量工具可不可以测量到研究人员想要测量的内容。本书主要通过 SPSS 17.0 应用因子分析的方法处理数据的效度分析，其中涉及主成分分析方法和因子的最大方差旋转方法。

先用 SPSS 17.0 对 25 个问题进行 KMO 和 Bartlett 球形检验，KMO 值是 0.734，在 $p = 0$ 的水平上显著，说明可以对数据进行主成分分析。经过进一步的处理，以特征值大于或等于 1 为因子抽取原则，共得到 9 个因子。

通过最大方差法对因子进行旋转，得到因子负载矩阵，如表 3-6 所示，提取出 9 个因子，分别对应开放（OP）、保守（CO）、自我提升（SI）、自我超越（ST）、系统质量（SQ）、信息质量（IQ）、满意度（SA）、参与意愿（PA）和忠诚度（LO），各指标在其对应因子的负载远大于在其他因子的交叉负载，说明量表的效度比较好。

表3-6　经过最大方差法旋转后的因子负载矩阵

变量	成分								
	LO	SQ	SA	IQ	PA	CO	ST	SI	OP
SA1	0.182	0.074	0.854	0.172	0.170	− 0.010	0.019	0.029	0.046
SA2	0.044	0.061	0.889	0.092	− 0.030	− 0.003	0.050	0.060	0.006
SA3	0.142	0.018	0.914	0.096	0.137	0.065	− 0.026	0.025	0.040
IQ1	0.102	0.053	0.137	0.806	0.275	0.009	− 0.018	0.019	0.069
IQ2	0.047	0.075	0.143	0.868	0.050	0.001	− 0.026	− 0.038	− 0.030
IQ3	0.202	0.110	0.071	0.837	0.083	0.009	− 0.060	0.026	0.021
SI1	− 0.024	0.007	0.054	0.003	0.007	0.042	0.012	0.954	0.103
SI2	− 0.039	− 0.044	0.051	0	0.012	0.028	− 0.032	0.954	0.086
SQ1	0.121	0.824	0.035	0.050	0.215	− 0.057	− 0.011	0.016	0.182
SQ2	0.139	0.899	0.062	0.083	0.172	0	0.048	− 0.053	0.086
SQ3	0.078	0.893	0.055	0.110	0.151	0.065	0.027	− 0.004	0.060
PA1	0.057	0.347	0.090	0.112	0.825	0.011	0.003	− 0.025	− 0.033
PA2	0.143	0.252	0.118	0.096	0.814	0.055	0.102	0.008	0.044
PA3	0.141	0.041	0.073	0.217	0.766	0.114	− 0.048	0.041	0.199
OP1	− 0.080	0.111	0.043	0.049	0.061	0.009	0.072	0.086	0.917
OP2	− 0.036	0.174	0.035	− 0.004	0.107	0.072	0.046	0.111	0.900
LO1	0.866	0.138	0.169	0.131	0.097	0.006	0.028	− 0.012	0.016
LO2	0.905	0.081	0.078	0.118	0.098	− 0.030	0.020	− 0.059	− 0.060
LO3	0.905	0.116	0.115	0.103	0.118	− 0.027	− 0.028	0	− 0.078
ST1	0.046	0.008	0.009	− 0.068	0.062	− 0.016	0.818	− 0.002	− 0.027
ST2	0.089	− 0.020	0.046	− 0.010	0.075	0.008	0.849	− 0.004	0.059
ST3	− 0.127	0.070	− 0.015	− 0.012	− 0.101	− 0.020	0.832	− 0.012	0.084
CO1	− 0.134	0.034	− 0.026	0.034	0.044	0.743	0.052	0.090	0.022
CO2	0.006	− 0.038	− 0.024	− 0.054	0.078	0.906	− 0.029	0.026	0.044
CO3	0.092	0.012	0.098	0.032	0.018	0.850	− 0.058	− 0.051	0.011

表 3-7 列出了各因子解释方差的百分比。

表3-7　因子解释方差的百分比

变量	LO	SQ	SA	IQ	PA	CO	ST	SI	OP
解释方差	21.449%	10.772%	9.475%	8.671%	7.875%	6.642%	6.206%	5.002%	4.664%

上述分析表明，该次调研收集的数据的信度和效度都在合理范围内，可以进行下一步的处理，即结构方程模型的检验。

5. 结构方程模型的评估与检验

结构方程模型的评估实际上就是检验相应模型的拟合性，弄清楚模型和数据之间的匹配度，主要是看收集到的数据能否支撑变量间的关联关系。把收集好的数据导入 AMOS 17.0 中，图 3-3 展示了处理结果。表 3-8 表明全模型的拟合指标基本上与常用拟合标准相符，其中绝对拟合度指标 GFI、RMSEA 等拟合指数都已达标；增值拟合指数 NFI、IFI 也已达标；综合拟合指数 CMIN/DF（卡方自由度比）也已达标。表 3-9 显示了检验值与路径估计值。

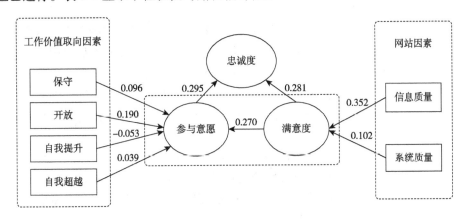

图 3-3　AMOS 17.0 的计算结果

表3-8　全模型的拟合指数

项目	CMIN/DF	GFI	AGFI	NFI	IFI	CFI	RMSEA
建议值	< 3	>0.9	>0.8	>0.9	>0.9	>0.9	<0.08
实际值	1.281	0.903	0.870	0.902	0.977	0.976	0.036

表3-9　检验值与路径估计值

假设	路径	路径系数	t 值	p 值	检验结果
H_{3-1}	自我超越→参与意愿	0.039	0.660	0.509	不通过
H_{3-2}	自我提升→参与意愿	− 0.053	− 0.891	0.373	不通过
H_{3-3}	开放→参与意愿	0.190	2.466	0.014	通过
H_{3-4}	保守→参与意愿	0.096	1.285	0.199	不通过
H_{3-5}	信息质量→满意度	0.352	3.716	***	通过
H_{3-6}	系统质量→满意度	0.102	1.250	0.211	通过

续表

假设	路径	路径系数	t 值	p 值	检验结果
H$_{3-7}$	满意度→参与意愿	0.270	3.966	***	通过
H$_{3-8}$	满意度→忠诚度	0.281	3.404	***	通过
H$_{3-9}$	参与意愿→忠诚度	0.295	3.175	0.002	通过

***表示 $p<0.001$

模型中部分路径系数比较理想的解释如下。

H$_{3-3}$ 通过了检验，表明众包网站环境与用户开放价值取向的匹配度显著影响用户对众包网站的参与意愿。这说明任务的多样性和工作的自主性能够吸引用户，并让用户产生较强的参与意愿。

H$_{3-5}$ 和 H$_{3-6}$ 通过了检验，表明信息质量和系统质量对用户满意度有着显著影响。感知信息质量对用户满意度的路径系数相对较大，这表明，如果用户不能通过网站了解足够的信息，就很难对众包网站产生较高的满意度。由此可见，众包网站管理方可以加强对信息质量的建设，给用户提供及时、有用和准确的信息。系统质量对用户满意度的路径系数为 0.102，众包网站管理方可以通过提高系统导航性和快速反应能力等来提高用户满意度。

H$_{3-7}$、H$_{3-8}$ 和 H$_{3-9}$ 都通过了检验，用户满意度对用户参与意愿的路径系数为 0.270，用户参与意愿对用户忠诚度的路径系数为 0.295，用户满意度对用户忠诚度的综合路径系数为 0.361（$0.281+0.270\times0.295\approx0.361$），说明用户满意度和用户参与意愿是影响用户忠诚度的两个重要因素。

模型中有部分路径系数并不理想，有关解释如下。

H$_{3-1}$、H$_{3-2}$ 和 H$_{3-4}$ 未能通过检验，表明众包网站环境与用户自我超越、自我提升和保守价值取向的匹配度没有显著影响用户对众包网站的参与意愿。众包网站环境与用户自我超越价值取向的匹配度没有显著影响用户对众包网站的参与意愿，可能原因是目前国内众包网站中的任务大部分是小型任务，并没有比较明显的利他性，而且通常是由个体单独完成任务，与他人互动的可能性较低。众包网站环境与用户自我提升价值取向的匹配度没有显著影响用户对众包网站的参与意愿，可能原因是众包网站中任务的赏金少。因此，通过结构方程模型的检验，可以将前面的 9 个假设修正为以下 4 个结论。

结论 1：众包网站环境与用户开放价值取向的匹配度正向影响用户对众包网站的参与意愿。

结论 2：信息质量和系统质量对用户满意度有着正向影响，其中信息质量的影响更为显著。

结论 3：用户满意度正向影响其对众包网站的参与意愿和忠诚度，同时，用户的参与意愿正向影响其对众包网站的忠诚度。

结论 4：众包网站环境与用户自我超越、自我提升和保守价值取向的匹配度没有显著影响用户对众包网站的参与意愿。

奖金虽然可以激励用户，但是数额一般都比较小，这与日常工作的报酬相比显得很少，稳定性偏低，对用户经济上的意义不大；众包目前只是一种新的生产方式，还未广泛地被应用到社会生产中，用户很难从中获得足够的成就感及被认同感。众包网站环境与用户保守价值取向的匹配度没有显著影响用户对众包网站的参与意愿，可能是因为众包行业在我国还处于发展初期，国内规模大、知名度高的众包网站还比较少，用户参与的众包网站重合度较高，他们大都选择比较安全和权威性高的网站。

3.4　用户参与行为影响因素指标体系建立

3.4.1　群体决策法

群体决策（group decision making）是指为解决复杂问题，在个人能力达不到要求的情况下，由多人参与决策分析、发挥集体智慧，参与决策的人被称为决策群体。DEMATEL 方法就是通过群体决策对影响因素之间的关系进行初步判定，然后采用数学方法进行分析的方法。

决策群体做出的决策通常都是语言变量（linguistic variable），语言变量具有模糊、不清晰的特点，因此，为得到准确的数值做下一步的分析，需要将语言变量转化为模糊数据，然后对模糊数据进行去模糊化处理，去模糊化过程参考 Opricovic（2004）。

假设决策群有 k 名专家，通过语义表将专家的原始评价转化为三角模糊数（triangular fuzzy number）$w_{ij}^k = (a_{1ij}^k, a_{2ij}^k, a_{3ij}^k)$，其中，$w_{ij}^k$ 表示 k 个专家认为 i 因素对 j 因素的影响程度；a_{1ij}^k 表示专家语义转化值的下限值；a_{2ij}^k 表示专家语义转化值的可能性最大值；a_{3ij}^k 表示专家语义转化值的上限值；xa_{1ij}^k 表示经过模糊化处理的语义下限值；xa_{2ij}^k 表示经过模糊化处理的语义转化值的可能性最大值；xa_{3ij}^k 表示经过模糊化处理的语义转化值的上限值。标准化过程如下：

$$xa_{1ij}^k = (a_{1ij}^k - \min a_{1ij}^k) / \Delta_{\min}^{\max} \tag{3-1}$$

$$xa_{2ij}^k = (a_{2ij}^k - \min a_{1ij}^k) / \Delta_{\min}^{\max} \qquad (3-2)$$

$$xa_{3ij}^k = (a_{3ij}^k - \min a_{1ij}^k) / \Delta_{\min}^{\max} \qquad (3-3)$$

其中，$\Delta_{\min}^{\max} = \max a_{3ij}^k - \min a_{1ij}^k$。

左边值（ls）和右边值（rs）标准化：将 xa_{1ij}^k、xa_{2ij}^k、xa_{3ij}^k 代入式（3-4）和式（3-5）得到标准化后的左边值 $x\mathrm{ls}_{ij}^k$ 和右边值 $x\mathrm{rs}_{ij}^k$。

$$x\mathrm{ls}_{ij}^k = xa_{2ij}^k / (1 + xa_{2ij}^k - xa_{1ij}^k) \qquad (3-4)$$

$$x\mathrm{rs}_{ij}^k = xa_{3ij}^k / (1 + xa_{3ij}^k - xa_{2ij}^k) \qquad (3-5)$$

其中，$x\mathrm{ls}_{ij}^k$ 表示 xa_{2ij}^k 标准化后的数值；$x\mathrm{rs}_{ij}^k$ 表示 xa_{3ij}^k 标准化后的数值。

计算去模糊化后的清晰值：

$$x_{ij}^k = [x\mathrm{ls}_{ij}^k (1 - x\mathrm{ls}_{ij}^k) + x\mathrm{rs}_{ij}^k x\mathrm{rs}_{ij}^k] / [1 - x\mathrm{ls}_{ij}^k + x\mathrm{rs}_{ij}^k] \qquad (3-6)$$

$$z_{ij}^k = \min a_{1ij}^k + x_{ij}^k \times \Delta_{\min}^{\max} \qquad (3-7)$$

对 k 名专家求平均清晰值：

$$z_{ij} = (z_{ij}^1 + z_{ij}^2 + \cdots + z_{ij}^k) / k \qquad (3-8)$$

其中，z_{ij} 表示最终专家语义值转化成打分的平均值。

3.4.2 众包竞赛中用户参与行为影响因素指标体系

本章对众包竞赛和用户行为相关的文献进行了大量回顾，为研究众包竞赛中用户参与行为的影响因素奠定了坚实的理论基础。本节将在文献研究的基础上，依据指标体系的构建原则，首先建立起众包竞赛中用户参与行为影响因素的指标体系，其次通过问卷调查的方式向众包竞赛的实际参与者分发调查问卷，得到他们对该指标体系的看法，通过数据收集对问卷进行信度效度检验，最后确立影响因素的指标体系模型。

1. 指标体系的选取原则

构建众包竞赛环境中用户参与行为的影响因素指标体系，首先要注意的是评价指标的确定，评价指标是连接评价对象和访谈专家的桥梁，建立科学全面的指标体系，访谈专家才能对影响用户参与众包竞赛的因素做出公正、客观的判断，指标体系需要对影响因素进行严格筛选，因此它具有以下评价原则。

1）综合性原则

在指标选取上，需要全面考虑各个层面上所有可能影响用户参与众包竞赛的因素，将重要的影响因素划入指标体系中区分类别，划分层次进行研究。因此，本书将从发包方、众包平台、接包方三个维度全面考虑影响用户参与众包竞赛的因素，并以此进行区分说明。

2）代表性和差异性

指标在选取上，应该力求精简明了，既站在全局的高度，又不至于太过冗杂，否则会使得指标之间内在关联度过大，没有明显的差异。因此指标应该选择有代表性的影响因素，且同一维度下的入选指标应该在性质上相互独立，不存在多重共线性。本书会在总结归纳国内外众包用户参与行为影响因素的基础上，对其进行定性分析，选取文献提到的频次高的指标，对意义相近的指标进行归类，使其具有差异性。

3）可比性和可操作性

指标的选取是为实证分析准备的，因此在构建指标体系时应尽量简洁明了、微观性强，以便收集，而且各指标之间应该具有很强的现实可比性、可操作性，便于进行量化处理及数学统计分析。本书基于 Fuzzy-DEMATEL 方法对各影响因素之间的相互关系进行比较，因此需要各指标内容清晰、可测性强，并可以进行良好的数据对比，不能只追求理论意义上的成立。

4）可行性和科学性

指标体系的建立应该从实际原则出发，指标来源必须可靠，不能理所当然，所选指标也应该简单易行、清晰明确、具有可行性。为使专家能够公正客观地对指标进行评价，指标的选取应该兼顾可行性和科学性原则，保证指标体系的合理程度。本章基于国内外的参考文献，选择常见的影响大众参与众包竞赛的指标。

2. 指标体系的构建

1）指标的来源

本书的指标主要从本章中总结归纳的国内外关于众包竞赛中的用户参与行为文献中得出，目前国内外的专家学者对大众参与者的动机多集中在微观层面，概括起来分为三大类，即内部动机、外部动机和内化的外部动机。本书基于现有研究和我国的基本国情，通过咨询专家意见，创造性地将选取的影响因素归纳到发包方、众包平台、接包方三个维度下，从而指标体系的建立更具层次性和代表性。本书构建众包竞赛中用户参与行为影响因素指标来源如表 3-10 所示。

表3-10 众包竞赛中用户参与行为影响因素指标来源

维度	评价指标	指标来源
发包方	赏金数额	Doan 等（2011）、Hirth 等（2013）、孟韬等（2014）、Yukino 等（2014）
	任务难易程度	Brabham（2010）、Shao 等（2012）、Feller 等（2012）

续表

维度	评价指标	指标来源
发包方	任务期限	Shao 等（2012）、Terwiesch 和 Loch（2004）
	任务新奇性	Majchrzak 等（2013）、David 等（2014）
	市场竞争情况	Yang 等（2008a）
	众包项目规模	陈光华等（2014）
众包平台	网站设计	冯娇和姚忠（2015）
	信息服务能力	郎宇洁（2012）
	用户信任度	吕英杰等（2013）、孙茜等（2016）、Sun 等（2015）
	众包行业特征	宗利永和李元旭（2015）
接包方	用户技能水平	Simula 和 Ahola（2014）
	用户兴趣爱好	Brabham（2010）、Howe（2006）
	对任务关注度	Huberman（2008）
	参与用户数量	Huberman（2008）、Yang 等（2008b）

　　以上是众包竞赛中用户参与行为影响因素的指标选取，总共选取 14 个影响因素作为研究对象。该指标体系涵盖了目前国内外对众包竞赛中用户参与行为研究中普遍提及的影响因素，分别分布在发包方、众包平台、接包方三个维度下，极具科学性、代表性，指标之间差异性明显，具有良好的可比性、可操作性，符合指标体系选取的原则。由此从理论角度构建众包竞赛中用户参与行为影响因素指标体系，如图 3-4 所示。

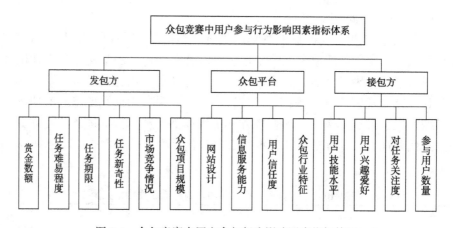

图 3-4　众包竞赛中用户参与行为影响因素指标体系

2）调查问卷设计与发放

本书从现有的国内外众包文献中选取影响用户参与众包竞赛的因素，具有一定的理论基础，但是理论需要联系实际才能更准确地反映现实情况，因此，还得对指标的选取是否有现实意义进行分析。本书以问卷调查的形式对选取的指标是否科学合理进行验证，以确保指标的实用性和前沿性，更好地指导参与者参加众包竞赛。为了保证问卷数据的准确性，该调查研究会对调研对象和问卷的发放形式进行合理的控制。

（1）调研对象的选择。

该问卷调研涉及用户参与众包竞赛的影响因素，因此被调查的用户应该对众包模式及众包竞赛有一定的了解，最好有在众包网站上参加过众包竞赛任务的经验。

（2）问卷的发放形式。

众包竞赛任务都是通过线上交易完成的，因此该调研会以线上的形式进行问卷数据收集，为使问卷的参与者多为参加过众包任务的有经验人士，该调研在国内众包网站猪八戒网上进行问卷发放，使获得的数据更加具有真实性、科学性。

3）调查问卷的回收

该调研共在猪八戒网上发放 140 份调查问卷，回收 128 份，回收率为 91.4%，去掉无效问卷 8 份，共收到有效问卷 120 份，有效问卷的回收率为 85.7%。如果问卷具有以下两种情况则被视为无效问卷：①使用同一个 IP 地址填写两个或两个以上的调查问卷，则只保留该 IP 用户的一份问卷；②问卷填写的选项无明显差异，如重要程度的打分都是一样的，则可视该份问卷无效。

4）指标体系的验证

本节主要用 SPSS 23.0 对问卷的数据进行处理，进行描述性统计分析，并对问卷的信度和效度进行验证。

（1）问卷的描述性统计分析。

描述性统计分析即对被调查者的基本信息进行统计，具体信息如表 3-11 所示。

表3-11　调查对象的基本信息情况表

描述指标	选项	频数	百分比
性别	男	78	65.0%
	女	42	35.0%
	总计	120	100.0%
年龄	小于 18 岁	2	1.7%
	18~24 岁	27	22.5%
	25~30 岁	58	48.3%

续表

描述指标	选项	频数	百分比
年龄	31 岁及以上	33	27.5%
	总计	120	100.0%
学历	本科以下	4	3.3%
	本科	71	59.2%
	硕士或 MBA[1)]	33	27.5%
	博士	12	10.0%
	总计	120	100.0%
参与任务次数	小于 10 次	18	15.0%
	10~30 次	50	41.7%
	31~50 次	43	35.8%
	51 次及以上	9	7.5%
	总计	120	100.0%
职业	学生	34	28.3%
	政府机关工作人员	12	10.0%
	企事业单位员工	45	37.5%
	自由职业者	29	24.2%
	总计	120	100.0%

1）MBA：master of business administration，工商管理硕士

（2）调查问卷的信度检验。

信度是根据测验工具所得到的结果的一致性或稳定性，反映被测特征真实程度的指标。信度指标多以相关系数表示，大致分为三类，即稳定系数（跨时间的一致性）、等值系数（跨形式的一致性）和内在一致性系数（跨项目的一致性）。信度分析的主要方法有四种，即重测信度法、复本信度法、折半信度法、Cronbach's α 信度系数法。在实证研究中，通常采用 Cronbach's α 值来度量。

$$\alpha = \left[k/(k-1) \right] \left[1 - \left(\sum_{i=1}^{k} \sigma_i^2 \right) / \sigma_T^2 \right] \tag{3-9}$$

其中，k 表示问卷题目的总数；σ_i^2 表示第 i 题得分的题内方差；σ_T^2 表示全部题项总得分的方差。α 系数的值越高表示一致性程度越高，问卷的信度越好。一般认为，$\alpha < 0.6$ 时，问卷收集到的数据较差，可信度较低；$\alpha > 0.7$ 时，表示问卷的信度比较好；若 $\alpha > 0.9$，则说明问卷的信度非常好。如表 3-12 所示，该调查问卷的整体信度为 0.796，各二级指标的 α 值也大于 0.7，尤其是发包方指标集的 α 值甚至大于 0.9，说明该问卷的内部一致性比较好，收集到的数据可靠性也比较高，可以进行下一步的处理。

表3-12　信度分析表

问卷量表	Cronbach's α 值	题项个数
整体指标	0.796	14
发包方指标集	0.917	6
众包平台指标集	0.788	4
接包方指标集	0.754	4

（3）调查问卷的效度检验。

效度是指测量的有效性程度，即用测量工具或测量方法测出所要测量特质的程度。效度越高表示测量结果越能反映测量对象的真正特征。效度一般分为三种，即内容效度、外部效度和构建效度。内容效度是指问卷是否包含了所有的研究题项，在内容上是否有所遗漏。外部效度是指研究结论是否具有普适性，是否可运用到研究场景外。构建效度用于多重指标的测量情况，包括聚合效度和区别效度。聚合效度是指构建的几个题项是否可以代表该指标的构建，测量的是每个变量题项和所提取公因子的相互关系，相互关系越大，表明题项和公因子之间联系越密切，一般聚合效度需要大于 0.5。区别效度指的是指标的构建之间的相关性不能太高，一般不要超过 75%。一般用因子分析来测量问卷的聚合效度和区别效度。

使用因子分析对问卷效度进行检验，需要考虑两个值：①统计量的 KMO 值越接近 1 表示越适合做因子分析，一般 0.7~0.9 表示比较适合，0.6~0.7 表示可以进行因子分析但是效果一般，低于 0.6 则不行；②Bartlett 球形检验，用来检验问卷各题项之间的相关性是否显著，显著性水平小于 0.05 表示可以进行因子分析。本节使用 SPSS 23.0 对问卷进行数据分析，结果如表 3-13 所示，得到问卷的 KMO 值为 0.788，大于 0.7，Bartlett 球形检验的概率 p 值小于 0.05，满足进行效度检验的两个条件，可以进行下一步的处理。

表3-13　KMO与Bartlett球形检验

检验		值
KMO 取样适切性量数		0.788
Bartlett 球形检验	近似卡方	897.754
	自由度	91.000
	显著性	0.000

表 3-14 给出的是每个变量的共同度，这 14 项指标的提取值都大于 0.5，表明变量中的大部分信息都能为因子所提取，说明因子分析的结果是有效的。

表3-14　公因子方差

项目	初始	提取
赏金数额	1.000	0.800
任务难易程度	1.000	0.827
任务期限	1.000	0.816
任务新奇性	1.000	0.682
市场竞争情况	1.000	0.606
众包项目规模	1.000	0.615
网站设计	1.000	0.552
信息服务能力	1.000	0.557
用户信任度	1.000	0.768
众包行业特征	1.000	0.588
用户技能水平	1.000	0.593
用户兴趣爱好	1.000	0.611
对任务关注度	1.000	0.645
参与用户数量	1.000	0.540

注：提取方法为主成分分析法

表 3-15 给出的是因子贡献率的结果，取特征根大于 1 的因子，共计 3 个因子（指发包方、众包平台、接包方），它们的累积贡献率大于 60%，因此提取这 3 个因子为主因子。

表3-15　因子贡献率表

成分	初始统计量			提取载荷平方和			旋转载荷平方和		
	特征根	贡献率	累积贡献率	特征根	贡献率	累积贡献率	特征根	贡献率	累积贡献率
1	4.344	31.030%	31.030%	4.344	31.030%	31.030%	4.338	30.986%	30.986%
2	3.463	24.739%	55.769%	3.463	24.739%	55.769%	2.533	18.093%	49.079%
3	1.394	9.954%	65.723%	1.394	9.954%	65.723%	2.330	16.644%	65.723%

注：提取方法为主成分分析法

表 3-16 给出的是正交旋转后的因子载荷值，采用的方法是 Kaiser 标准化的正交旋转，可以看出表 3-16 和本书划分的二级指标一致，每个因子对应的三级指标也都保留。

表3-16　正交旋转后的因子载荷矩阵

项目	因子 1	因子 2	因子 3
赏金数额	0.891	0.041	−0.074
任务难易程度	0.902	0.032	−0.112

续表

项目	因子 1	因子 2	因子 3
任务期限	0.899	− 0.092	0.007
任务新奇性	0.825	− 0.011	− 0.015
市场竞争情况	0.752	0.058	0.192
众包项目规模	0.774	− 0.094	0.089
网站设计	− 0.033	0.683	0.290
信息服务能力	− 0.018	0.732	0.145
用户信任度	0.002	0.864	0.149
众包行业特征	0.007	0.762	0.088
用户技能水平	− 0.125	0.105	0.753
用户兴趣爱好	0.220	0.108	0.742
对任务关注度	0.071	0.190	0.777
参与用户数量	− 0.084	0.350	0.641

注：提取方法为主成分分析法

因子 1：赏金数额 0.891，任务难易程度 0.902，任务期限 0.899，任务新奇性 0.825，市场竞争情况 0.752，众包项目规模 0.774，均大于 0.7。

因子 2：网站设计 0.683，信息服务能力 0.732，用户信任度 0.864，众包行业特征 0.762，都在 0.7 上下，可以接受。

因子 3：用户技能水平 0.753，用户兴趣爱好 0.742，对任务关注度 0.777，参与用户数量 0.641，都在 0.7 上下，可以接受。

3. 指标体系的确立

经过对问卷进行因子分析及信度和效度检验，结果显示众包竞赛中用户参与行为影响因素指标体系的 14 个指标均予以保留，且分别在所属的三个指标集下，这和本书建立的指标集一致，因此可以确定该指标集经过了理论和实践检验，满足指标建立的原则，如图 3-4 所示，建立众包竞赛中用户参与行为影响因素指标体系。

4. 指标模型的含义描述

1）发包方维度下的影响因素

发包方维度下的指标因素主要从赏金数额、任务属性、市场竞争情况和众包项目规模方面来考虑，其中任务属性又可以包括任务难易程度、任务期限和任务新奇性。

（1）赏金数额。赏金数额即企业在发布任务时给予的金钱奖励，因为众包竞赛不像协作式众包竞赛，竞赛只有唯一的胜出者，参与者之间相互独立，不用通过合作去完成任务，这也是众包激励的一个主要手段。

（2）任务属性。任务属性又包括三个方面，即任务难易程度、任务期限和任务新奇性。用户参与众包首要的就是如何去完成任务解决问题，因此在看到企业发布的任务要求后会对该任务的特性有一个直接的感受，从而决定是否参与众包竞赛。

（3）市场竞争情况。市场竞争情况指的是任务之间的竞争及任务解决者之间的竞争对出价的影响。众包网站上同类型的任务存在相互竞争，因为用户倾向于选择那些竞争对手少且赏金高的任务，因此发包方在设定赏金奖励时需要考虑其他发包方在发布同类型任务时给予的赏金。

（4）众包项目规模。项目规模是指颁布一个任务所需要的人力、物力和财力，如在预测竞赛平台 Kaggle 上，NASA（National Aeronautics and Space Administration，美国国家航空航天局）等大型研究机构发布的一个竞赛项目任务量以千万计，赏金数额可以高达数十万美元，吸引的也是来自世界范围内的机器学习领域的专家。

2）众包平台维度下的影响因素

众包平台维度下的影响因素主要从网站本身的特征、用户信任度及众包行业特征来考虑，其中网站本身的特征主要指网站设计及信息服务能力。

（1）网站本身的特征。网站本身的特征包含网站设计和信息服务能力，网站设计即网站的质量，给用户最直观的视觉感受，反映的是网站的技术能力和审美能力，好的网站设计对用户建立初始信任至关重要。信息服务能力即用户在网站上能够及时了解到任务的相关信息，网站可以对用户进行任务的个性化推荐，若用户对任务有意见可以及时反馈给发包方，考验的是网站的信息集成能力。

（2）用户信任度。用户信任度即用户对网站的认可程度，通常通过网站的口碑来反映，一般来说比较大型的、注册人数多的、任务范围广的众包网站的用户信任度高。

（3）众包行业特征。众包行业特征可根据众包平台的不同来划分，有综合型众包、创意型众包、日常任务型众包、软件类众包等，而作为中介平台的众包网站也有所差异，任务中国主要是综合类的任务，一品威客是创意类的任务，阿里众包是日常任务，因此用户可以根据众包的类型特征有选择地参与网站。

3）接包方维度下的影响因素

接包方维度下的影响因素主要从参与者的个人特征、对任务关注度及参与用户数量来考虑，其中个人特征主要指用户技能水平和用户兴趣爱好。

（1）个人特征。个人特征包含用户技能水平和用户兴趣爱好，众包任务涉及的范围比较广，不单单是日常的任务，有许多任务涉及专业知识，因此需要用户掌握专业技能。用户兴趣爱好即用户参与任务的出发点是出于乐趣，这也与 Howe

最开始提出众包时的用户参与一致。

（2）对任务关注度。通过对网站上任务的关注，用户可以了解适合自己参加的任务，因此对任务关注度是用户参与众包竞赛的驱动力。

（3）参与用户数量。参与用户数量即参加同一个任务的竞争者数量，众包竞赛通常只有唯一的胜利者，要想获得胜利就必须打败其他对手，因此了解参与用户数量及他们提交的任务质量对于用户赢得奖励至关重要。

3.5　基于 Fuzzy-DEMATEL 法的影响因素关系模型

3.5.1　模糊集与 DEMATEL 方法理论

1. 模糊集

生活中存在很多模棱两可的事物，人们无法度量它们的数量界限，也无法用简单的是或非阐明它们的关系。模糊集理论（fuzzy set theory）最早由 Zadeh（1965）提出，他在论文 *Fuzzy sets* 中提出了多值集合理论，并把"fuzzy"（模糊）一词引入技术文献中，从而掀起了多值数值研究的高潮。Zadeh 最主要的贡献是把模糊性和数学结合在一起，现实中有很多精准数学无法描述的模糊性关系，采用模糊集理论建立起基于模糊语言的数学模型可以使人类语言形式化、数量化。在此基础上，Zadeh（1975）定义了语言变量来处理语义之间可能存在的模糊性和歧义性。在实际运用中，常常用三角模糊数来表示语言变量。

定义 1：当论域 X 中的元素 x 数目 n 有限时，模糊集合 $\tilde{A}$ 的数学描述为 $\tilde{A}=\left\{\left[x,f_{\tilde{A}}(x)\right],x\in X\right\}$，$X=\{x_i,i=1,2,3,4,\cdots,n\}$，其中，$f_{\tilde{A}}(x)$ 表征元素 x 属于模糊集合 $\tilde{A}$ 的隶属度函数，X 是元素 x 的论域。$f_{\tilde{A}}(x):x\rightarrow[0,1]$，则 $f_{\tilde{A}}(x)$ 的值反映的是 X 中元素 x 对模糊集合 $\tilde{A}$ 的隶属程度。

Zadeh（1975）表示法：$\tilde{A}=\sum_{i=1}^{n}\dfrac{f_{\tilde{A}}(x_i)}{x_i}$

定义 2：一个三角模糊数可以定义为 (a_1,a_2,a_3)，则

$$f_{\tilde{A}}(x) = \begin{cases} 0, & x < a \\ (x-a_1)/(a_2-a_1), & a_1 \leqslant x \leqslant a_2 \\ (a_3-x)/(a_3-a_2), & a_2 \leqslant x \leqslant a_3 \\ 0, & x > a_3 \end{cases}$$ ，其中 a_1、a_2、a_3 均为实数，$a_1 < a_2 < a_3$。

任意两个三角模糊数 $A = (a_1, a_2, a_3)$，$B = (b_1, b_2, b_3)$ 有以下的运算规则：

$A \oplus B = (a_1+b_1, a_2+b_2, a_3+b_3)$；

$A \otimes B = (a_1b_1, a_2b_2, a_3b_3)$；

$\lambda \otimes A = (\lambda a_1, \lambda a_2, \lambda a_3), \lambda > 0, \lambda \in \mathbf{R}$；

$A \div B = (a_1/b_1, a_2/b_2, a_3/b_3)$。

符号 $\oplus$ 和 $\otimes$ 分别表示模糊数的加法、乘法运算。

2. DEMATEL 方法

DEMATEL 方法即决策试行与评价实验室法，该方法是运用图论与矩阵论原理对系统因素进行分析，通过对系统内各因素的逻辑关系构建直接影响因素矩阵，经过矩阵运算得到各因素对其他因素的影响度和被影响度，以及各个因素的中心度和原因度。该方法目前已在众多领域得到了广泛应用，是评价复杂系统内因素之间相互关系的有效方法，基于 DEMATEL 方法的影响因素分析过程如下。

步骤 1：针对研究的问题，确定系统的影响因素，设为 F_1，F_2，$\cdots$，F_n。

步骤 2：邀请专家组对系统内各影响因素的相互关系进行评价，根据各因素之间直接关系的有无，构造有向图，表明 F_i 到 F_j 间有直接关系。

步骤 3：将有向图转为矩阵的形式，得到 n 阶直接影响矩阵 $Z = (a_{ij})_{nn}$，表明各影响因素之间的关系，其中 a_{ij} 表示因素 i 对因素 j 影响程度的大小。

步骤 4：将直接影响矩阵 Z 标准化，得到标准化后的直接影响矩阵 G。

$$G = \lambda Z, \quad \lambda = 1/\max_{1 \leqslant i \leqslant n} \sum_{j=1}^{n} z_{ij}$$

步骤 5：根据公式 $T = G + G^2 + \cdots + G^n$ 或 $T = G(E-G)^{-1}$，E 为单位矩阵，得到综合影响矩阵 T。

步骤 6：对综合矩阵进行分析，揭示指标体系内部的构造。矩阵 T 中元素按行相加为影响度 D_i，表示该行因素对其他所有因素的影响度大小；矩阵 T 中元素按列相加为被影响度 R_i，表示该列因素受其他所有因素的影响度大小。公式如下：

$$D_i = \sum_{j=1}^{n} G_{ij} \ (i=1,2,\cdots,n) \tag{3-10}$$

$$R_i = \sum_{j=1}^{n} G_{ij} \ (i = 1, 2, \cdots, n) \tag{3-11}$$

影响度和被影响度之和称为中心度 m_i，表示的是该因素在体系中的位置和所起作用的大小；影响度和被影响度之差称为原因度 n_i，反映的是各影响因素之间的因果关系。若原因度大于 0，表示该因素对其他因素的作用程度大，称为原因因素；若原因度小于 0，表示该因素受其他因素作用程度大，称为结果因素。公式如下：

$$m_i = D_i + R_i \ (i = 1, 2, \cdots, n) \tag{3-12}$$

$$n_i = D_i - R_i \ (i = 1, 2, \cdots, n) \tag{3-13}$$

3.5.2　建立直接影响矩阵

根据众包竞赛中用户参与行为的 14 个影响因素，请专家组使用语言算子"没有影响（no influence）（N）""很弱影响（very low influence）（VL）""弱影响（low influence）（L）""强影响（high influence）（H）""很强影响（very high influence）（VH）"对各个因素之间的逻辑关系进行两两比较，收获 7 份语言变量得来的数据，按照表 3-17 所示的语言变量转化表将每位专家的判定结果转化为三角模糊数 $(a_{1ij}^k, a_{2ij}^k, a_{3ij}^k)$，其中 $k = 1, 2, \cdots, 7$；$i, j = 1, 2, \cdots, 14$，代表 k 个专家认为 i 因素对 j 因素的影响程度。

表3-17　语言变量转化表

语言变量	对应的三角模糊数
没有影响（N）	（0, 0, 0.2）
很弱影响（VL）	（0, 0.2, 0.4）
弱影响（L）	（0.2, 0.4, 0.6）
强影响（H）	（0.4, 0.6, 0.8）
很强影响（VH）	（0.8, 1, 1）

使用 CFCS（converting the fuzzy data into crisp scores，将模糊数转化成准确数值）法对专家打分的初始值去模糊化，得 n 阶直接影响矩阵 $\boldsymbol{Z}$，直接影响矩阵反映的是因素之间的直接作用，包括以下四步。

（1）将三角模糊数标准化，如式（3-1）~式（3-3）所示。

（2）对模糊数进行去模糊化处理，如式（3-4）和式（3-5）所示。

（3）计算去模糊化后的语义清晰值，如式（3-6）和式（3-7）所示。

（4）对 K 名专家求平均清晰值，如式（3-8）所示。

重复上述过程计算出矩阵的每一个元素，最后得到 14×14 的模糊直接影响矩阵，如表 3-18 所示。

以计算赏金数额（F_1）对任务新奇性（F_4）的影响程度为例，说明计算用户参与众包竞赛行为的 14 个影响因素的去模糊化方法。7 位专家中认为有很强影响 VH（0.8, 1, 1）的有 3 人，认为有强影响 H（0.4, 0.6, 0.8）的有 1 人，认为剩下 3 人有弱影响 L（0.2, 0.4, 0.6），由此得到 $\Delta_{min}^{max}=0.8$，$\min a_{11,2}^k=0.2$。以 VH（0.8, 1, 1）为例计算，由式（3-1）~式（3-3）可得标准化后的三角数 $xa_{14,1}^1=3/4$，$xa_{14,1}^2=1$，$xa_{14,1}^3=1$，再分别由式（3-4）~式（3-7）计算出选择 VH 的清晰值。

$$xls_{1,4}^1 = xa_{21,4}^1 / (1 + xa_{21,4}^1 - xa_{11,4}^1) = 4/5 , \quad xrs_{1,4}^1 = xa_{31,4}^1 / (1 + xa_{31,4}^1 - xa_{21,4}^1) = 1$$

$$x_{1,4}^1 = [xls_{1,4}^1 (1 - xls_{1,4}^1) + xrs_{1,4}^1 xrs_{1,4}^1] / [1 - xls_{1,4}^1 + xrs_{1,4}^1] = 29/30$$

$$z_{1,4}^1 = \min a_{11,4}^1 + x_{1,4}^1 \times \Delta_{min}^{max} = 73/75$$

以此类推，分别得到 $z_{1,4}^2$，$z_{1,4}^3$，$\cdots$，$z_{1,4}^7$，最后得到平均值 $\overline{z_{1,4}}$ =0.733 3，即赏金数额对任务新奇性的影响程度是 0.733 3。

3.5.3 建立综合影响矩阵

得到上述直接影响矩阵后，可以清晰地用数值表示各影响因素之间的关系，在此基础上对直接影响矩阵进行标准化，根据公式 $\boldsymbol{G} = \lambda \boldsymbol{Z}$，$\lambda = 1 / \max\limits_{1 \le i \le n} \sum\limits_{j=1}^{n} z_{ij}$，得到标准化后的直接影响矩阵 $\boldsymbol{G}$，然后根据公式 $\boldsymbol{T} = \boldsymbol{G}(\boldsymbol{E} - \boldsymbol{G})^{-1}$（$\boldsymbol{E}$ 为 14×14 的单位矩阵），使用 MATLAB R2013a 进行矩阵计算，得到众包竞赛中用户参与行为影响因素的综合影响矩阵 $\boldsymbol{T} = \left[t_{ij} \right]_{14 \times 14}$，$i, j = 1, 2, \cdots, 14$。结果如表 3-19 所示，$t_{ij}$ 即表示影响因素 i 对影响因素 j 的影响程度。

1）综合影响矩阵分析

根据式（3-10）~式（3-13）依次计算出众包竞赛中用户参与行为影响因素的影响度、被影响度、中心度和原因度，$D_i = \sum\limits_{j=1}^{14} t_{ij}$，$R_i = \sum\limits_{i=1}^{14} t_{ij}$，$m_i = D_i + R_i$，$n_i = D_i - R_i$，得出综合影响矩阵分析结果，如表 3-20 所示。

表3-18　众包竞赛中用户参与与行为影响因素的直接影响矩阵

因素	F_1	F_2	F_3	F_4	F_5	F_6	F_7	F_8	F_9	F_{10}	F_{11}	F_{12}	F_{13}	F_{14}
F_1	0	0.867 1	0.764 2	0.733 3	0.966 7	0.918 6	0.057 1	0.144 3	0.595 2	0.207 1	0.760 0	0.461 4	0.706 7	0.966 7
F_2	0.966 7	0	0.786 7	0.760 0	0.893 3	0.786 7	0.057 1	0.266 7	0.081 0	0.426 7	0.595 2	0.573 3	0.603 3	0.918 6
F_3	0.600 0	0.453 3	0	0.320 0	0.513 6	0.840 0	0.033 3	0.373 3	0.264 3	0.540 8	0.207 1	0.404 8	0.459 2	0.712 9
F_4	0.653 3	0.712 9	0.238 6	0	0.706 7	0.426 7	0.098 6	0.121 4	0.192 9	0.373 3	0.461 4	0.867 1	0.622 4	0.693 9
F_5	0.595 2	0.600 0	0.573 3	0.373 3	0	0.453 3	0.144 3	0.241 4	0.218 6	0.760 0	0.320 0	0.266 7	0.764 3	0.733 3
F_6	0.893 3	0.813 3	0.760 0	0.431 9	0.459 2	0	0.167 1	0.432 0	0.192 9	0.733 3	0.676 9	0.568 0	0.653 3	0.676 9
F_7	0.513 6	0.057 1	0.098 6	0.141 4	0.147 1	0.143 3	0	0.167 1	0.680 0	0.033 3	0.287 1	0.207 1	0.568 0	0.400 0
F_8	0.170 0	0.121 4	0.266 7	0.346 7	0.081 0	0.167 1	0.312 9	0	0.706 7	0.033 3	0.264 3	0.287 1	0.147 1	0.240 0
F_9	0.568 0	0.098 6	0.081 0	0.057 1	0.293 3	0.266 7	0.813 3	0.400 0	0	0.170 0	0.167 1	0.377 6	0.346 7	0.432 0
F_{10}	0.540 8	0.733 3	0.346 7	0.435 7	0.290 0	0.785 7	0.235 7	0.176 1	0.241 4	0	0.238 6	0.207 1	0.293 3	0.215 7
F_{11}	0.486 4	0.547 6	0.540 8	0.461 4	0.595 2	0.513 6	0.081 0	0.293 3	0.426 7	0.213 3	0	0.459 2	0.238 6	0.461 4
F_{12}	0.568 0	0.426 7	0.513 6	0.966 7	0.287 1	0.398 5	0.760 0	0.238 6	0.400 0	0.404 8	0.098 6	0	0.676 9	0.546 7
F_{13}	0.266 7	0.293 3	0.192 9	0.568 0	0.540 8	0.373 3	0.626 7	0.287 1	0.506 7	0.266 7	0.459 2	0.346 7	0	0.398 5
F_{14}	0.840 0	0.712 9	0.346 7	0.293 3	0.733 3	0.653 3	0.215 7	0.207 1	0.342 9	0.404 8	0.712 9	0.320 0	0.264 3	0

表3-19　众包竞赛中用户参与行为影响因素的综合影响矩阵

因素	F_1	F_2	F_3	F_4	F_5	F_6	F_7	F_8	F_9	F_{10}	F_{11}	F_{12}	F_{13}	F_{14}
F_1	0.2685	0.3351	0.2900	0.2902	0.3511	0.3444	0.1204	0.1345	0.2184	0.1994	0.2802	0.2424	0.3016	0.3722
F_2	0.3648	0.2331	0.2869	0.2888	0.3351	0.3244	0.1128	0.1417	0.1581	0.2169	0.2561	0.2472	0.2832	0.3578
F_3	0.2588	0.2234	0.1455	0.1865	0.2294	0.2681	0.0857	0.1262	0.1405	0.1855	0.1641	0.1798	0.2101	0.2668
F_4	0.2808	0.2655	0.1873	0.1665	0.2681	0.2368	0.1026	0.1033	0.1421	0.1765	0.2030	0.2436	0.2446	0.2828
F_5	0.2639	0.2445	0.2144	0.1977	0.1778	0.2336	0.1008	0.1134	0.1398	0.2124	0.1811	0.1687	0.2483	0.2749
F_6	0.3406	0.3076	0.2715	0.2422	0.2723	0.2225	0.1214	0.1542	0.1642	0.2367	0.2518	0.2346	0.2735	0.3144
F_7	0.1625	0.0974	0.0885	0.0979	0.1127	0.1102	0.0527	0.0670	0.1457	0.0678	0.1107	0.0984	0.1527	0.1491
F_8	0.1140	0.0931	0.0980	0.1108	0.0920	0.1012	0.0835	0.0420	0.1400	0.0612	0.0966	0.1008	0.0954	0.1194
F_9	0.1851	0.1161	0.0999	0.1019	0.1406	0.1377	0.1517	0.0997	0.0794	0.0933	0.1087	0.1272	0.1432	0.1683
F_{10}	0.2260	0.2286	0.1664	0.1782	0.1814	0.2371	0.0943	0.0916	0.1205	0.1042	0.1476	0.1408	0.1707	0.1874
F_{11}	0.2324	0.2185	0.1966	0.1909	0.2264	0.2182	0.0853	0.1112	0.1503	0.1392	0.1260	0.1777	0.1752	0.2275
F_{12}	0.2603	0.2204	0.2019	0.2612	0.2095	0.2208	0.1743	0.1121	0.1639	0.1688	0.1546	0.1396	0.2423	0.2549
F_{13}	0.1876	0.1695	0.1379	0.1848	0.1997	0.1800	0.1434	0.1019	0.1532	0.1290	0.1647	0.1509	0.1307	0.1984
F_{14}	0.2977	0.2626	0.1984	0.1938	0.2675	0.2595	0.1084	0.1124	0.1566	0.1770	0.2293	0.1797	0.2004	0.2009

表3-20　综合影响矩阵分析表

因素	影响度	被影响度	中心度	原因度
F_1	3.748 3	3.442 9	7.191 2	0.305 4
F_2	3.606 8	3.015 3	6.622 1	0.591 5
F_3	2.670 5	2.583 1	5.253 6	0.087 4
F_4	2.903 4	2.691 2	5.594 6	0.212 2
F_5	2.771 1	3.063 5	5.834 6	− 0.292 4
F_6	3.407 3	3.094 4	6.501 7	0.312 9
F_7	1.513 2	1.537 4	3.050 6	− 0.024 2
F_8	1.348 1	1.511 2	2.859 3	− 0.163 1
F_9	1.753 0	2.072 6	3.825 6	− 0.319 6
F_{10}	2.274 8	2.167 8	4.442 6	0.107 0
F_{11}	2.475 4	2.474 6	4.950 0	0.000 8
F_{12}	2.784 5	2.431 5	5.216 0	0.353 0
F_{13}	2.231 7	2.871 6	5.103 3	− 0.639 9
F_{14}	2.844 2	3.375 0	6.219 2	− 0.530 8

2）构建因果关系图

根据上一步骤计算出的中心度、原因度数值，以中心度为横坐标，以原因度为纵坐标，在坐标系中描点，使用 MATLAB 软件构建各影响因素间的因果关系，如图 3-5 所示。图 3-5 中处于 0 刻度虚线上方的点是原因因素，处于 0 刻度虚线下方的点是结果因素。图 3-5 中各点的横坐标表示的是该影响因素在整个众包竞赛中用户参与行为影响因素指标体系内的重要程度。

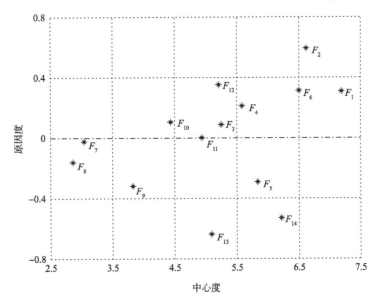

图 3-5　因果关系图

3.6　本　章　小　结

　　本章在建立众包竞赛中用户参与行为影响因素指标体系模型的基础上，邀请专家组对指标体系内各影响因素之间的内在关系进行分析评价，然后使用Fuzzy-DEMATEL 法对专家的评审意见进行数据处理，计算出影响因素模型的影响度、被影响度、中心度和原因度，得到主要的影响因素及因素之间的相互关系。分析结果显示，赏金数额、任务难易程度、众包项目规模在整个指标体系中的重要程度最高，是最值得注意的因素。任务难易程度、用户兴趣爱好、众包项目规模是主要的原因因素，这些因素都是推动用户积极参与众包的主动因素。对任务关注度、参与用户数量、用户信任度是主要的结果因素，这些因素受其他因素的影响进而影响用户参与众包的行为。

第4章 众包模式接包方声誉评价机制

4.1 声誉机制的理论基础

当前网络交易面临的一个主要问题是电子市场中的买卖双方信息不对称，存在隐蔽信息和隐蔽行为的不履约行为，这在一定程度上制约了众包这一类新型网络交易市场的发展。新制度经济学派的许多学者已论证了在信息不对称环境下，声誉机制有助于提升信息的透明度，帮助购买者甄别、筛选出高能力的卖方，进而提升用户满意度，提升平台绩效。Nelson（1970）作为用户体验研究的开创者，提出了"experience good"（友好体验）这一概念，意在强调用户感知到的商品品质和效用是在购买结束后才能体验到的。这解释了为什么当消费者在决定是否购买该项商品时，必须依靠先前的经验。而当买方没有购买经验时，就是对商品或商家信息的不了解，才导致买卖双方的信息不对称。信号理论被认为是解决这种情况的有效手段。

在实际应用中，声誉机制主要是通过网络交易平台（如电商网站）中用户的在线评论这一形式体现的。现有的用户评论实际上主要包含"评论文本、用户评分、图片、评论有用性评分、评论回复、评论时间"等6个部分。由于表现性、可排序等特性，许多文献对用户评分这一数字型声誉进行了较为深入的研究。然而，评分数据存在随意性强、区分度不高等问题，因此，从文本型，甚至图片型的数据分析判定声誉高低成为一个新的研究方向。

由于用户在线评论文本一般含有比较明显的情感因素，采用情感倾向分析的方式对众包网站中的评论数据进行分析能在一定程度上反映用户对于商家或商品真实的态度和评价。相比评论得分，文本情感倾向计算具有更大的取值范围，区分度也更高，具有一定的实际应用价值。本章搜集了猪八戒网95 364条评论数据，利用文本分析的方法计算评论的情感倾向，结合任务价格、时间效度等因素构建了一套接包方声誉得分评价机制。

4.1.1　威廉姆森的不完备信息理论

众包模式下的三个对象，即发包方、众包平台和接包方之间的关系，虽然是涉及三者的"代理—委托—管理"模式，但从任务给予与完成的角度考虑，发包方委托接包方完成某项任务，实质上是发包方与接包方就完成任务达成了显性或隐性的合约，从而形成了事实上的代理—委托关系。这也意味着，发包方存在欺瞒接包方从而获取利益的可能，因此发包方有确立一系列尽可能完备的代理契约来约束发包方行为的必要。由于发包方只具有有限理性，同时对接包方能力不如接包方自身了解（信息不对称），故而难以确立一个完备的契约合同。

Arrow（1984）将信息不对称产生的合同履约问题分为合同签订前的"事前信息问题"和合同签订后的"事后信息问题"两类。在合同签订前，发包方所需考虑的主要内容是选择合适的接包方分配任务使众包成本尽可能小，在这一阶段产生的信息问题主要是"隐蔽信息"，即合同双方隐蔽各自的私有信息——发包方通过隐蔽信息来尽可能少地向接包方支付奖金，而接包方则刻意夸大自己的能力使得自己更有可能被发包方选中。合同签订后，双方的行为受签订的合同及组织制度的制约。在这一阶段，众包模式面临的信息问题是"道德风险"，即"隐蔽行为"问题，双方的行为又不能被另一方在不付出代价的情况下观测到。二者可以采取投机行为损害对方而使自己获利——发包方可以在获得满意的解决方案后以对解决方案不满意为理由拒绝向接包方支付奖金，接包方则可能接受任务委托后采取随意应付的态度导致发包方时间成本的浪费，甚至向发包方的竞争对手泄露与任务相关的商业机密。本章对接包方声誉机制的设计主要考虑任务分配时如何选择合格接包方的事前信息问题。

威廉姆森（2002）指出所有的合同都必然不完备的三个原因，即预测未来的困难、事件观察性及问题能否被测定。我们无法准确预知未来会发生什么事情，因此无法将所有可能发生的情况写进合同。即使我们可以知道所有未来的情况，如果无法用语言准确地将其表述出来，事件也是无法执行的。能表述出来的问题可否准确地被测量也存在疑问。例如，众包中对接包方"努力程度"的界定，因个体间存在差异，我们无法用一个统一的标准去表述每个人是否努力。由于缔约后总有意外情况出现，讨价还价难以避免，人们不会对合同内容的制定认真对待。这在众包过程中屡见不鲜，如 logo 设计类问题很难确定进行多少次修改，修改结果达到何种标准才算合格。

威廉姆森认为市场中具有大量的买方与卖方，可供选择的对象多，是一个大数现象，类似于一种多边关系，而合同主要涉及确定的两方——雇佣者与被雇佣者，属于双边关系。在合同签订前各家公司之间可能是一种市场性的关系，但在签约之后合同双方变成一种非市场性的关系，至少不完全是市场性的关系。如果我们在市场直接进行交易的话，即使市场、双方的经济往来关系在一笔交易中发生，双方的关系也会随着交易的终止而结束。但合同双方通常有明显的信息不对称性，因此在制定合同内容时要考虑多种可能发生的情况，从而增加了交易成本。

信息不对称的合同问题不能通过市场机制充分地选择买方与卖方进行解决，众包的任务发放问题需要寻求市场机制之外的其他手段进行处理，而新制度经济学为我们提供了声誉机制的视角。

4.1.2 声誉机制在网络环境中的应用

信号理论由 Spence（1973）提出，目的是解决市场中的信息不对称问题。其核心思想是：卖方愿意以某种形式将私有信息释放出来，以此帮助缺乏信息的买方识别其真实能力。信号必须是有效的，才能消弭信息不对称，"有效性"要求信号具有以下两个特点。首先，信号成本与能力成反比，即高能力者发出声誉信号所花费的成本低，低能力者则相反。这个特点限制了低能力者发出信号。其次，高能力者愿意使用这种信号，即不愿意使用这种声誉信号的都是低能力者。当买方逐渐对这种信号的区分功能达成共识和认可，对这种机制产生信任，就会使得市场上的所有卖方不得不全部采用这种信号，披露自己的能力信息。通过这样的方式，买方将不能轻易探知的卖方私有信息转化成了市场上可获取的信号，也进一步增加了买方购买的可能性。在实际应用中，这种释放出来的信号通常表现为声誉或者信誉的形式。

无论是电子购物网站还是众包网站，都建立在不确定性的网络环境中，其使用者均以匿名形式进行沟通交流，缺乏强制性法律约束。在该情况下，声誉是用户建立相互了解和信任的最重要的手段。在一般电子购物网站评论的研究中，声誉机制的有效性已得到广泛证实。许多文献论证了声誉机制对于购买行为的促进作用。雷宇（2016）论证了声誉机制易于自我实施、成本低等优势，相比法律机制和道德机制更能发挥约束市场中交易双方行为的作用。杜学美等（2016）在前人研究的基础上进一步证实了在线评论显著影响消费者的购买意愿。虽然在线评论的确在理论上改善了信息不对称的情况，但当市场上所有卖方都拥有数量庞大的评论信息，其中不乏大量无用甚至伪造的评论文本内容和评价得分时，如何从这些评论中快速、准确地得到真实有用的信息就成了另外亟待解决的问题。

4.1.3　基于吉本斯博弈的众包模式声誉机制有效性分析

在现行的众包模式中，为了便于发包方以尽可能小的成本选择接包方，众包平台往往会提供基于接包方以往完成任务情况的信用评分，这种评分显然属于一种声誉：以往的发包方对接包方能力、信用等私有信息做出自己的判断，形成接包方的声誉，并向之后的发包方释放这种信息。因此，这种声誉机制主要涉及的是接包方与发包方这两者，本章选择在分析这一问题时将发包方与众包平台看作一个实体，采用吉本斯（Gibbons）的博弈模型来分析发包方与接包方分配—完成任务这一互动关系，发包方与接包方共同关心的是任务分配的问题，我们用 X 表示发包方给予的任务分配方案，θ 表示最佳的任务分配方案。在发包方看来，最理想的决策是实现这个最佳的任务分配方案，即

$$X = \theta \tag{4-1}$$

接下来，我们用 S 表示发包方通过声誉评价机制得到的信息。这种信息必然带有噪声，因为接包方会出于自己的私利对自己的声誉进行修饰伪装，类似于一种"欺骗信息"，用 L 来表示。由于环境中的一些意外情况会产生一些随机噪声，我们用 ε 来表示，假设随机噪声 ε 服从正态分布。我们可以得到发包方掌握的信息结构：

$$S = L + \theta + \varepsilon \tag{4-2}$$

发包方效用 U_H 受两个因素影响：最佳任务分配方案的实现程度 X 与 θ 之间的关系，以及欺骗信息 L。当 $X = \theta$ 时，发包方实现了最佳的任务分配。然而，为了识别接包方伪造的欺骗信息，发包方需要付出一定的监督、甄别成本，因此发包方效用与欺骗信息 L 呈负相关关系。如果资源分配方案是最佳方案（$X = \theta$），且没有声誉欺骗（$L = 0$），发包方取得最大效用。式（4-3）表示发包方的效用 U_H。

$$U_H = -(X - \theta)^2 - L \tag{4-3}$$

接包方需要为欺骗行为付出一定的成本，记为欺骗成本 $C(L)$。

$$C(L) = \frac{1}{2}L^2 \tag{4-4}$$

接包方希望得到的资源越多越好，且欺骗成本越低越好，因此接包方效用 U_d 与实际分配的资源 X 成正比，与欺骗成本 $C(L)$ 成反比，可以表示如下：

$$U_d = X - C(L) \tag{4-5}$$

博弈的时间顺序为：

（1）发包方制定一个基于声誉机制的任务分配方案。

（2）接包方为了获取任务方案而伪造良好的声誉，进行欺骗。

（3）发包方根据可能含有虚假成分的接包方声誉进行任务分配。

第一步中，考虑发包方的分配方案 X 与接收的信息 S 相关，假定二者是一个线性关系，以此来分配任务。在这个线性关系中设置两个参数 k 和 x_0，k 表示发包方对自身接收到的信息 S 的敏感程度；x_0 表示当发包方完全不考虑接收到的信息（即 $k=0$）时的分配方案。那么，在第一步中，发包方的任务分配方式为

$$X = kS + x_0 \tag{4-6}$$

在建立了以上的博弈模型后，首先考虑接包方的最优效率函数 U_d 如何取得，其次考虑发包方在预计到接包方可能存在的欺骗行为后，如何设置任务分配的规则。

将式（4-4）和式（4-5）代入式（4-6），得

$$\max E(U_d) = E(kS + x_0) - C(L) = kL + kE(\theta + \varepsilon) + x_0 - C(L) \tag{4-7}$$

对式（4-7）求 L 的偏导

$$\frac{\partial U_d}{\partial L} = -L + k$$

$E(U_d)$ 取得最大的条件是：$L^* = k$。这一结果表明，如果发包方对带有噪声的信号敏感程度越高，接包方就应该增加欺骗的投入。

确定了接包方的最大效用后，需要解决的是：在 $L^* = k$ 的条件下，发包方如何确定 x_0 和 k 来实现自身期望效用 $E(U_H)$ 最大化。

将式（4-6）代入式（4-7），得

$$\begin{aligned} \max E(U_H) &= -E\left[(kS + x_0 - \theta)^2 - L^*\right] \\ &= -E\left[(kS + x_0 - \theta)^2 - k\right] \end{aligned} \tag{4-8}$$

对于任意随机变量 y：

$$E(y^2) = D(y) + E^2(y)$$

其中，$D(y)$ 表示 y 的方差；$E(y)$ 表示 y 的期望。

令

$$\begin{aligned} y &= k(\theta + k + \varepsilon) + x_0 - \theta \\ &= k^2 - (1-k)\theta + \varepsilon k + x_0 \end{aligned}$$

式（4-8）变为

$$\begin{aligned} \max E(U_H) &= -E(y^2) - k = -D(y) - E^2(y) - k \\ &= -D\left[k^2 - (1-k)\theta + \varepsilon k + x_0\right] - [(1-k)\theta + \varepsilon k + x_0]^2 - k \end{aligned} \tag{4-9}$$

又：

$$D(c\varepsilon) = c^2 D(\varepsilon) = c^2 \sigma_\varepsilon$$

对式（4-9）进一步整理，得到

$$\max E(U_H) = -k^2 \sigma_\varepsilon - (1-k)^2 \sigma_\theta - [(1-k)\theta + \varepsilon k + x_0]^2 - k \tag{4-10}$$

对 x_0 求偏导得

$$\frac{\partial U_H}{\partial x_0} = -2[(1-k)\theta + \varepsilon k + x_0]$$

发包方取得最大期望效用的 x_0^* 取值条件为

$$(1-k)\theta + \varepsilon k + x_0^* = 0 \qquad (4\text{-}11)$$

将式（4-11）代入式（4-10）后，求偏导得

$$\frac{\partial U_H}{\partial k} = -2k\sigma_\varepsilon + 2(1-k)\sigma_\theta - 1$$

$E(U_H)$ 取得最大值，k^* 需要满足的条件是

$$-2k^*\sigma_\varepsilon + 2(1-k)\sigma_\theta - 1 \qquad (4\text{-}12)$$

解得

$$k^* = \frac{\sigma_\theta - 1/2}{\sigma_\varepsilon + \sigma_\theta} \qquad (4\text{-}13)$$

　　我们关心的实质问题是发包方对接包方声誉信息的敏感程度需要多大，即参数 k 的大小，由上我们可以得知，k 值的大小有赖于发包方对最佳方案分配的不确定性和信息 S 的噪声程度。最佳方案的不确定性反映在最佳方案 θ 的方差上，信息 S 的噪声程度反映在 ε 的方差上。

　　因此，当发包方对最佳方案不确定程度很低，即 $\sigma_\varepsilon < 1/2$ 的时候，对于接包方信誉的敏感程度 k^* 应该取 0，即不应该关注信誉信号。而在对最佳方案的不确定程度较高的时候，应该关注声誉信号。

4.2　文本情感分析的介绍

4.2.1　文本情感分析的定义

　　文本情感分析是指"通过计算技术对文本的主客观性、观点、情绪、极性的挖掘和分析，对文本的情感倾向做出分类判断"，是自然语言处理（natural language process，NLP）的热点研究分支领域之一。文本情感分析最早是由 Hearst 在 1992 年首次提出的，他认为文本处理不仅要分析出用户关心的主题，还要对文本的倾向性进行分析，挖掘出其中所包含的意见和观点。按照所叙述内容类型的不同，文本内容可分为主观性文本和客观性文本。文本情感分析主要针对主观性文本中

表现出的情感、态度、观点、意见进行抽取、统计、分析与应用。

　　大部分中文文本情感分析词典的主要来源有台湾大学 NTUSD 词典（2 812 个褒义词与 8 276 个贬义词）、中国知网 HowNet 词典（9 193 个中文评价词，9 142 个英文评价词）、大连理工大学信息检索研究室情感词汇本体库（情感分为 7 大类 21 小类，共计 27 466 个情感词）等。目前，这一领域内中文文本分析的研究成果大量涌现，在基于文本的领域词典构建、基于上下文的观点识别、基于深度学习的文本挖掘等方面取得了许多进步。许多相关研究主要发表在 *Association for Computational Linguistics*（ACL）、*Empirical Methods in Natural Language Processing*（EMNLP）、*Conference on Information and Knowledge Management*（CIKM）等国际知名会议论文当中，供同行交流。文本情感分析根据文本的粒度大致可以分为篇章级（大段文本）、句子级（1~2 句独立的句子）及词汇级。本章主要回顾句子级别的情感分析文献。著名英文情感词典 WordNet 的作者 Strapparava 在 2016 年的 ACL 工作坊中指出未来情感分析的三个研究方向，即细微情感辨明、基于事件的情感分析及语料库的文化差异。

4.2.2　当前相关研究评述

　　目前常见的文本情感分析研究主要是对已有算法的完善和优化。例如，Chen 等（2015）在 ACL 会议论文中提出了一种 4 阶段的基于贝叶斯公式框架下梯度下降的 Lifelong 情感分析算法，针对句子级别文本进行正、负两种极性的划分，在准确度上优于传统的支持向量机（support vector machine，SVM）和朴素贝叶斯算法。Yu 和 Jiang（2016）构建了神经网络框架下的跨领域情感分析方法，使用两个辅助方法将一个句子嵌入不同领域当中，将这个句子与情感分类器一起加入算法进行学习。Hamilton 等（2016）指出，某一词语的情感属性取决于其所处的领域和历史时期，以及这个词汇的使用者。他们以社交网络平台 Reddit 中的 250 个词汇为种子情感词，利用随机游走模型构建了情感词典，并以此分析了 150 年来的英语词汇情感极性，发现超过 5%的非中性情感英语单词彻底改变了极性，而社交网络特有词汇的情感极性则因平台的不同有着非常巨大的差异。

　　同时，利用更多类型的数据和方法研究文本情感的成果也逐渐涌现。Felbo 等（2017）将 64 种常见的 emoji 表情引入情感分析中，结合深度学习算法对 Twitter 上 12 亿条推文的情感进行预测，证实情感测量的准确度高于单一文本训练的模型。Mishra 等（2017）采用卷积神经网络（convolutional neural network，CNN）方式，利用眼动数据和文本数据相结合的方式进行情感预测。Poria 等（2017）针对视频数据利用基于长短期记忆网络（long short-term memory，LSTM）模型，从视频图像的周围环境中获取上下文信息，用于分类过程。

　　常见的情感分析研究大多通过对文本划分后进行统计和分析其中的情感词，并给出一个整体的情感倾向得分。这种整体的评分对于全方位、各方面地评价文本来说显得较为粗糙，因此，不少研究者选择进行方面级别的情感分析。新加坡南洋理工大学的 Wang 等（2016）将递归神经网络（recursive neural networks，RNN）和条件随机场（conditional random fields，CRF）集成到一个统一的框架中，联合提取出方面级别的意见项。Ruder 等（2016）通过建立双向的 LSTM 模型评估句子间的相互依赖关系来进行基于方面级别的情感分析。Wu 等（2017）指出领域适应是处理领域依赖问题的一项重要技术。现有的方法通常依赖于特定源域中受过训练的情感分类器。然而，如果源域和目标域中的情感特征的分布存在差异，情感分类器的表现可能会严重下降。他们提出一种主动的情绪领域的适应方法来处理这个问题。通过少量标签样本的帮助来适应通用情感词典的目标域，这些标签样本在主动学习模式中被选中进行注释，以帮助目标领域的情感分类器进行训练。照此推广，张乐等（2017）基于顺序阅读的习惯，类比光的折射模型，提出一种面向短文本分类的情感折射模型。利用 Word2Vector 算法构建包含喜、怒、哀、乐、惧、恶六个维度的情感词典，各维度具有同等强度的情感。这种增加了情感维度的情感分析方法，可以被认为是增加了新的标签来帮助词语适应某一特定的领域。

4.2.3　文本情感分析的主要方法

　　利用评论文本来测量文本情感的方法大致可以分为基于情感倾向的文本特征、基于频数统计的文本特征及基于监督学习的文本特征这三类，如表 4-1 所示。其中，采用 SVM、CRF 等机器学习算法对评论文本进行分析需要有数量足够、分类准确的训练集，而众包平台评论缺少这样的样本，因此本章不能完全按照这一方法进行，但这种监督学习的思路值得借鉴。

表4-1　文本情感分析的主要方法

研究者	模型基础	研究方向	文本分析方法
王祖辉等（2014）	粗糙集、朴素贝叶斯、SVM、最大熵	文本特征提取与特征表示	方法 1：基于文本特征（监督学习）
吕品等（2014）	CRF、查准率、查全率、精度	挖掘文本表达的观点	
Cao 等（2011）	TF-IDF [1]	情感词提取、筛选	方法 2：基于文本特征（频数统计）
王忠群等（2015）	特征集、频数、集中度	评论深刻性度量	
唐塞丽等（2016）	KPCA-LS-SVM 分类器、查准率、查全率	虚假评论识别、有用性	方法 3：基于情感词典

　　1）TF：term frequency，词频；IDF：inverse document frequency，逆文本频率指数。TF-IDF 是一种用于信息与数据挖掘的常用加权技术

4.3　基于情感分析的接包方声誉评价模型

正如前文所述，众包平台的在线评论缺乏有效的激励制度，导致评论内容少、文本的有效性不足。如何从雷同的好评中提取真正有用的信息，已成为众包模式接包方声誉计算需要解决的主要问题。由于众包平台的评论有效性低，为充分利用已有的评论文本信息，我们需要根据相对完整的样本构建出一个语料信息库，并从中分类组成相应的情感词典，对文本的特征进行描述与计算。

因此，本章将整个研究流程划分为如下五步：首先，对猪八戒网的评论数据进行抓取与储存；其次，对这些数据进行预处理，包括去除重复评论及无意义内容，以及对所有文本进行中文分词之后，进行词频统计；再次，将得到的高频词按照程度、情感倾向进行人工筛选划分，构建各类别的情感词典；最后，对评论文本进行处理，根据文本长度和特征确定评论是否有效，计算文本情感倾向得分，并按任务价格、成交时间等维度对情感倾向得分进行加权，集结得到最终的接包方声誉得分。

通过实际操作我们发现，高频词并没有出现一定的聚合规律，因此本章并未继续对高频词进行聚类，而是采用人工分类的方式对去重、去停用词、分词后所得的 11 836 个词语进行划分，得到了正面情感词、负面情感词、最高级、次高级、否定词等词典。根据这些词典，构建了一套计算情感倾向的算法，并在此基础上对声誉值进行计算。

4.3.1　众包模式下接包方声誉机制影响因素分析

近年来，在众包模式、开放式创新的研究过程中，许多研究者采用购物网站中的声誉评分机制来解决众包中的信息不对称问题。由于开放性网络建立在不确定性环境中，使用者以匿名形式进行宽泛灵活的交流。在缺乏强制性法律约束的情况下，信誉是用户建立相互了解和信任的最重要的手段。然而现存的网站声誉评价系统还存在以下一种或多种问题：

（1）计算公式并不能准确地反映声誉。

（2）初始声誉值设定太低以至于可能会成为一个新用户的进入壁垒。

（3）对评价他人的行为缺乏有效的激励。

（4）不能对声誉值进行分类或搜寻。

（5）采用的大多为单一简单的声誉得分值。

（6）大多数系统按照用户的全部历史记录计算声誉。

为了解决这些问题，一方面，计算机领域的研究者根据不同的应用环境提出了许多用于计算信任和声誉的模型，比较典型的有基于相关性的声誉计算公式，用 Pearson 相关系数计算用户和相关物品之间的相关性的值；基于文本的声誉计算模型，引入权重矩阵与关联性矩阵，以此来解决不同用户对因子重视程度不同及相关任务之间声誉得分存在关联的问题；团体目标（group goal）对声誉的影响，认为声誉是用来衡量某些用户完成某些团体性的目标（如识别出有能力的接包方）的意愿，群体的目标对同一个个体做出的声誉评价也会不同。某些用户不重视评论，根据习惯给出全部因子均为最高得分的声誉评价，这种被称为"习惯性五星好评"的行为一般难以真实地对接包方做出区分，除非偶尔的一次不满意交易使得这类用户给出低分评价。这些模型为声誉计算的优化做出了贡献。

另一方面，关注声誉的激励作用的管理学家对影响声誉、信任的因素做出研究，李聪和梁昌勇（2012）提出从交易时间维度、交易金额维度、买家信誉度维度、欺诈惩罚维度、商盟维度、消费者保障服务维度六个维度计算在线交易中的声誉；蒋伟进等（2014）从信誉反馈的评分、近期信任度、交易价值、时间权重、评分用户的信任度、社区贡献六方面构建动态信任计算模型；孙宝文等（2014）和张娥等（2007）提出保证金制度使得交易不偏离诚信交易。表 4-2 整理了部分前人研究中的声誉影响因子。

表4-2　前人研究中的声誉影响因子

论文	影响因子				
	时间	交易金额	惩罚与保障	社区贡献	评分用户信任度
面向 C2C 电子商务的多维信誉评价模型［李聪和梁昌勇（2012）］	√	√	√		√
网络在线交易动态信任计算模型与信誉管理机制［蒋伟进等（2014）］	√	√		√	√
动态交易保证金在网上交易信誉激励机制中的设计和实现［孙宝文等（2014）］		√	√		
基于众包虚拟社区的诚信保障和信誉评价机制研究［郝琳娜等（2014）］		√	√	√	
网上交易中诚信交易激励机制设计［张娥等（2007）］			√		
电子商务信誉管理系统的多维评分模型［江文钰和糜仲春（2007）］	√		√		
在线信誉管理系统中信用度计算模型研究［纪淑娴等（2008）］	√		√		√
网络交易中信用评价方法研究［彭丽芳等（2007）］	√	√	√		
在线信誉系统中的信任模型构建研究［朱艳春等（2007）］	√		√		√

由表 4-2 可以得出，时间、交易金额、惩罚与保障这三个因子被采纳的次数较多，本章将从这三个方面及文本的情感倾向得分上构建接包方声誉评价模型。

4.3.2　模型构建

前人对于商家声誉得分的集结与计算，主要通过构建各个影响因素的计算公式，大部分的研究指出时间和交易金额两个因素需要被考虑在最后的得分之中。本章在得到评论文本的情感倾向得分后，根据该得分和时间、交易金额两个因素构建最终的接包方声誉得分模型。

1. 时间维度

在时间维度上，如果声誉得分拥有无限制的记录，那么对于新卖家来说是不友好的。一个新卖家可能并不了解网站的功能或者众包的规章制度，这使得新用户需要一段时间去适应，而初期无意导致的违规行为被计入全局的声誉中将会使该用户的真实声誉值受到影响。针对这种情况，有两种处理方法，一种是截取近期的声誉计算局部声誉；另一种是将早期的声誉值乘以一个系数做衰减。由于单纯的截取为声誉伪造提供了可能，本章采用第二种方式，在时间维度对声誉值进行衰减。我们构建了时间维度的声誉因子：

$$R_t(i) = 1\,000 \times \frac{2\cot^{-1}(t_{\text{pre}} - t_i)}{\pi} \tag{4-14}$$

其中，$R_t(i)$ 表示第 i 笔交易的时间维因子；t_i 为得到第 i 笔交易的评价日期，为当前的日期，本章设为 2017 年 8 月 20 日。之所以采用反余切公式，是因为其具有递减性和收敛性，并且时间间隔越短，函数值差异越小；时间间隔越大，函数值差异越大。由于反正切函数在 $(0,+\infty)$ 上的值域为 $\left(0, \frac{\pi}{2}\right)$，对其除以 $\frac{\pi}{2}$ 将 $R_t(i)$ 值域变为 $(0,1)$，并乘以 1 000 以避免时间间隔过大导致最终所得数值过小。

2. 交易金额维度

交易金额能侧面反映该笔交易的重要性。交易金额越大，该笔交易的评价越能反映出个体的真实行为，则该笔交易产生的声誉在最后的模型中所占的比例也应该越重。在评论文本分析过程中，我们也发现大部分无用评论的文本仅含"好评"两字，但其交易金额明显高于店铺的平均交易金额，这类评论首先就被剔除在情感得分中。同时，还应当保证商家难以通过小额交易的评论改变最后的声誉得分。因此，我们构建如下的交易金额维度声誉因子及情感倾向维度：

$$R_m(i) = \frac{M_i}{\sum M_i} \times L_i \tag{4-15}$$

其中，$R_m(i)$ 表示第 i 笔交易的声誉维因子；M_i 为第 i 笔交易的金额；L_i 表示交易是否完成的状态参数，若交易失败则 $L_i = 0$，若交易成功则 $L_i = 1$。

3. 欺诈惩罚维度

关于网络诚信交易的研究表明，对于欺诈行为必须惩罚，惩罚一般有两种类型，一种是直接处以金钱的惩罚，本章将这部分归结为众包平台的保证金维度中，另一种则是在声誉评分中扣除一定的数值，并采取相应的措施进行制裁。表 4-3 总结了猪八戒网对欺诈行为的惩罚措施。

表4-3　猪八戒网对欺诈行为的惩罚措施（惩罚后声誉诚信度剩余值）

诚信度	限制发布新的任务	限制投标	限制部分社区功能	取消派单资格	限制参加营销活动	店铺屏蔽	限制稿件评论
诚信度=80	7 天	7 天	7 天	7 天	7 天	7 天	7 天
60≤诚信度<80	15 天	15 天	15 天	15 天	15 天	15 天	15 天
40≤诚信度<60	30 天	30 天	30 天	30 天	30 天	30 天	30 天
0≤诚信度<40	60 天	60 天	60 天	60 天	60 天	60 天	60 天
0				永久封号			

资料来源：猪八戒网

本章定义的欺诈惩罚因子如下：

$$R_d(i) = \left| \frac{\sum_1^{i-1} R_b(i) \mid R_b(i) = 差评, M_i(i) > \frac{1}{i-1}\sum_1^{i-1} M_i(i)}{\sum_1^{i-1} R_b(i) \mid R_b(i) = 差评} \right|^2 \tag{4-16}$$

将类别为差评评论的得分记为 $R_b(i)$，欺诈惩罚因子记为 $R_d(i)$。式（4-16）中分母表示获得的所有差评总数，分子表示所有差评中金额高于平均交易金额的差评总数。若不存在该类差评，则令 $R_d(i) = 1$。

4. 情感倾向维度

本章利用前文收集到的关键词构建了包括正面情感词、负面情感词、否定词（如"不"）、最高级（如"完全"）、次高级（如"非常"）、较高级（如"十分"）、稍微级（如"有点"）、不足级（如"算是"）在内的 8 项词典，如表 4-4 所示，限于篇幅，只汇报 8 项情感词典的前 5 个词语。

表4-4　情感词典中所含的部分词汇

正面情感词	负面情感词	否定词	最高级	次高级	较高级	稍微级	不足级
满意	气	不	无比	非常	十分	有点	微
不错	延误	无	完全	格外	足	稍许	相对

续表

正面情感词	负面情感词	否定词	最高级	次高级	较高级	稍微级	不足级
耐心	贵	没	万分	特别	足足	仿佛	有待
专业	呵呵	没有	最	尤其	这般	有些	算是
好评	失望	但	超	实在	这样	不失	适当

在此基础上本章提出如下的算法计算各条评论文本的情感倾向得分。

第 1 步：读取评论数据，对评论进行分句。

第 2 步：逐条匹配每一条分句中所含有的情感词，记录评论是否含有正面情感词或负面情感词，以布尔变量标注，每一条正面情感词的基础得分为 1，负面情感词基础得分为-1。

第 3 步：逐个在情感词前匹配程度词，若程度为最高级的在情感词得分基础上乘以 4；次高级乘以 3；较高级乘以 2；稍微级乘以 1/2；不足级乘以 1/4。采用乘法而非加法更能区分情感倾向的程度。

第 4 步：在情感词前查找否定词，统计否定词个数，若否定词总数为奇数，表示该句为否定，在情感词得分基础上乘以-1，即该词表示的是相反的含义，如"不错"，含有 1 个否定词"不"和负面情感词"错"，但表示的是正面情感。同理，若否定词个数为偶数，则在情感分值的基础上乘以 1。

第 5 步：计算完一条评论所有分句的情感值，若同时含有正面情感词和负面情感词，则用正面情感词得分减去负面情感词得分，得出总分。

图 4-1 为采用以上情感词典计算得出的 ID（identity，身份标识号码）为 7763310 的猪八戒店铺评论情感倾向得分计算结果截图。

用户名称	成交价格	成交时间	评论内容	文本长度	词语个数	是否含正向情感词	是否含负向情感词	正向情感得分	负向情感得分	情感得分
**4184pfi6l7	900	2017-08-16	第一次在这个平台上合作，合作的商家水平也是很棒的	24	5	1	0	2	0	2
**	1000	2017-08-14	Perfect	7	1	0	0	0	0	0
**08457erwsx	800	2017-08-14	很好，非常满意	7	2	1	0	2	0	2
**aohao321	842	2017-08-12	设计师段誉老师，专业水平高，耐心仔细，值得推荐！	24	9	1	0	5	0	5
**2888_01umpe	500	2017-08-09	工作认真，有耐心	8	3	1	0	3	0	3
**1886_rqk13p	998	2017-08-07	效率品质都不错！赞	9	3	1	0	3	0	3
**2921_p8xmeo	390	2017-08-06	挺好的，速度很快。	9	2	1	0	1	0	1
**ilost	1800	2017-08-05	设计师非常不错，推荐	10	4	1	0	1	0	1
**觏	530	2017-08-02	工作效率高服务好好	8	2	1	0	1	0	1
**4252pzfind	588	2017-07-31	服务态度挺不错的，设计质量也不错。	17	4	1	0	2	0	2
**游子	1000	2017-07-30	太棒啦，达到自己预期效果！棒棒哒，推荐！	20	5	1	0	2	0	2

图 4-1　7763310 号店铺情感倾向得分计算结果截图

同理，在对接包方的全部评论进行计算后，也应对情感倾向得分进行加权处理，定义情感倾向维度声誉因子如下：

$$R_f(i) = \frac{F_i}{\sum F_i} \tag{4-17}$$

其中，F_i 表示该名接包方的每条评论的情感倾向得分。

5. 众包模式下接包方全局声誉的集结

将 4 个维度的因子进行集结，最后得到的全局声誉为

$$R = R_t(i) \sum_1^n R_m(i) R_d(i) R_f(i) \tag{4-18}$$

由于猪八戒网并未提供每条评论的具体得分，本章规定，每条好评的评论得分为 5 分，中评为 3 分，差评为 1 分。在每条评论得分的基础上乘以以上 4 个维度的声誉得分因子，从而计算得出最终的接包方声誉得分。

4.3.3　数据搜集

1. Python 网络爬虫相关技术介绍

网络爬虫的类型主要分为通用网络爬虫、聚焦网络爬虫、增量式网络爬虫。通用网络爬虫又叫全网爬虫，也就是网络爬虫爬取的目标资源在全网中，这种爬虫爬取的目标数据是巨大的，并且爬取的范围也是很大的，是一种很典型的海量数据，因此对爬取的性能要求非常高，主要应用于大型搜索引擎中。聚焦网络爬虫也叫主题爬虫，是按照预先定义好的主题有选择性地进行网页抓取的一种爬虫，是我们较为常用的爬虫类型。增量式网络爬虫只爬取页面更新的地方，而未更新的地方则不爬取，因此大多数被用于定时爬取新增页面。深层网络爬虫可以爬取深层页面。

常见网络爬虫实现语言及其特点如表 4-5 所示。

表4-5　常见网络爬虫实现语言及其特点

程序语言	特点
Python	爬虫架构丰富，并且多线程处理能力较强，简单易学，代码简洁
Java	适合开发大型爬虫项目
PHP	后端处理很强，代码简洁，模块丰富，但并发能力较弱
C++	运行速度快，适合开发大型爬虫项目，但成本较高

本章涉及的网络爬虫是采用 PyCharm Community 版 IDE（integrated development environment，集成开发环境），使用 Python 3.6.2 版本，基于 Python urllib3 库实现的。urllib3 是一个功能强大、条理清晰、用于 http 客户端的 Python 库，许多 Python 的原生系统已经开始使用 urllib3。urllib3 提供了很多 Python 标准库里没有的重要特性，包含几个模块来处理请求的库，如用于发送 http 请求的 urllib.request 和用于解析 robots.txt 文件的 urllib.robotparser。实现爬虫的主要步骤为：

（1）进入浏览器的开发者模式分析网页中需要抓取字段的相关参数信息。

（2）构造正则表达式批量爬取相关信息，并将爬取出的内容赋给相应变量。

（3）在本地建立并打开对应名称的文件。

（4）以 worksheet.write（）方式将步骤（2）中的变量写入该文件中。

（5）关闭该文件。

2. Jieba 中文分词

Jieba 中文分词是一款开源的中文分词代码库，支持三种分词模式。

（1）精确模式，试图将句子最精确地切开，适合文本分析。

（2）全模式，把句子中所有的可以成词的词语都扫描出来，速度非常快，但是不能解决歧义问题。

（3）搜索引擎模式，在精确模式的基础上，对长词再次切分，提高召回率，适用于搜索引擎分词。

Jieba 中文分词主要可以用于中文分词、加载自定义词典，并进行基于 TF-IDF 算法的关键词抽取。

3. 变量说明

猪八戒网中评论 Url 具有一定的规律性，其评论数据及网页地址如图 4-2 所示。

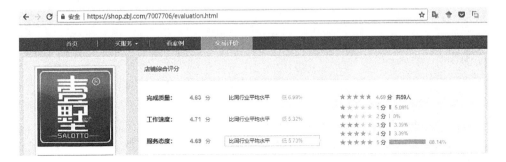

图 4-2　猪八戒网某接包方评论截图

本章对截至 2017 年 8 月 20 日的猪八戒网上 logo 设计类店铺中成交量最高的前 81 家店铺的评论数据进行了收集，利用 Python 语言进行网络爬虫的编程实现，共得到 95 364 条评论数据，主要包括以下内容，如表 4-6 所示。

表4-6　主要评论数据类型及说明

变量名	类型	说明
用户 ID	字符	用户的标识
任务价格	数字	用户评价的任务的成交价格

变量名	类型	说明
评论文本	字符	用户提交的文字评论内容，删去重复和无意义的评论
成交时间	日期	常见的时间类型 yyyy-mm-dd
文本长度	数字	评论文字的总长度，不计算换行符，将长度小于 2 的评论删去
极性	布尔	评论文本是否含有极性词，0 表示不含，1 表示包含

为方便其他人研究对照，程序中抓取 ID、价格、文本内容的正则表达式如下：

patternID='<p class="name-tit">（.*?）<a href.*?>'

patternPrice = '成交价格：（.*?）元'

patternContent='<p>评价： ； ； ；（.*?）</p>'

4.3.4　实验过程

1. 评论去重与高频词提取

在阅览评论的过程中，"习惯性好评""系统默认好评"类的评论并不能为其他用户带来有用的信息。本章将该类评论认定为并未按照真实想法给出的评论，在分析的过程中予以剔除。本章对收集到的 95 364 条评论数据进行如下筛除操作。

第 1 轮：

（1）删除文本内容重复的评论。

（2）删除雇主明显为自身系列店铺的评论。

以上操作完成后得到 59 578 条数据，对这些数据进行分词，得到 12 000 余条词汇，人工对这些词汇进行整理，找出无意义的评论词和过短的评论词，加入停用词表，共得到 1 080 个停用词，继续进行第二轮筛除操作。

第 2 轮：

（1）删除文本长度少于 2 个字节的评论。

（2）删除内容明显无意义的评论。

2. 情感词典结果集

筛选后得到 58 824 条评论数据。其中好评总数为 58 565 条，中评总数为 154 条，差评总数为 105 条。对其进行分词后，得到 11 836 个词汇，限于篇幅，现将前 100 个高频词及频数汇总如下，如表 4-7 所示。

表4-7 猪八戒网评论文本高频词及频数

高频词	频数	高频词	频数	高频词	频数	高频词	频数	高频词	频数
满意	19 710	水平	2 987	负责	1 444	时间	988	理解	727
非常	16 754	要求	2 839	希望	1 379	预期	958	新颖	718
设计师	15 864	喜欢	2 745	想要	1 277	工作	948	注重	717
不错	14 527	很快	2 716	期待	1 222	出稿	946	交稿	713
耐心	8 887	以后	2 560	服务周到	1 215	一直	939	准时	706
专业	8 127	作品	2 519	需求	1 214	团队	937	超级	703
沟通	7 974	感谢	2 514	到位	1 174	朋友	933	最终	694
服务	7 958	谢谢	2 489	方案	1 172	不厌其烦	914	初稿	691
合作	7 801	推荐	2 438	客户	1 138	机会	908	过程	689
修改	4 956	多次	2 206	敬业	1 134	选择	879	商家	681
态度	4 563	认真	2 185	用心	1 126	几次	878	大家	681
好评	4 544	值得	2 171	效率	1 100	辛苦	868	支持	680
速度	4 467	公司	1 907	周到	1 076	最后	867	店家	680
服务态度	4 267	及时	1 876	想法	1 059	卖家	850	体验	672
创意	4 056	继续	1 850	超出	1 058	总体	844	比较满意	653
下次	4 005	质量	1 669	老板	1 011	问题	823	大气	643
顺畅	3 992	愉快	1 559	细致	1 002	考虑	772	长期	641
客服	3 520	服务商	1 535	整体	1 002	完美	757	真心	640
效果	3 432	细节	1 513	细心	1 000	热情	747	技术	634
水平	2 987	完成	1 474	非常感谢	998	好好	745	认真负责	632

在这 100 个高频词中，所有词汇出现的频数均大于 600，并且没有一个负面情感词。表 4-8 是对情感词频数的统计结果。

表4-8 情感词频数统计

范围	负面情感词个数	正面情感词个数
情感词频数最高的 200 个词汇中	3	67
情感词频数高于 100 的词汇中（431 个）	10	107
所有词汇中	185	424

以上的研究结果显示，有效评论占全部评论的 61.68%，好评占全部评论的 99.56%，评论文本中正面情感词的个数为 424 个，大于负面情感词个数。这一结果充分证明了众包网站充斥着大量的、无用的好评，因此原有的 5 分制评价得分机制并不能真实地反映接包方的真实声誉与能力。

4.4 实验结果与结论

4.4.1 实例验证

本章按照猪八戒网中好评率排名，在 logo 设计任务分类中挑选了好评率在 67%~72% 的 9 家店铺，依据前文构建的声誉评价机制，对其店铺评论文本进行分析，按照前文的规则计算得出各自的声誉得分，将按照好评率排名和按照本章规则排名的结果进行了对比，如表 4-9 所示。

表4-9 采用文本规则的9家店铺声誉得分与排名结果

店铺代号	完成质量	工作速度	服务态度	退款率	好评率	原排名	总评论数	有效评论数	声誉得分	现排名
A	4.95	4.96	4.96	0	97%	1	207	94	2.12	3
B	4.78	4.85	4.88	6.63%	97%	2	125	125	3.03	2
C	4.89	4.90	4.94	0	94%	3	156	35	1.75	4
D	4.85	4.85	4.81	0	92%	4	28	28	3.71	1
E	4.80	4.85	4.85	15.6%	89%	5	827	536	0.15	7
F	4.70	4.78	4.73	0	88%	6	153	93	0.91	6
G	4.85	4.88	4.81	0	88%	7	140	58	1.07	5
H	4.17	4.42	4.25	0	75%	8	12	12	0.06	8
I	3.32	3.38	3.36	0	67%	9	173	168	0.03	9

4.4.2 研究结论

通过以上的结果，我们可以发现：

（1）最终声誉得分及排名基本符合实际情况，"完成质量、工作速度、服务态度"得分高的商家，最终得分相对也高。但本章的声誉得分区分度大，分数在 0.03~3.71，分布广泛。例如，商家 I 与商家 B 在完成质量得分上仅差 1.46 分，差别并不明显，但最终声誉得分相差近 10 倍，易于区分。

（2）文本信息能够帮助分辨"刷好评"行为，并反映在最终得分上。由于网页展示一般不显示退款率，商家 A 虽然拥有很高的评论得分和好评率，但实际上通过有效评论数与总评论数的对比，我们可以推断该商家存在"刷好评"的行为，故最后得分低于原排第 2 名的商家 B。基于评论文本内容中情感倾向的声誉得分能够有效地帮助我们发现其能力与好评率并不相符这一重要信息。

（3）本章得出的最终声誉得分体现了评论的时效性。例如，商家 A 的评论大多为 2012 年时给出的，对现在的参考价值不大，事实上该店铺近两年内没有任何交易。最终的声誉得分考虑了时间维度的衰减，该店铺的最终排名由第 1 名降为第 3 名，且与前 2 名差距较大。

（4）最终的声誉得分更能体现买家的真实感受。商家 E 拥有较高的评论得分（均高于 4.8）及好评率（89%），然而，该商家的退款率高达 15.6%，可见买家对于其提供的服务并不满意，而文本的情感倾向比原有评分更清晰地反映了这一情况，其最终声誉得分仅为 0.15，远低于原排第 6 名、第 7 名的商家。

由此可见，本章构建的这套基于情感倾向的众包模式下接包方声誉评价机制能帮助买家更加清晰、便捷地分辨接包方的能力与态度，具有一定的实际应用价值。

4.4.3　总结与展望

本章的研究数据主要来源于猪八戒网中发包方对接包方的评价，这种单方面的评价本身难免会存在失真的情况。这种失真，一方面是由于存在潜在的"刷单者"发表虚假的评论信息，另一方面是由于缺乏对评论者的激励，现有众包任务评论信息质量不高。另外，即使不考虑评论数据中存在的噪声，现有的评价机制规定，发包方必须在和接包方完成交易的基础之上才能发表评论，这一要求使得在沟通过程中对接包方存在不满、放弃进行交易的发包方无法发表基于自身经历的私有信息。这种现象导致大多数发表评论的发包方是对交易满意的，他们也倾向于发表满意的正面评论，导致目前网站中接包方声誉普遍偏高，也导致现有声誉机制的有效性不高。本章搜集整理的该类数据也面临以上两方面的问题，这是下一步研究需要解决的问题。

在这一背景下，王宇和魏守华（2016）、肖万福（2014）提出利用第三方评论数据研究在线评论的思路，这里的第三方是指网络交易平台或其他第三方机构等非买卖双方的个体，这一群体将上述未完成交易但拥有相关经历的人群囊括进去，较好地解决了现有评论数据存在偏向性的问题，值得进一步研究。

4.5　研　究　结　论

目前，众包网站中接包方数量日益增多，如何快速准确地反映接包方的能力成为完善众包流程的一个亟待解决的问题。与一般电子商务网站类似，通过以往用户对接包方的评论来反映接包方的声誉是较为常见的做法。但众包网站与亚马逊、淘宝等电子商务网站存在不同，其评论具有数量少、随意性强、准确性不高等特点，现行的声誉评分机制不能满足用户需求。本章将评论文本和评论得分合称为用户在线评论，在对评论文本进行情感倾向分析的基础之上，综合评论得分及评论时间、任务价格等其他声誉影响因素，利用 Python 网络爬虫技术，针对国内知名的众包网络平台猪八戒网的评论数据，构建一套众包模式下接包方声誉的评价机制，并搜集了 9 个商家的实际案例验证机制的合理性。主要研究内容如下。

（1）针对目前众包网站已经存在接包方声誉系统，但发包方的交易体验依然不高的现实情况，对众包模式的内涵和特点及信号理论进行回顾，并利用 Gibbons 博弈模型分析接包方在声誉系统中的伪造能力信息骗取任务分配的行为，得出在不充分了解接包方能力的情况下应当利用声誉信息的结论，为接包方声誉评价机制的设计提供了理论基础。

（2）利用 Python 语言对猪八戒网的 95 364 条用户评论进行采集，将其作为语料库，经过去重、去停用词，构建得出情感词典，并以此计算评论文本的情感倾向性得分。

（3）在综合时间、交易金额、情感倾向得分等维度的基础上集结出一套众包模式下接包方的声誉评价机制，并结合猪八戒网中 9 个真实的接包方店铺情况进行评估，证明该套评价机制能较为真实地反映出接包方的声誉及能力。

4.6　本　章　小　结

本章梳理了与声誉机制相关的理论基础，并对文本情感分析进行了详细介绍，在此基础上提出了基于情感分析的接包方声誉评价模型，详细分析了众包模式下影响接包方声誉的相关因素，最后通过术语和实验验证了本章构建的这套基于情感倾向的众包模式下接包方声誉评价机制能帮助买家更加清晰、便捷地分辨接包方的能力与态度，具有一定的实际应用价值。

第5章 众包模式下接包方选择模型

5.1 众包模式下接包方选择影响因素

目前，关于接包方选择影响因素的研究主要集中在三个方面：①接包方角度，主要是对接包方信用度进行评估或者是通过各种方法对接包方提交的结果进行评估来筛选接包方；②众包任务设计角度，不同任务类型适合不同的接包方，这类研究主要探讨如何设计好的众包任务来吸引最优接包方；③众包平台角度，主要探讨平台网站信息、投标信息对接包方参与的影响。

相关人士从接包方自身角度出发对影响接包方选择的因素进行总结与归纳。阮闪闪等（2015）提出基于证据理论信任模型评估接包方信誉以遏制恶意接包方。Allahbakhsh 等（2013）提出基于团队隐性协作理论来发现合适的工作者。Li 等（2017）通过计算工作者可靠性来筛选最优工作者，即主要考量该工作者历史信誉度及该工作者提交结果和其他工作者结果相似度。但是该类研究只考虑了工作者信用度唯一因素，并不能很准确地筛选接包方。此外，Ipeirotis 等（2010）在 EM（expectation maximization，最大期望）算法的基础上提出了一种评价工作者的迭代算法，它可有效地区分恶意工作者和正常工作者，并发现和替换恶意用户，该方法只适用于标签类任务，但标签类任务在众包平台任务类型中占比很少。

从众包任务设计角度出发的研究主要是对任务赏金和任务属性两方面进行探索。Sorokin 和 Forsyth（2008）做了一项图像标注的众包应用实验，分析赏金奖励与结果质量之间的关系，最终他们发现较低薪酬发布的任务会导致很少人对该任务感兴趣，而较高薪酬发布的任务会吸引大量的欺骗类型工作者。孟韬等（2014）在对威客模式下的大众参与行为影响因素进行实证研究时发现，预期收益能显著地影响大众参与众包的意愿。关于任务属性的研究，Shao 等（2012）通过实证研究发现高额的奖励、时期短的任务会吸引大量的用户参与众包；高额的奖励、时期长的任务会吸引高水平的用户参与。Terwiesch 等（2008）用 SERVQUAL[①]模型测量服务质量时发现，任务期限越长，用户的工作效率越低，用户的感知价值也会越低，相应的任务赏金越低。Feller 等（2012）提出影响接包方参与任务的主要原因是赏金数额、任务难易程度及特定时间内竞争性任务属性。因此，众包任务设计维度与接包方选择结果密切相关。

从众包平台角度出发，林素芬和林峰（2015）通过实证研究发现网络平台的众包模式和参与众包人数均会影响接包方是否中标；Ganu 等（2013）根据问答社区网站的统计信息，如用户积分、答案票数、点击次数等来评价问答质量，而众包平台上也记录着这些平台的使用统计信息。因此，本书也将探讨众包平台上哪些统计信息对接包方选择是有用的。

综上所述，当前对接包方选择影响因素仅从接包方、任务设计或众包平台单一角度来考虑，很少有人系统地考虑所有维度特征对接包方的影响；目前的研究主要以实证研究的方式来探讨众包流程中各因素对接包方选择的影响，很少有人将分类算法应用于接包方的选择，而分类算法在其他类型的平台网站，如问答社区平台，被广泛应用于分类筛选和结果评估；此外，大部分业内人士对接包方选择的研究，主要基于接包方内在特征来评估接包方，很少有人考量任务设计对接包方选择的影响，也很少有学者考虑平台上一些投标统计信息对接包方的影响。

5.2　接包方选择影响因素指标体系建立

虽然先前的研究从接包方、任务设计、众包平台等角度探讨了接包方选择影响因素，但尚未有学者基于接包方、任务设计、众包平台三个维度综合考虑接包方选择。而众包由发包方、接包方、众包平台三者构成，发包方在众包平台发布任务，接包方选择该任务并提交任务完成结果，然后发包方选取满意接包方，最后众包平台给予中标的接包方奖励。上述流程中，接包方、发包方、众包平台三者交互连接、缺一不可，具有丰富的信息，因此，接包方人才选择的影响因素需从上述三个方面来考虑提取。

目前很多研究文献基于胜任力理论模型探索人才选择并取得了很好的成果。胜任力概念最早由 McClelland 于 1973 年提出，胜任力指能够可靠测量并可以把

---

① SERVQUAL 为英文 service quality 的缩写。

高绩效员工与一般绩效员工区分开来的任何个体特征。众包模式下接包方选择机制，则是传统人力资源管理理论在网络环境下的继承和发展，胜任力即影响接包方选择的个体特征，因此本书将胜任力理论与众包特征相结合，从众包流程中接包方、发包方、众包平台三个主体出发来提取影响接包方选择的因素并建立指标体系。

5.2.1　胜任力理论

McClelland（1973）最早提出胜任力的概念，他指出，人们主观上认为能够决定工作成绩的一些人格、智力、价值观等因素，在现实中并没有表现出预期效果。因此，他强调回归现实中，从第一手材料入手，直接发掘那些能真正影响工作成绩的个人条件和行为特征，为提高组织效率和促进个人事业成功做出实质性的贡献。他把这样发现的直接影响工作业绩的个人条件和行为特征称为胜任力。

McClelland（1973）提出胜任力的概念之后，诸多研究者和实践者接纳和采用了胜任力的概念，他们继承和发展了对胜任力的研究，但各个学者对于胜任力研究的侧重点和方向存在差异，不同学者纷纷提出了对胜任力的不同定义。例如，Guglielmino（1979）认为胜任力特征包含三个方面：①概念胜任特征，包括决策能力、创新能力与思考能力等；②人际胜任特征，包括沟通、领导、谈判、分析及自我成长的态度等；③技能胜任特征，包括计划个人事业、掌管自我时间的能力。Fletcher（1992）则认为胜任特征是有能力且愿意运用知识、技巧来执行工作的能力。

胜任力模型是指担任某一特定的社会角色所需要具备的胜任特征总和。Mirabile（1997）提出了胜任力KSAO（knowledge，skill，ability，others，知识、技能、能力、其他）模型，即通过人才所具备的知识、技能、能力和其他特征来衡量人才具备的胜任能力。目前，用来建立胜任力理论模型的方法有很多种，最为常用的有以下几种，即关键事件技术、问卷法［工作问卷及清单调查、职位分析问卷（position analysis questionnaire，PAQ）］、行为事件访谈法、职能性工作分析、工作分析访谈、团体焦点访谈等。

众包模式下接包方人才选择机制，则是传统人力资源管理理论在网络环境下的继承和发展，因此，本书将胜任力模型与众包特征相结合，从众包流程中接包方、发包方、众包平台三个主体出发来提取影响接包方选择的特征数据。胜任力模型中，知识水平指人才自身专业技能知识与完成企业任务所需求的专业知识相吻合的程度，众包中某些任务类型需要接包方具备相关知识；技能水平用来衡量知识型人才具有专业技能的高低程度；能力指与完成工作任务密切相关的人的各项素质和特质，众包环境下接包方信誉度是发包方关注的重点。至此，我们纳入知识水平、技能水平和能力三个接包方人才评价维度。通过对以往胜任力模型应用文献的回顾，总结胜任力模型在众包领域应用的建模步骤。

步骤一：研究众包任务的组成要素，对众包任务进行全面的特征分析，确定高效完成任务的接包方人才标准。

步骤二：通过与任务契合度高的接包方和与任务契合度低或不契合的接包方的对比研究，建立初步的接包方选择胜任力模型。

步骤三：验证上述建立的胜任力模型，使之生效。

5.2.2 实证分析

本书将胜任力模型应用于接包方选择中，并综合考虑众包平台的三类主体特征，即接包方、任务设计、平台，从众包网站的在线评论数据中提取 13 个筛选接包方的特征，最终建立包含 5 个维度和 13 项指标的接包方选择指标体系，如图 5-1 所示。

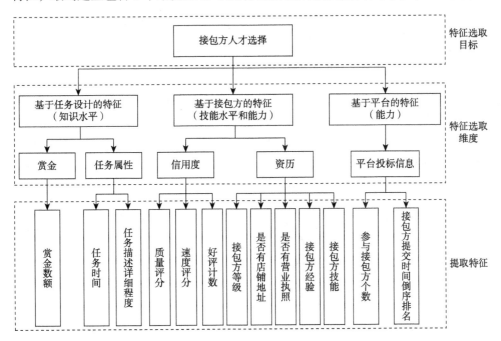

图 5-1 接包方选择指标体系

1. 基于接包方的特征（U）

在接包方的筛选过程中，首先考量的是接包方自身因素。接包方，即用户利用 IT 进行沟通，并根据自己的兴趣爱好和个人能力等承接任务。Allahbakhsh 等

（2013）提出从信用度和资历两个角度来评估工作者质量。信用度反映该接包方的服务能力，资历反映该接包方的技能水平。因此，选取信用度（U-C）和资历（U-Q）两个影响因素。

（1）信用度（U-C）。信用度反映该接包方是否为诚信接包方。在众包平台，接包方信用度的具体特征主要考量该接包方完成任务质量评分、任务完成速度快慢和该接包方收到的发包方评价情况。本书选取接包方的质量评分（U-C1）、速度评分（U-C2）、好评计数（U-C3）来反映该信用度特征。质量评分、速度评分越高，表明该接包方信用度越好；接包方收到的好评计数越多，表明该接包方信用度越好。

（2）资历（U-Q）。资历指该接包方的工作经验和工作技能水平。首先主要考虑接包方等级（U-Q1）、是否有店铺地址（U-Q2）、是否有营业执照（U-Q3）、接包方经验（U-Q4）、接包方技能（U-Q5）等特征变量。接包方等级指该接包方在众包网站上的店铺等级，反映其完成众包任务的经验，经验越丰富，等级越高。用 0 和 1 两个变量表示是否有店铺地址和是否有营业执照特征变量。接包方经验反映该接包方的工作经历和学习经历丰富程度，经历越丰富，得分越高，取值在 0~10。接包方技能反映该接包方技能水平和证书情况，其拥有的相关技能和证书越多，得分越高，取值在 0~10。

2. 基于任务设计的特征（T）

在接包方的筛选过程中，不同任务的设计也会影响接包方选择，即发包方会考虑接包方知识水平。关于任务设计，主要指任务赏金数额和任务属性设置。设置合理的激励政策有利于产生高质量的任务结果。Terwiesch 和 Xu（2008）用 SERVQUAL 模型测量服务质量时发现，任务期限越长，用户的工作效率越低，用户的感知价值也会越低。David 等（2014）指出乏味的众包任务和较低的报酬经常会使参与者出现错误。因此，本书选取赏金（T-R）、任务属性（T-A）两类特征变量。

（1）赏金（T-R）。赏金是指发包方在发布任务时承诺的物质奖励，当其他激励的效果不明显时，现金激励会使用户更主动地参与众包。Sorokin 和 Forsyth（2008）发现任务奖励与任务质量存在密切关系，较低的奖励可能不会吸引大量的工作者，但较高的奖励会吸引大量的欺骗工作者参与任务。因此，本书选取平台任务的赏金数额（T-R1）为特征变量。

（2）任务属性（T-A）。有趣、合适的任务是吸引用户参与众包的一个很重要的原因。任务属性具体包括任务时间（T-A1）和任务描述详细程度（T-A2）两个特征变量。

3. 基于众包平台的特征（S）

对于发包方发布的每一个任务，众包平台记录了接包方参与个数，并记录了每个接包方提交结果的时间，这些数据均为众包平台上任务的信息，反映接包方在该任务中的能力水平。

平台投标信息（S-I）：这里设计了接包方提交时间倒序的特征，即把该任务所有接包方提交时间按从晚到早的顺序进行排序后的顺序数，最后选取参与接包方个数（S-I1）、接包方提交时间倒序排名（S-I2）两个特征变量。

综上，基于接包方、任务设计、众包平台三个方面，从信用度、资历、赏金、任务属性、平台投标信息五个维度提取了质量评分（U-C1）、速度评分（U-C2）、好评计数（U-C3）、接包方等级（U-Q1）、是否有店铺地址（U-Q2）、是否有营业执照（U-Q3）、接包方经验（U-Q4）、接包方技能（U-Q5）、赏金数额（T-R1）、任务时间（T-A1）、任务描述详细程度（T-A2）、参与接包方个数（S-I1）、接包方提交时间倒序排名（S-I2）共 13 个特征。

5.3　基于在线评论数据的接包方选择模型

5.3.1　基于在线评论数据的分类

众包平台记录众包流程中每一个主体的数据，如众包平台上发布任务的赏金数额、接包方收到的评论、接包方店铺等级等信息，本书将其定义为在线评论数据，它不仅指众包平台上用户收到的评论，还包括众包平台上存在的其他任何与评论、用户、平台流程等有关的大量、有用的数据。在线评论数据在分类筛选、质量评估的应用研究中具有很大的作用，如 Jeon 等（2006）利用问答社区中的非文本特征，如点击次数来评估答案质量；Gao 等（2015）基于在线评论的证据来研究病人对医生的感知质量。尽管很多学者基于在线评论数据进行研究，但很少有人探讨如何利用众包网站中丰富的特征数据来帮助发包方对接包方进行分类筛选。

5.3 节将系统性地结合众包网站的特征，从发包方、众包平台、接包方三个主体出发，以胜任力理论模型为基础，构建基于在线评论数据的接包方选择模型，国内众包网站猪八戒网记录着接包方评分、任务描述、任务中标情况等多样特征数据，因此能很好地将这些数据用于实验。5.3 节将解决以下两个问题：①众包平台有哪些特征数据对接包方筛选是有用的，不同特征因子组合对接包方选择结果的影响；②如何选取合适的分类算法来实现接包方的分类筛选。

关于在线评论数据在分类筛选中的应用，其研究思路为：首先，将胜任力理论模型与众包特征相结合，基于接包方、任务设计、众包平台三个方面提出具体特征维度，构建基于在线评论数据的接包方选择模型；其次，通过对决策树、K-最近邻、朴素贝叶斯三种分类学习方法性能进行比较，选取性能最佳的分类算法来实现接包方选择模型；最后，基于实际众包数据对所建模型性能进行验证。

5.3.2　接包方选择模型构建

众包指的是一个公司或机构把过去由员工执行的工作任务，以自由、自愿的形式外包给非特定的（通常是大型的）网络大众的做法。随着互联网的不断发展，众包模式的应用更加广泛。国外众包平台，如亚马逊的土耳其机器人平台，为一些小任务需求，如图像识别、语言翻译等提供解决渠道。国内的众包平台，如猪八戒网，是一个综合性任务的众包网站，其任务类型有软件编程类、logo 设计类等；知乎则是基于众包模式的在线知识问答平台。

5.3 节主要解释如何利用在线评论数据来筛选参与众包的各接包方。我们首先从接包方、任务设计、众包平台三个角度提取影响接包方选择的特征因子；其次收集不同任务类型对应的中标接包方数据，通过探索性因子分析探讨提取的特征对接包方筛选是否有用；最后我们将接包方选择问题作为二分类问题来解决，通过选取合适的分类算法实现接包方筛选，预测最佳接包方，并验证模型选择的高任务契合程度（high）类的接包方是否为实际众包任务的中标接包方，构建的研究模型如图 5-2 所示。

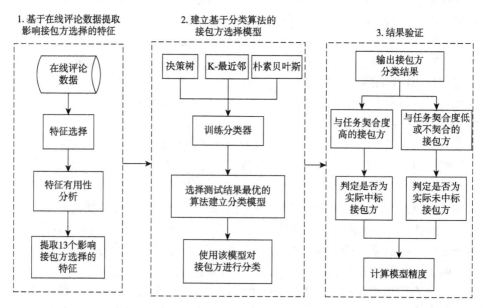

图 5-2　基于在线评论数据的接包方选择模型构建

5.4　接包方选择实证分析

5.4.1　接包方选择影响因子有用性分析

5.4 节主要以猪八戒网为例，分析前文提取的 13 个特征变量与跟任务契合程度高的接包方之间是否存在因子关系，即是否对于发包方筛选接包方有用。由于存在任务类型对所选最佳接包方的影响，本书选取创意设计类、文案编辑类、编程开发类三种类型的众包任务来进行实验，共收集了 120 个中标接包方的数据，其中创意设计类、编程开发类、文案编辑类任务各 40 个，使用 SPSS 软件对提取的 13 个特征维度进行探索性因子分析。实验过程中，基于主成分分析法抽取相关变量，并采用最大方差法进行因子分析矩阵旋转。

最终，我们得到 KMO 值为 0.886，Sig 值为 0，表明样本数据适合做因子分析。采用最大方差法进行正交旋转，共析出特征值大于 1 的主成分有 3 个。各测项在其对应因子上的负载均大于 0.7，在其他因子上的交叉负载均小于 0.4，说明本书研究的测量具有较好的收敛效度和判别效度。各任务类型的因子负载情况如表 5-1 所示。对于创意设计类任务，主成分 1 对应的特征变量分别为参与接包方个数和接包方提交时间倒序排名，以及接包方的质量评分，主要为基于众包平台的特征；主成分 2 对应的特征变量为接包方信用度特征——质量评分和速度评分；主成分 3 主要为基于任务设计的特征——赏金数额和任务时间。对于编程开发类任务，主成分 1 主要为基于接包方的特征——好评计数、速度评分和接包方技能；主成分 2 为赏金数额、任务描述详细程度及接包方提交时间倒序排名特征；主成分 3 为接包方资历对应的接包方等级和是否有营业执照两个特征，但因子关系相比其他特征较弱。对于文案编辑类任务，主成分 1 为基于接包方的特征——速度评分、好评计数、接包方技能；主成分 2 为任务时间和参与接包方个数两个特征；主成分 3 为质量评分，以及基于众包平台的特征（参与接包方个数和接包方提交时间倒序排名）。

表5-1　不同任务类型中各特征项在对应因子上的负载情况表

众包任务类型	主成分	特征
创意设计类	1	S-I1（0.805）、S-I2（0.869）、U-C1（0.897）
	2	U-C1（0.892）、U-C2（0.890）

续表

众包任务类型	主成分	特征
创意设计类	3	T-R1（0.831）、T-A1（0.736）
编程开发类	1	U-C2（0.686）、U-C3（0.766）、U-Q5（0.769）
	2	T-R1（0.865）、T-A2（0.703）、S-I2（0.803）
	3	U-Q1（0.767）、U-Q3（0.777）
文案编辑类	1	U-C2（0.866）、U-C3（0.825）、U-Q5（0.801）
	2	T-A1（0.800）、S-I1（0.822）
	3	U-C1（0.855）、S-I1（0.796）、S-I2（0.822）

综上所述，基于接包方的特征和基于众包平台的特征与任务契合度高的接包方之间存在较强的因子关系，因此这两类特征数据对帮助发包方筛选接包方是最有用的。此外，前文所提的三类特征数据对接包方选择均是有用的，其中信用度、赏金数额和基于众包平台的特征对接包方选择影响最大。

5.4.2 实验步骤

1. 分类算法选取

本书把众包服务商选择问题作为二分类问题来解决，在前文中我们已经提出了 13 个影响接包方选择的特征，建立了接包方选择指标体系，因此本小节主要通过性能测试选取合适的分类算法以实现接包方选择模型。

首先，关于接包方选择的结果（i）的可能取值有两种：一是与该任务契合程度高的接包方，定义为 high 类；二是与该任务契合程度低或不契合的接包方，定义为 normal/low 类。其次，我们选用朴素贝叶斯、决策树和 K-最近邻三种分类算法作为测试算法建立二分类模型，以 80%数据作为训练集，20%数据作为测试集，抽样 10 次取平均值，对三类算法在 high 和 normal/low 两种类别的性能进行测试。最后，我们使用准确率（P）、召回率（R）、F 值（F）三个指标衡量各分类算法在本书模型中的效果。

关于这三个指标的定义，我们先假设本书模型中接包方选择可能出现以下四种情形：预测为 i 类且预测正确的接包方数量（TP）、预测为 i 类且预测错误的接包方数量（FP）、实际为 i 类但未正确预测的接包方数量（FN）、实际不为 i 类但预测正确的接包方数量（TN）。

准确率为预测为 i 类且预测正确的接包方数量与预测为 i 类的接包方数量的比值，其反映该算法下模型筛选接包方的精度：

$$P = \frac{\text{TP}}{\text{TP} + \text{FP}} \qquad (5\text{-}1)$$

召回率为预测为 i 类且预测正确的接包方数量与实际为 i 类的接包方数量的比值，其反映该算法下模型对目标类别接包方的筛选能力：

$$R = \frac{\text{TP}}{\text{TP} + \text{FN}} \qquad (5\text{-}2)$$

而 F 值则综合准确率与召回率反映该分类算法整体性能：

$$F = \frac{2 \times P \times R}{P + R} \qquad (5\text{-}3)$$

由表 5-2 可知，三种分类算法在 normal/low 类别中的准确率、召回率、F 值均比其在 high 类中的值高，表明这三种分类学习效果在 normal/low 类中的性能比 high 类好，该结果是非平衡实验样本数据导致的，实验样本中 normal/low 类样本数量远远高于 high 类样本数量，因此实验过程中模型更容易正确分类 normal/low 类样本数据，算法在 normal/low 类的分类精度便更准确。因此我们的实验结果是符合实际情况的。另外，在 normal/low 类，我们可以看到朴素贝叶斯分类算法的准确率、召回率、F 值分别为 0.80、0.85、0.82，均高于决策树和 K-最近邻两种分类算法对应的结果，说明朴素贝叶斯分类算法在本书模型应用中性能更好。

表5-2　三种分类算法在接包方选择中的性能对比表

接包方类别	分类算法	准确率	召回率	F 值
与任务契合程度低或不契合的接包方	朴素贝叶斯	0.80	0.85	0.82
	决策树	0.72	0.66	0.68
	K-最近邻	0.67	0.71	0.68
与任务契合程度高的接包方	朴素贝叶斯	0.80	0.74	0.77
	决策树	0.59	0.64	0.60
	K-最近邻	0.55	0.50	0.51

在 high 类，朴素贝叶斯分类算法的准确率、召回率、F 值分别为 0.80、0.74、0.77，而决策树分类算法的准确率、召回率、F 值分别为 0.59、0.64、0.60，K-最近邻分类算法的值分别为 0.55、0.50、0.51，说明朴素贝叶斯分类算法在准确率、召回率和综合性能上均优于决策树和 K-最近邻分类算法，在本章的算法选择测试中结果最好，因此我们在接下来的实验中用朴素贝叶斯分类算法进行分类。

2. 接包方选择结果分析

在本小节我们用朴素贝叶斯分类算法来实现基于在线评论数据的接包方选择模型。先用准确率、召回率、F 值验证所提模型在实际众包中的接包方分类筛选能力，另外我们还验证了所提特征的有用性。

　　本书实验中在线评论数据均来自国内某大型众包平台网站，我们从创意设计类、编程开发类、文案编辑类众包任务中分别随机抽取了 40 个投标已结束的任务，因此共爬取了 120 个任务对应的 2 224 个接包服务商。我们将其中中标服务商标记为与任务契合程度高的接包方，未中标服务商标记为与任务契合程度低或不契合的接包方，收集的数据中中标服务商为 120 个，未中标服务商为 2 104 个，因此高任务契合度类接包方（high）与低任务契合度类接包方（normal/low）的比例为 1 : 18。对于每个接包方，我们爬取了其基于接包方、基于任务设计、基于众包平台等 13 个特征维度的在线评论数据，每个特征均转换为数值型变量，我们共爬取了 28 912 个特征值数据。本书随机抽取接包方在线评论数据的 80% 作为训练集，20% 作为测试集。

　　首先，测试基于接包方、基于任务设计、基于众包平台三个方面提取的特征在接包方选择中的有用性。我们把基于接包方的特征［U（信用度+资历）］作为基准，与基于任务设计的特征（T）和基于众包平台的特征（S）进行随机组合，得到 U、U+T、U+T+S 三种组合情形，并建立二分类模型，然后计算不同特征组合下模型的准确率、召回率和 F 值，统计结果如表 5-3 所示。

表5-3　不同特征组合下模型实际验证结果

接包方类别	分类特征组合	准确率	召回率	F 值
与任务契合程度低或不契合的服务商	U	0.64	0.75	0.69
	U+T	0.70	0.84	0.78
	U+T+S	0.80	0.85	0.82
与任务契合程度高的服务商	U	0.66	0.53	0.58
	U+T	0.74	0.55	0.60
	U+T+S	0.80	0.74	0.77

　　由表 5-3 可知，当只基于接包方的特征进行接包方分类时，模型在 normal/low 类的准确率、召回率、F 值分别为 0.64、0.75、0.69，在 high 类的准确率、召回率、F 值分别为 0.66、0.53、0.59；当基于接包方和基于任务设计两种特征组合进行接包方分类，模型在 normal/low 类和 high 类中的准确率、召回率、F 值均高于只基于接包方特征进行分类的结果，说明两类特征组合时分类性能更好；我们发现当基于三类特征来对接包方进行筛选时，模型准确率、召回率、F 值在 normal/low 类分别为 0.80、0.85、0.82，在 high 类分别为 0.80、0.74、0.77，均高于其他两种特征组合下的模型运行结果，因此所提基于接包方的特征、基于众包平台的特征和基于任务设计的特征对发包方筛选接包方是有用的，且三类特征组合时模型分类性能最佳。

　　其次，进一步比较和验证模型在实际众包中的应用效果。我们将本书模型与利用 TOPSIS（technique for order preference by similarity to an ideal solution，根据有限个评价对象与理想化目标的接近程度进行排序）多指标决策算法进行众包人才排序筛选的方法和随机接包方选择方法进行比较。模型比较的依据为接包方选择准确率。关于其定义：①模型筛选出的最佳接包方［对于本书模型即分类结果为 high 类（与任务契合程度高）的接包方］与实际该众包任务对应的中标服务商一致的接包方定义为该模型准确预测的接包方；②准确预测的接包方数与众包任务数的比值为模型的接包方选择准确率。模型比较结果如表 5-4 所示，可以发现本书提出的模型的接包方选择准确率在 84%左右，远高于随机筛选的结果，也优于 TOPSIS 多指标决策服务商筛选准确率的结果。

表5-4　模型在实际接包方选择准确率上与其他文献模型比较结果

任务类型	测试集任务接包方数	模型服务商筛选准确率	TOPSIS 多指标决策服务商筛选准确率	随机服务商筛选准确率
创意设计类	905	83.7%	71.2%	25.8%
编程开发类	544	83.1%	74.1%	40.7%

5.4.3　实验结论

首先，本书将胜任力理论模型与众包特征相结合，基于接包方、任务设计、众包平台三个方面提出了质量评分、速度评分、好评计数、接包方等级、是否有店铺地址、是否有营业执照、接包方经验、接包方技能、赏金数额、任务时间、任务描述详细程度、参与接包方个数、接包方提交时间倒序排名等 13 个影响接包方筛选的特征，构建基于在线评论数据的接包方选择模型。其次，我们通过对决策树、K-最近邻、朴素贝叶斯三种分类算法在本书模型中的应用性能进行比较，发现朴素贝叶斯分类算法在接包方选择中的应用性能最佳，因此选取朴素贝叶斯分类算法来实现基于在线评论数据的接包方选择模型，并基于实际众包数据对模型性能进行了验证。

实验结果表明：①本书提出的 13 个特征维度对接包方筛选是有用的，通过实验发现 13 个特征维度与跟任务契合程度高的接包方之间存在因子关系，其中基于接包方的两个特征质量评分、好评计数和基于众包平台的两个特征参与接包方个数、接包方提交时间倒序排名和中标服务商之间的关联性最强，对于帮助发包方筛选接包方作用最大，这表明发包方筛选接包方时可参考众包平台网站上接包方收到的评论数据，除此，发包方也需考虑任务在该平台的接包人数等多种平台投标信息来综合衡量该接包方与任务的契合度，因此本书的研究对于发包方筛选接包方能提供有效的建议；②我们发现基于接包方、任务设计、众包平台的特征组合情况下，接包方选择效果更好，这表明在对接包方进行人才选择时，我们不仅需要对接包方进行评估，还需要考虑任务设计和众包平台投标信息等其他因素，才能为任务匹配最佳接包方；③通过实际众包数据的验证，本书所提模型筛选的分类结果基本符合实际数据，模型筛选出的与任务契合程度高的接包方基本符合实际该任务的中标服务商，因此模型能帮助众包平台和发包方识别好的接包方，为发包方进行高效准确的人才选择提供强有力的支持，能很好地应用于实践中。

本书针对信用体系不健全、过度竞争环境下众包服务商人才筛选困难的问题，从众包平台在线评论数据角度为发包方筛选接包方提供了新颖的解决思路，基于在线评论数据综合发包方、任务设计、众包平台三个角度构建了接包方选择指标体系，并基于性能最好的朴素贝叶斯分类算法实现了接包方选择，从而为发包方选择合适的接包方提供了有力的支持。这样既增强服务商参与众包的意愿，同时有效避免了人才的过度竞争，减少了人力资源浪费，保障了众包这种开放式创新模式得以持续健康发展。

5.5　本　章　小　结

本章主要对众包模式下接包方选择的影响因素进行分析并详细介绍了基于在线评论数据的接包方选择模型构建过程。关于接包方选择影响因素分析，主要介绍了当前接包方选择的研究状况和接包方选择影响因素具体维度，为模型的构建奠定理论基础；本章概述了接包方选择模型的构建方法、思路，并详细介绍了该模型在实际中的应用实例，以猪八戒网为例，从众包的三个主体关系出发分析了接包方选择的流程，将分类算法应用于接包方选择过程中，详细呈现了分类算法在众包领域的新应用。

第6章 众包模式下知识转移研究

随着知识经济的到来，企业之间的竞争已不再局限于融资、机遇、市场等方面，知识和技术已成为企业核心竞争力提升的关键及对企业最有价值的资源，而这些知识和技术不仅仅源于企业内部或者自身，还源于企业对外部知识和技术的吸收与整合。随着知识和技术越来越重要，知识转移也越来越受到学界和业界的关注。

6.1 外包模式中的知识转移

6.1.1 知识转移与 IT 外包综述

1. 知识转移

知识转移指的是知识有计划、有目的地跨个体或组织边界的知识共享，也即通过转移、应用将知识由原来的拥有者传播到接受者的过程。知识只有在不断转移、应用和吸收的过程中，才能为更多的人所掌握，知识也才能产生更大的社会价值。当今社会是知识经济的时代，知识服务、转移和共享所带来的价值日益凸显。知识作为重要的战略资源，成为企业知识管理、知识竞争中难以或缺的组成部分。

国内外学者对知识转移能力的研究还不是很多，其中岳翠霞和吉久名（2009）应用模糊层次综合评价法建立了知识转移能力评价的数学模型，运用实例对评价模型进行了可行性验证。吴碧蓉（2009）从影响知识转移能力的因素出发，通过选择评价指标，运用层次分析法，建立了图书馆知识转移能力评价模型，有利于图书馆知识转移能力的定量测评与促进图书馆知识的有效管理和转移。舒宗瑛（2012）运用模糊物元评价的一般原理，建立物元知识转移评价模型和基于物元模糊的综合评价方法，从影响知识转移能力的因素出发，建立图书馆知识转移能力评价模型，并用实证评价了高校图书的知识转移能力，表明了该方法的优越性和可行性，为知识管理提供了有效的计算方法。刘丰（2006）以 ERP（enterprise resource planning，企业资源计划）项目实施为研究对象，从项目中知识转移内容、特点和重要性入手，对 ERP 软件供应商向企业，以及咨询机构向企业的两种知识转移方式进行深入研究，提出了 ERP 实施项目的知识转移能力评价模型，帮助企业了解自身知识转移能力。徐晓钰和李玲（2008）根据信息知识转移能力的特点，选择多层次灰色评价理论作为多级指标建构的依据，并验证了评价模型的可行性和优越性，为企业提供决策及改进的依据。尤天慧和李飞飞（2010）从组织内部的知识转移能力着手，建构了具有针对性的评价指标体系，综合考察企业内部知识的传递、吸收、融合等方面的能力，根据简单加权算法对评价结果进行分析，为提高知识转移效果提出建议。

2. IT 外包知识转移

信妍（2011）运用知识方程从自身 IT 能力、信任程度、双方合作关系三个方面对 IT 外包服务中知识转移影响因素进行了实证分析。姚亚萍等（2009）通过对 IT 外包中的知识转移进行案例分析，得出知识特性、开发团队能力、任务性质、双方合作关系、组织特性等五个因素对知识转移有较大影响。梁建英和廖貅武（2008）从外包方和发包方的关系等角度出发，研究知识转移的影响因素，创建了影响因素分析模型。Albino 等（1998）很早就开始关注知识转移的过程，认为企业对知识的应用和处理为知识转移的两个阶段，并对每个阶段的基本特征与过程进行了重点分析。李勇（2009）通过分析 IT 外包中委托方和服务商之间知识转移的内容与转移障碍，从委托方视角出发，确定了有效转移知识的流程安排与对转移流程的控制措施。高沛然和卢新元（2014）以 IT 外包中知识转移影响因素为研究对象，运用 DEMATEL 方法来识别这些影响因素为原因影响因素还是结果影响因素，并给出了每个影响因素的重要性程度。张旭梅和刘春燕（2009）从知识管理视角出发，分析企业 IT 外包中知识转移的特点，归纳出外包服务中知识转移协作风险、知识泄密风险、削弱技术创新能力风险、主体能力风险、知识产权风险、知识受损风险等六种主要风险，并针对各种风险提出了相应的防范措施。刘咏梅等（2013）利用元分析方法定量综述外包知识转移与其影响因素的研究现状，探讨知识转移主体、转移情境、转移媒介等特性对 IT 外包过程知识转移的影响，指出知识可编码性、有用性、转移意愿等因素对知识转移能力的正向促进作用。袁建新和周俊（2014）运用结构方程模型，对 163 件外包关系样本进行实证检验，发现关系型规范对外包项目具有推动作用，其中团结性规范效应最大，柔性规范的作用最小。卢新元等（2013）通过分析 IT 外包中知识转移激励机制与知识联盟的特点，阐述激励机制和知识联盟对规避 IT 外包中知识转移风险的可行性，构建了激励机制与知识转移的风险规避模型，以此对 IT 外包中知识转移风险进行规避。张嵩和张旭（2015）以社会网络中的知识转移为研究对象，利用结构方程模型实证发现在较强知识转移动机与强组织文化环境下，网络密度和网络中心性与隐性知识转移呈正相关关系，同时，知识吸收能力越强，越有利于隐性知识转移，但没有证实网络结构特征、结构洞、网络规模对隐性知识转移有显著效果。陈文波等（2010）从组织知识基础观出发，探讨了组织的知识基础对 IS 中技术知识、管理知识和制度知识的转移，实证结果表明，组织与 IT 相关的知识基础和吸收能力，特别是 IT 实施知识及组织的 IT 整合应用能力是企业信息化的关键。

通过以上论述我们发现，国内外有大批学者对知识转移及知识转移能力进行了研究。详细来说，在 IT 外包服务中知识转移研究，多集中于知识转移的主体及双方的关系、知识的特性和知识转移中的影响因素等；在知识转移能力方面，研究目前还局限于一个较小的范围，研究的视角、理论、评价方法等还存在较大的局限性。正因为如此，有必要对知识转移进行研究。

6.1.2　外包模式中知识转移内容与特性

1. IT 外包服务中知识转移的内容

IT 外包属于知识密集型服务的范畴，其知识转移具有差异化、复杂化、双向化和连续化的特征，并且贯穿 IT 外包项目的全过程。在 IT 外包知识转移的过程中，接包方和发包方企业作为知识转移的主体不仅具有知识发送方的身份，还具有知识接收方的身份。它们时刻都在从对方那里获得知识，同时也将知识无意或者有意地传递给对方。总的来说，IT 外包中知识转移的内容主要有以下五个方面。

（1）外包需求知识。IT 外包发包方在了解自身的需求后，进行外包任务确定，任务确定通常以显性知识的方式传递给接包方，如书面文字或是口头语言等。

（2）产品知识。知识产品由 IT 外包的接包方传送给发包方，产品中就包含大量发包方需要的显性知识，如系统开发代码、培训资料、使用手册等。同时还会附带一些隐性知识，如操作技巧、商业行规、项目成员的经验等。

（3）相关情景知识。IT 外包项目有其自身的特点，一个项目往往涉及多方主体，工作流程非常复杂，产生这种现象的原因主要是 IT 外包项目的任务需求内嵌着发包方的组织文化与相关业务流程知识，因发包方的不同而不同。因此，IT 外包的接包方只有在了解了各个参与主体所处的内外环境后，才能更好地与各参与主体进行合作，为知识产品的需求方提供其所真正需要的产品。

（4）反馈知识。IT 外包过程中的知识转移不是一蹴而就的，需要双方不断地进行交流和沟通，特别是发包方在使用知识产品的过程中，知识产品有没有达到发包方的任务要求，发包方对接包方交付的知识产品会有一个充分的评估，并将评估结果反馈给接包方，以保证双方最后都能达到满意的结果。

（5）其他知识。IT 外包项目是一项非常庞大的工程，项目周期长，涉及的参与主体比较多，因此在项目进行的过程中，组织内部机密存在被泄露的风险，可能会导致不应该被转移的知识发生了转移，这部分知识如果被转移，将会对企业的发展产生非常不利的影响。

2. IT 外包服务中知识转移特性分析

IT 外包可解释为个人或组织将具有知识属性的产品或服务委托给专业的 IT 服务提供商，服务提供商运用自身在该业务领域内拥有的专业智力资源为委托方提供复杂的知识产品或服务的过程。由此可见，IT 外包服务是一项复杂性较高的外包活动，其业务开展需要高技能的专业人才通过他们的业务专长为客户创造价值。分析 IT 外包的特点，我们不难发现，IT 外包在执行过程中，知识不是通过简单的共享和吸收就能完成的。IT 外包的知识转移有相当一部分是隐性知识的转移，因此需要双方进行反复的沟通与交流，才能保障 IT 外包项目顺利进行，由此可见，在 IT 外包的执行过程中，发包方和接包方既是知识的共享者也是知识的吸收者。因此，本书认为，IT 外包中的知识转移是指 IT 外包过程中知识在外包委托方和供应方之间以不同的媒介和方式多次进行的知识共享和吸收，最终实现 IT 外包产品或服务被成功交付给发包方，并在此过程中达到知识的创新和增值目的。IT 外包有其自身的特点，主要表现为以下四个方面。

（1）IT 外包中知识转移具有复杂性。IT 外包中，对 IT 外包项目的顺利实施起至关重要作用的是隐性知识的转移，隐性知识具有难以编码和表达的特点，因此很难进行转移。这无疑对知识转移主体的知识接受能力、理解能力和表达能力都提出了很高的要求，间接地增加了 IT 外包项目的难度，提高了 IT 外包中知识转移的复杂性。

（2）IT 外包中的知识转移具有差异化。不同需求的 IT 企业，其产品特性、企业文化、业务流程等特点都不尽相同。因此，接包方对发包方提出的任务要求就带有定制的特点，接包方会根据发包方的产品或服务需求，利用其智力资源及专业技能，为需求企业提供差异化的知识产品或服务，再结合自身特有的经验和技能，为发包方企业提供个性化的知识产品或服务。

（3）IT 外包中的知识转移具有双方性。IT 外包的发包方和接包方既是知识的发送方，又是知识的接收方，知识在转移主体之间互相共享和吸收，知识在外包参与主体进行的不断沟通和反馈的过程中完成转移过程。

（4）IT 外包中的知识转移具有连续性。IT 外包涉及知识的转移，由于外包项目一般周期较长，从项目立项到项目产品交付的整个过程，都伴随着知识的共享和吸收。因此可以说，外包业务的实施过程就是知识转移的过程。

6.1.3　外包模式中知识转移过程模型

知识转移总的来说可分为两类，一类为组织之间的知识转移，一类为组织内部的知识转移，它不仅可以发生在组织与组织之间，还可以发生在个人与个人之间、个人与组织之间。我们要想全面地了解知识从发送方到接收方或是接收方到发送方经历的全过程，就必须对知识转移的过程模型进行研究。

针对不同的转移类型，学者提出了多种转移过程模型，其中比较著名的是 Szulanski 提出的知识转移四阶段过程模型、Gilbert 和 Cordey-Hayes（1996）提出的知识转移五步骤模型。根据以上两个著名模型，我们构建 IT 外包服务的过程模型。

1. Szulanski 的知识转移四阶段过程模型

该模型一经提出，就在学术界产生了广泛的影响，模型以组织内部知识转移为研究对象，将组织内部知识转移过程分为起始（initiation）、执行（implementation）、扩散（spread）及整合（integration）四个阶段，如图 6-1 所示。

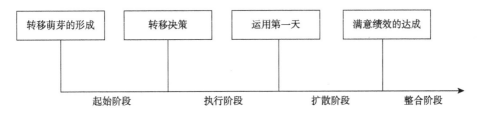

图 6-1　Szulanski 的知识转移四阶段过程模型

（1）起始阶段。当一个组织的内部出现了对知识的需求，同时，还拥有可以满足需求的知识的时候，知识转移便慢慢开始，这就是知识转移的起始阶段。这一阶段需要解决的核心问题是组织必须对自己所需的知识有全面了解，对其能够进行精准的识别、恰当的定位及合理的评价，并在此基础上制定合理的知识转移方案，实现知识的挖掘。

（2）执行阶段。在知识转移的执行阶段，知识始终在知识发送方与接收方之间流动，不过这时接收方尚未开始将接收到的知识应用到实践中去。这一阶段应将注意力集中到确保知识的发送方与知识的接收方能够时时地保持交流上的畅通无阻、步调上的默契配合。

（3）扩散阶段。知识接收方慢慢地将从发送方接收到的知识应用到具体的实践中，此时知识转移快速发展，从而进入知识跃迁阶段。在这个新的阶段，如何更好地解决在具体实践中知识应用所面临的难题，并且能够很好地达到知识转移的预期目标，成为必须要解决的关键问题。

（4）整合阶段。整合阶段是知识转移的最后一个步骤。在这一环节，接收方逐渐将所获得的新知识和原有的知识进行整合、规范，将其制度化、常规化，并且在不断消化的基础上，慢慢地将新知识变为自身知识体系的组成部分。

2. 知识转移五步骤模型

Gilbert 和 Cordey-Hayes（1996）在多年的研究基础上提出知识转移五步骤模型，如图 6-2 所示。他们提出，当组织缺乏某种知识而产生知识势差，为了填补这种知识势差，组织会引进、转移和接收新的知识，这个过程就被称为知识转移的过程。按照知识获取（knowledge acquisition）、交流（communication）、应用（application）、接受（acceptance）和同化（assimilation）过程，可以将知识转移分为五个阶段。

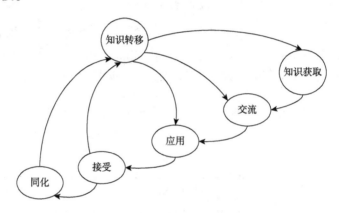

图 6-2　知识转移五步骤模型

（1）知识获取。组织可从以往的实践、经验或从掌握新知识的成员那里不断地扫描、搜索并获得新知识，所获得的知识类型会因知识源类型的差异而不同。

（2）交流。既可以是口头语言交流也可以是书面文字交流，组织建立起有效的沟通渠道和机制有利于提升知识转移的效率。

（3）应用。组织经过交流、搜索、获取的知识必须在应用中得以保持。组织学习的是知识应用后的实际效果，而不再是知识本身。

（4）接受。接收方从实践、指导、历史中掌握和控制知识，予以反馈之后，会判断接收的知识是否具有接受和同化的价值。

（5）同化。接收方还应将接收的新知识转化为符合自身需求、易于吸收和利用的知识，并融入自身原有的知识体系中去，这是知识转移最为关键的环节。

3. IT 外包中知识转移的过程模型

通过对以上两个模型的研究及本书的实际需要，本书以这两个经典模型为基础，构建 IT 外包中知识转移过程模型，如图 6-3 所示。

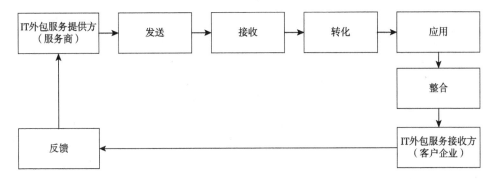

图 6-3　IT 外包中知识转移过程模型

从上述模型可看出，IT 外包的知识转移过程主要包括两个转移主体与六个知识转移阶段。知识转移主体分为两个方面，分别是 IT 外包服务提供方与 IT 外包服务接收方。知识转移的六个阶段分别是：发送、接收、转化、应用、整合与反馈。为了更清楚地了解 IT 外包中知识转移的过程，下面从知识转移主体与转移阶段两个方面进行具体分析。

1）IT 外包中知识转移主体分析

IT 外包中知识转移过程涉及两类主体，一类为 IT 外包服务提供方，包括软件供应商、硬件供应商、实施咨询方、监理方等，另一类为 IT 外包服务接收方，如客户企业等。软件供应商通常具备较专业的 IS 知识，其常会与一些 IT 服务公司进行合作，结盟成为实施合作伙伴，并由专业的实施合作伙伴来为客户提供软件产品实施服务，因此，软件供应商与用户之间的知识转移主要依靠的是实施咨询方。在 IT 外包过程中，IS 硬件供应商和监理方提供的技术与 IS 存在一定的独立性，并不成为知识转移的关键因素，因此，我们忽略硬件供应商和监理方对知识转移的影响。实施咨询方掌握先进的 IS 管理思想，拥有系统操作、编程、配置、集成和测试等专业技术知识，因此实施咨询方是 IT 外包服务实施过程中知识转移的重要参与行为人。企业（即用户方）拥有特定行业的业务处理知识，这种知识对于企业进行 IS 的开发及相关业务流程的处理来说是非常重要的，它直接决定了开发的 IS 是否符合企业的需求，能否让 IS 在企业中发挥作用。

2）IT 外包中知识转移阶段分析

（1）知识发送阶段。在 IT 外包服务订立之初，需求方与供应方根据自身的意愿互相协商达成一致的知识转移协议，此后供应方将会按需求方的要求将自身智力库中的知识进行筛选，并制订知识产品方案，然后以合适的媒介及方式发送给需求方。

（2）知识接收阶段。知识发包方在接收到接包方传递的知识后，发包方要对知识内容进行解压和过滤，选择对自己有用的知识进行吸收，从而内化为自己的知识。但发包方和接包方对知识的解码与编码的方式不一致，这样就有可能会使发包方不能完全清晰地表达自己所需要的知识，从而可能使得发包方接收到的知识达不到既定知识产品或服务的要求。

（3）转化阶段。由于每个人的学习能力、先前经验不一样，发包方对接收到知识的解码能力就有差异，并且知识在转移过程中会混合各种杂质，接收方难以正确解码为自身能解读的知识。因此，发包方还需要对接收到的知识根据自身的知识结构进行修正，将需要的知识整理、保存、学习和吸收，将抽象的知识总结和归纳，最终内化为自己的知识。

（4）应用阶段。知识产品在接包方交付后，要想发挥知识产品的最大价值，就得让接包方在交付知识产品的同时，将产品的使用方法与操作流程以培训形式为发包方提供帮助，使发包方尽快地掌握知识产品的内涵及使用技能，使知识产品尽快融合到企业自身文化中并为企业经营提供服务。

（5）整合阶段。知识转移是要让接包方转移来的知识转化为发包方自身的知识，当接包方对转移的知识吸收后，就进入知识转移的整合阶段。该阶段发包方的知识将得到创新，通过利用从接包方那里得到的新知识与企业原有的知识进行整合使发包方的知识得到增值，并使现在的知识体系规范化、常规化，从而将其应用到企业经营活动中。

（6）反馈阶段。发包方经过整合阶段将接包方交付的知识产品应用到自身的经营活动中，会对该知识产品进行考察和监测，并对目标知识产品的评估报告与既定目标进行对比。在该阶段发包方会将相关信息及时反馈给接包方，接包方根据客户反馈的信息对知识产品进行改进，经过多次反馈与改进直到发包方得到满意的知识产品。

6.2　网络众包模式下知识转移过程研究

网络众包是一种以虚拟社区形式存在的创新商业模式，知识的转移贯穿该模式的整个过程，深入分析众包的知识转移过程及其影响因素对企业更好地运用众

包模式具有重要的意义。本书对网络众包的运行过程及知识特性进行分析，建立
网络众包中知识转移过程模型和影响因素分析模型，并通过对数据进行分析和处
理得出各影响因素的权重，最终以用户间的交互过程为切入点，通过激励理论和
博弈论等相关知识提出相关发展策略。

6.2.1　众包的运行过程与知识特点

1. 运行过程

根据当前国内外学者对众包的研究及众包在我国的实际运用，我们可以从不
同的视角对众包模式进行分类，如表 6-1 所示。

表6-1　不同视角的众包模式分类

分类视角	分类来源	模式
总体视角	Pénin 和 Burger-Helmchen（2011）	面向日常工作的众包、面向信息内容的众包和面向创新的众包
创新视角	Le 和 Panchal（2011）	基于竞争的众包模式和基于合作的众包模式
商业视角	众包网站特点	集体智能类众包（如我国的猪八戒网、威客中国等）和大众创造类众包（如我国的优酷网、土豆网等视频网站）

无论哪一种众包模式，其运行过程基本一致，即由发包方、众包平台和接包
方三者协作完成整个任务，如图 6-4 所示。

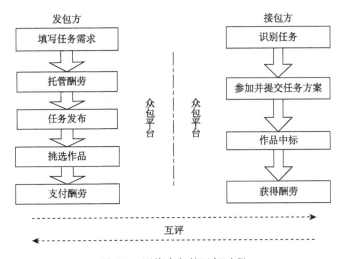

图 6-4　网络众包的运行过程

（1）发包方：是知识产生的起点，主要是企业或者个人，通过网络众包平台

（如猪八戒网、一品威客、任务中国等）或者企业内部自建的众包网站向大众发出任务需求，并通过各种方式挑选优秀方案，最终应用到企业的实际问题中。

（2）接包方：是知识的创造者，是数量众多的互联网用户，既可以是专业人士，也可以是非专业的兴趣爱好者。接包方主要按照发包方的任务要求进行创作，将任务方案提交到众包平台，其参与动机主要是通过参与任务获得报酬、心理满足等。

（3）众包平台：是用户参与众包任务的窗口，是连接发包方和接包方的枢纽，主要通过收取发包方相应的托管费用盈利。众包平台内部功能是否齐全、操作的难易、信誉度的高低、制度是否完善、安全保障性的高低等直接影响用户的参与积极性，从而影响知识转移的创新性。同时，众包的商业价值在一定程度上也会因众包平台的内部建设产生重大差异。

2. 知识特点

张睿和于渤（2009）对技术联盟中的知识转移过程进行了研究，其在引用国外学者的观点时提到知识具有默会性、组织文化性、复杂性、隐性等特点。虚拟社区中知识转移具有跨越时间与空间的显著特征，因此还具有上述特点以外的其他特性。在网络众包中，网民是众包平台的主要支撑者，是构成众包平台的最基本的要素，他们的知识是企业创意的根本来源。因此，网民知识的特点是促进网络大众转移创意知识的前提。网络众包中知识的主要特性如表6-2所示。

表6-2　　网络众包中知识的主要特性

特点	主要体现
动态性	参与众包任务的成员并不受任务的约束，即使开始作答也可以中途放弃任务，因此其知识的流向具有动态性
互补性	知识的互补性为知识的交互和反馈提供了条件和基础，其互补性主要体现在发包方和接包方的时间和空间上。并且，在相同的时间点上，发包方和接包方拥有的隐性知识和显性知识之间也会存在互补性
交互性	知识的互动性主要体现在以下三个方面：一是在接包方团体作答众包任务的过程中，团体内不同个体间的交流；二是在任务完成后，发包方和接包方对已完成的任务进行交流与改进；三是在企业内部进行知识融合的互动
独立性	众包任务由企业外部人员完成，接包方不可能完全地融入企业中去，总是保持一定程度的个体性。因此，当接包方把自身的创意贡献出来供集体分享或者从集体的知识资源中获取新知识时，其知识保持一定的独立性

6.2.2　众包中知识转移过程模型

1. 模型的建立

对于知识的转移过程，已经有相关学者对其进行了研究。Nonaka 和 Takeuchi

（1995）提出 SECI（socialization，externalization，combination，internalization，社会化、外在化、组合化和内隐化）知识螺旋模式，揭示了知识创造的基本流程。Gilbert 和 Cordey-Hayes（1996）通过研究提出了知识转移的五阶段模型，得出知识引进和知识转移行为的需求因素。Albino 等（1998）通过对组织间知识转移过程进行研究，提出了组织间知识转移过程由知识转移源、知识转移内容、知识转移途径和知识情境四个要素构成。在网络众包中，知识的转移主要发生在发包方和接包方之间。当发包方描述并发布任务时知识开始产生，接包方通过众包平台识别并接收任务时知识转移开始发生，最终发包方收到接包方提交的任务方案并将其运用到企业经营中，此时知识完成转移。因此，综合前人的研究成果及对众包运行过程的分析，本书将众包模式中发包方和接包方之间的知识转移主要分为四个阶段，即知识产生阶段、知识交互阶段、知识整合阶段和知识反馈阶段。其转移过程如图 6-5 所示。

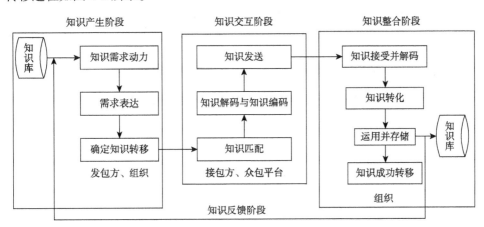

图 6-5　网络众包中知识的转移过程模型

2. 模型的分析

知识的转移需要将隐性知识显性化，使模糊、复杂的知识逐渐被双方理解。在网络众包中，接包方和发包方大部分没有交流，接包方只能靠相关知识来领会发包方的主旨要领，从而使得知识的转移效率不高。本小节对知识转移四个阶段的特点和影响因素进行深入分析。

（1）知识产生阶段。知识产生于个人或者企业的内部需求，是向外界搜寻创意的第一个阶段。在这个过程中，发包方对任务的描述、赏金设置等因素都将对接包方的接包决策产生直接影响，进而对知识转移的起始阶段产生影响。因此，任务的阐述是否清晰、任务的难易程度是否在接包方的能力范围内、任务的时长是否符合经济价值等均会影响接包方参与任务的热情和积极性。

（2）知识交互阶段。在知识交互阶段，接包方起决定作用。接包方开始将其知识与经验编码为与任务相关的文字、图片、声音等，并将成果提交到众包平台，以供发包方进行评估和选择。从发包方的发包初衷和接包方的参与动机来看，双方不仅存在利益关系，而且发包方和接包方在知识需求和知识供给上是密切相关的。因此，知识转移具有一定的关联性。此外，由于众包的一切交互大多数是在网络上进行且是单向传递的，具有快捷方便和不可控双重特点，一方面众包知识在时间和空间上具有互补性，但是从另一方面来看，这也给提高知识交互的质量造成了很大的障碍。

（3）知识整合阶段。知识整合是实现知识转化的关键环节，网络众包知识具有动态性和独立性，因此必须要求所选方案与企业内部具有深度可融合性和可用性。发包方将精心挑选的方案进行解码，采取相应的措施将接包方的知识产品与企业知识库存储的知识加以整合、实践，并重新更新企业现有知识库，使之成为企业内部的知识。同时，在知识整合的环节中，企业必须充分发挥组织内部的创新力及组织和个人的协作能力，不断促进知识转移，加快实现知识的充分运用。

（4）知识反馈阶段。知识反馈在维持众包平台的正常运行、企业落实众包方案等环节中起着重要的作用。此外，众包平台开通的互评功能作为反馈的重要环节，能够实现知识二次交互，对知识转移起着重要的作用。

6.2.3　众包中知识转移影响因素分析

1. 影响因素分析模型

在知识转移影响因素的研究方面，Dixon（2000）研究发现，任务与情境的相似性、任务的性质和被转移知识的类型三个因素影响知识转移流程的有效性。Weber B 和 Weber C（2007）提出知识共享契约、合作双方的转移意愿、情感沟通、信任程度、知识转移的目标明确性与知识转移效果呈正相关关系，而合作双方社会网络的覆盖程度与知识转移效果呈负相关关系。因此，知识转移的核心成分主要有知识源、知识媒介和知识，影响因素主要有知识的模糊性、双方知识的储备等。通过研究可知，在用户参与众包的过程中，知识转移的收益与成本、任务属性、信任与沟通、接包方的动机等因子同样对用户参与的积极性与解决问题的满意度产生重大的影响。本书以众包中知识转移过程模型为基础，综合知识转移过程中的影响因素，通过网上问卷调查和访问专家的方式，建立如图 6-6 所示的网络众包模式下知识转移的影响因素分析模型。

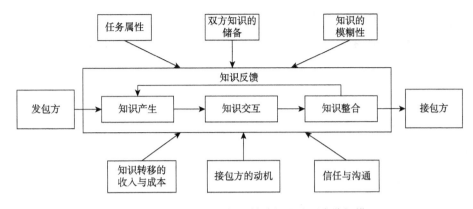

图 6-6　网络众包模式下知识转移的影响因素分析模型

2. 量表设计

为确保量表具有科学性和有效性，本书研究设计的调查问卷中的每一个变量的测量指标都是综合前人对知识转移和网络众包的研究，并采用演绎法和归纳法取得的。此外，所有的问题选项均采用 Likert 五点量表，分值从 1~5，1 表示非常不同意，5 表示非常同意。相关量表如表 6-3 所示。

表6-3　网络众包模式下知识转移因素量表来源

研究变量	指标	变量解释	变量来源
任务属性	FR1	任务的难易程度	Yang 等（2009）
	FR2	任务的可分析性	Kankanhalli 等（2005）
	FR3	任务的变化性与自主性	
双方知识的储备	IP1	是否具有传授能力	Reagans 和 McEvily（2003）
	IP2	是否具有吸收能力	Mu 等（2010）
	IP3	双方对知识的编码和解码能力	
知识的模糊性	SQ1	知识本身的复杂程度	Simonin（1999）
	SQ2	知识本身的专用程度	Wijk 等（2008）
	SQ3	知识本身的隐含性	Liao 和 Hu（2007）
知识转移的收入与成本	IQ1	知识转移后产生收益的多少	Wen（2007）
	IQ2	是否会影响其他活动	
	IQ3	知识的转移需要耗费多少资源	
接包方的动机	IT1	参与任务是为了获得自我满足	Constant 等（1994）
	IT2	参与任务是为了获得报酬	Brabham（2010）
	IT3	参与任务是为了提升自我	
信任与沟通	IA1	能否顺畅的沟通	Nonaka（1994）
	IA2	发包方和接包方能否相互信任	Koufair 和 Hampton-Sosa（2004）
	IA3	众包平台是否具有保障	Terwiesch 和 Xu（2008）

3. 数据收集

问卷共设有 28 道题，主要分为基本情况调研和测量变量两个部分。众包在中国还处于起步阶段，很多人还不熟悉，因此对填写用户做了筛选，要求对众包有所了解或者从事众包工作的相关人员参与调查。受访者有两种方式完成问卷，一是登录事先设计好的调查问卷网站，二是在众包网站论坛上打开调查问卷的链接完成问卷。为了加快数据收集，调查还采用激励措施，每一位受访者完成问卷后均获得抽奖机会。问卷共发放 243 份，回收 207 份，回收率为 85.2%，有效问卷 198 份，有效率为 95.7%，收集的问卷在误差可接受范围内，满足研究的要求。

4. 效度分析

对收集到的样本进行分析，其结构特征主要为：①男性占总数的 85.6%；②年龄大多数分布在 21~36 岁，占总数的 96.6%；③正在研究众包或者接受过众包知识的培训受访者，占 71.3%；④对众包运营非常了解的受访者，占 92.7%；⑤受访者学历大部分为本科及以上，其中很多是博士、教授或者某个领域的专家。通过 SPSS 21.0 对获得的样本数据进行效度分析，分析结果如表 6-4 所示。

表6-4　经过最大方差法旋转后的因子负载矩阵

变量	成分					
	SQ	FR	IT	IA	IQ	IP
IA1	0.094	− 0.087	− 0.054	0.869	− 0.027	0.035
IA2	− 0.006	− 0.146	− 0.040	0.883	− 0.110	− 0.066
IA3	− 0.007	− 0.084	0.006	0.875	− 0.019	0.084
IT1	0.163	0.076	0.865	− 0.018	0.165	0.151
IT2	0.048	0.059	0.888	− 0.007	− 0.03	0.083
IT3	0.121	0.002	0.917	− 0.074	0.145	0.101
IP1	0.095	0.069	0.149	− 0.027	0.287	0.806
IP2	0.031	0.076	0.130	0.030	0.045	0.865
IP3	0.178	0.110	0.055	0.048	0.083	0.847
FR1	0.112	0.839	0.028	− 0.096	0.207	0.071
FR2	0.137	0.893	0.059	− 0.108	0.181	0.104
FR3	0.082	0.887	0.051	− 0.142	0.150	0.088
IQ1	0.046	0.318	0.079	− 0.041	0.822	0.117
IQ2	0.135	0.25	0.112	0.001	0.826	0.098
IQ3	0.136	0.041	0.080	− 0.124	0.802	0.170
SQ1	0.866	0.141	0.173	0.015	0.108	0.138

续表

变量	成分					
	SQ	FR	IT	IA	IQ	IP
SQ2	0.912	0.087	0.062	0.048	0.095	0.074
SQ3	0.912	0.097	0.096	0.025	0.106	0.091

5. 信度和因子贡献率分析

本书采用组合信度来评价量表的信度, 即 Cronbach's α 值。根据 Cuieford（1965）的研究, 信度要大于 0.7 才为高信度。为了提取主要的影响因子, 本书用 SPSS 21.0 进行因子分析, 同时采用主成分分析法进行公因子的提取。主成分因子分析主要利用降维的思想, 将因子进行综合, 最终得出因子的方差贡献率。其结果如表 6-5 所示。

表6-5　Cronbach's α 值和因子解释方差

要素	IQ	SQ	IT	IP	IA	FR
解释方差的百分比	11.426%	12.931%	12.546%	11.380%	11.982%	12.813%
Cronbach's α 值	0.835	0.912	0.898	0.836	0.867	0.899

由表 6-5 知, 经 SPSS 计算后, 其 Cronbach's α 值均大于 0.7, 具有较高的可信度。因此, 问卷的结果具有可信性。由解释方差的百分比可知, 在网络众包中知识转移的影响因素中, 知识的模糊性是主要因素, 任务属性次之, 而接包方的动机位居第三。其他依次为信任与沟通、知识转移的收入与成本、双方知识的储备。综合前人的研究可知, 知识的模糊性越弱、任务属性越清晰、参与意愿越强烈、双方对知识的吸收与转移能力越强、接包方的动机越明确、知识转移的收入与成本越符合各自要求、双方知识的储备越丰富, 越会对知识的转移产生正向影响。由此, 无论是发包方还是接包方, 应该根据自身实际情况, 使知识显性化, 以便实现知识的成功转移。

6. 结论

本书突破了大多数学者只以众包的外在体现（如用户的参与、众包的价值与运用等）进行研究的范畴, 转而从众包模式运行过程中内在转移单元入手, 以其知识转移为研究对象, 综合考察了众包中知识的详细转移流程, 并以此为切入点建立影响因素分析模型, 且设计的分析模型能够比较全面、科学地为分析众包中知识转移影响因素提供支持。本书还通过收集的数据分析了模型中各影响因素的权重, 研究结果表明, 在众包知识转移过程中, 为了使最终方案更加有效地解决发包方的实际需求，需要充分考虑以下三个方面的问题。首先，众包参与者必须充分认识知识具有模糊性的固有属性，知识能清晰而准确地表达发包方的自身需求和接包方提供方案的解决思路。其次，发包方需要采取相应的激励措施，激发接包方的参与意愿，提高问题解决的精准性和知识的实用性。最后，无论发包方还是接包方都应考虑除知识特性外的其他客观或者主观因素，选择是否参与众包，从而做到在知识能够顺利转移的同时满足自身需求。

6.3　社会资本对众包模式下知识转移影响研究

为了企业能够顺利地运用众包，充分利用群体智慧共同创造知识价值的优势，本书在阅读和参考大量研究文献的基础上，以众包模式下知识转移为研究切入点，以社会资本理论为支撑，对社会资本理论下的众包知识转移影响进行深入的研究。在研究知识转移影响因素时，本书结合众包的实际情况，将社会资本的结构维度、关系维度和认知维度的影响因子重新进行梳理，总结出与众包密切相关的社会资本维度。为了更好地研究知识转移的有效性，本书将用户行为动机理论中的知识转移意愿作为中介变量，建立众包中社会资本对知识转移影响的研究模型，并且对模型中各变量的相互关系提出假设。

6.3.1　众包中社会资本对知识转移影响模型

1. 社会资本与知识转移

从社会资本角度来看，社会资本是由于相互之间的网络关系而产生的现有资源和潜在资源的总和。因此，社会资本形成的首要原因是成员间具有一定的关系，这种关系能够让成员间产生内在联系。在结构维度上，众包用户依托自身在众包平台上形成的交互节点，与其他用户产生更加密切的沟通与交流。在关系维度上，人与人之间需要在一定的基础上才会发生交易行为，这时，用户在长期过程中形成的潜在的社会资本起到了重要的作用。在众包平台的规范下，参与者曾多次参与任务发布或者参与任务作答的行为被记录下来，参与者的信用等级和会员等级均在发生变化。长此以往，社会资本慢慢积累，用户会愿意与信任度高、交易公平、在社区内具有一定地位的用户进行合作，从而使得知识的创新效果更加显著。在认知维度上，自身和共同的认识均会影响知识的输出。

从知识转移有效性角度来看，知识转移有效性主要与行为动机有关，主要涉及用户参与行为的影响因素和参与意愿等方面，而社会资本所涵盖的因素正好与众包中用户参与动机和参与行为影响因素密切相关。根据前人对众包的研究，用户间的沟通、信任、任务特性和报酬等因素均对用户参与众包的决策产生重要的影响。此外，已有的从社会网络视角出发的研究表明，关系的强弱直接影响用户知识转移意愿，进而影响知识转移的有效性。

从众包角度来看，众包社区是用户自发组成的开放式网络平台，平台上的用户之间、用户与平台之间形成了相互作用的关系网络，每个网络中产生众多的交互节点，每个节点产生有效行为需要具备以下三个条件：一是用户在接包或者发包过程中需要遵循平台的规范和准则；二是相互之间必须产生内在联系；三是用户自身必须具有驱动力。在以上三个条件下，用户慢慢积累了社会资本，从而形成强关系，进而促进了自身知识的转移。

综上所述，众包模式下的社会资本对其知识转移具有重要的内在联系，为建立研究模型提供了重要依据。

2. 模型构建

本书以 Nahapiet 和 Ghoshal（1998）划分的社会资本三个维度为模型基础，加入知识转移意愿作为模型的中介变量，具体模型如图 6-7 所示。

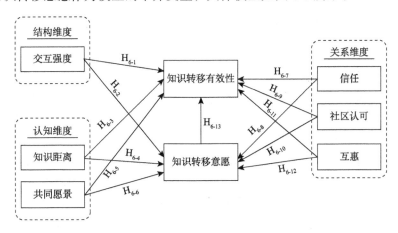

图 6-7　众包模式下社会资本对知识转移影响模型

构建模型的维度具体描述如下。

（1）结构维度主要强调的是社会网络关系节点之间的联结性和整体状态，它反映的是非人格化方面，重点在于网络规模和网络结构。研究变量可以是关系强度、网络密度、联通性等。在网络众包中，结构维度是用户获得接包任务和接收到合格方案的基础，表示社区中接包方和发包方之间的交互关系，交互越强相互间的影响越大，从而形成更多的潜在资本。因此，本书选取交互强度作为社会资本结构维度对知识转移绩效的影响因素。

（2）关系维度主要强调交互形成的社会网络关系，在交互过程中用户可以运用信任、互惠等关系获得所需要的社会资源。在众包虚拟社区中接包方需要获得回报、认可等，发包方则需要获得满意的方案，故成员之间需要有密切的网络关系以满足自身需求。本书根据众包中用户行为和用户动机因素，将信任、社区认可和互惠作为研究指标。

（3）认知维度要求用户对某种事物形成共同的目标、共同的愿景和共同的价值观等。本书结合虚拟社区特点与前人对众包的研究，选择知识距离和共同愿景作为认知维度的衡量指标。在网络众包中，知识距离是指双方由于知识的特性或者双方知识的存储而共同拥有的某种障碍，共同愿景指的是双方对共同任务和目标的理解。

（4）知识转移意愿为模型的中介变量，是从用户自身出发构建的指标。在众包参与中的知识转移意愿是指用户是否愿意参与众包并实现自身知识的转移行为，主要与行为动机有关，在虚拟社区研究领域中也有许多相关研究。

（5）知识转移有效性是指在一定数量的知识与转移成本既定的前提下，一定数量的知识在一定时间段内沿着知识转移路径由知识发送方转移到知识接收方，且被知识接收方吸收、运用或再创新的效果。在众包知识转移过程中，知识转移有效性主要通过众包实施的效果进行评定。

3. 研究假设

1）结构维度与知识转移意愿、知识转移有效性关系

社会资本结构维度在虚拟社区中主要探讨的是成员间由网络结构形成的网络关系，以及这种网络关系对社区成员是否具有优势。在众包平台的网络结构中，接包方和发包方在网站产生交流与沟通，同时众包平台也具有一定协调作用，实时帮助用户解决一些技术问题。Wasko 和 Faraj（2005）以电子商务为研究背景，对用户知识贡献影响因素进行了实证研究，指出用户相互交互强度与知识贡献数量呈显著正相关关系，同时还会影响其他用户的参与意愿。徐海玲（2010）以员工知识转移倾向为研究切入点，以社会资本为理论依托，通过研究表明，组织内众多的员工会因为频繁的沟通产生交互节点，而处在节点上的员工掌握的知识的异质性越强，员工为了打破知识壁垒，越愿意通过各个节点进行沟通解决知识转移障碍。在网络众包中，由于参与任务作答与发布的网民很多，每一个交互节点上的用户可以自由地发布和作答任务，相互之间可以留言沟通。而且，一个任务可能会有十几个甚至上千个接包方，交互节点非常密集，个体与集体之间紧密程度增加，处在节点上的用户会产生社群效应，作答任务和提交方案增强，用户节

点的相互关联性也增强，进而调动其他成员的参与意愿，相互交换的知识也越多。因此，本书做如下假设：

H_{6-1}：交互强度正向影响众包平台中知识转移有效性。

H_{6-2}：交互强度正向影响用户在众包中知识转移意愿。

2）认知维度与知识转移意愿、知识转移有效性关系

Adler 和 Kwon（2002）研究社会资本的认知维度时指出，在认知维度上，处在网络关系中的用户并不会首先考虑自身利益。因此，认知资本在双方之间起到的利益权衡作用，能够有效地减少双方发生的冲突和矛盾，从而促进相互之间快捷、多次的交流，使双方形成良好的关系。但是，众包平台是一个知识型平台，内容具有缄默性、隐含性和模糊性等特点，增加了接包方和发包方的交流难度，进而使得双方产生知识距离。李贺（2007）在研究企业动态响应能力时发现，企业知识吸收能力和转化能力越强，参与创新变革的意愿也越强，最终获得的效果也越好。因此，本书做如下假设：

H_{6-3}：知识距离负向影响众包中知识转移有效性。

H_{6-4}：知识距离负向影响用户在众包中知识转移意愿。

处在社会网络关系中的双方，需要对任务目标、任务规范有一致的理解，即双方需要有共同的愿景。Li（2005）对联盟伙伴影响因素进行研究，发现资源交换的必要条件是共同愿景，并认为共同愿景对现有资源的评估和资源潜在价值的挖掘有积极的作用。众包要求接包方和发包方能够以众包任务为目标，拥有共同的愿景，一起完成众包的整个过程，进而促进众包的成功。本书做如下假设：

H_{6-5}：共同愿景正向影响众包中知识转移有效性。

H_{6-6}：共同愿景正向影响用户在众包中知识转移意愿。

3）关系维度与转移意愿、知识转移有效性关系

Goo 等（2009）将质量关系分成信任、沟通、关系强度和冲突处理四个方面，并验证了各个因子之间的影响。Li 等（2010）研究表明，当知识转移双方相互不信任时会产生迟疑，进而会降低知识转移意愿，他们通过实证得出，信任与知识转移呈正相关关系。曹兴和宋娟（2011）认为组织成员在良好的信任环境下，成员间会更加乐意分享自身的知识。因此，本书做如下假设：

H_{6-7}：信任正向影响众包中知识转移有效性。

H_{6-8}：信任正向影响用户在众包中知识转移意愿。

社区成员之间认可是建立在交互的基础上的，因此众包中互评等行为均会对知识转移产生一定的影响。互惠建立在双方基础上，接包方为了获得报酬、自我提升、学习知识等，发包方为了解决企业内部无法解答的难题，双方在平等互惠的条件下，众包行为也因此产生。在用户参与行为中，社区认可和互惠可能是同时存在的。Sun 等（2011）对任务中国的研究表明，收益和成本会对参与者起到

一定的影响作用，如果参与者的收益小于其付出的成本，参与者将会放弃参与众包。对社区认可和互惠本书做如下假设：

H$_{6-9}$：社区认可正向影响众包中知识转移有效性。

H$_{6-10}$：社区认可正向影响用户在众包中知识转移意愿。

H$_{6-11}$：互惠正向影响众包中知识转移有效性。

H$_{6-12}$：互惠正向影响用户在众包中知识转移意愿。

4）转移意愿与众包中知识转移有效性关系

知识转移意愿是指一方愿意将知识转移给另一方的态度。在网络众包中，接包方愿意利用自身学习到的知识对任务进行作答，进而传递给发包方。Zhang 和 Ng（2013）通过对组织内知识转移研究发现，成员的知识共享动机与丰厚的报酬和获得良好的交往没有非常密切的联系，而与其行为态度和感知有着显著的关系，并且认为态度和自我感知能强烈影响自身效能和反馈认知。Ridings 和 Gefen（2004）对网络用户参与行为进行研究发现，参与意愿对用户参与活动有显著影响。对于网络众包模式下的知识转移，知识转移双方必须在主观态度和认知上保持积极的态度，才能促进知识的有效转移。因此，本书做如下假设：

H$_{6-13}$：知识转移意愿正向影响众包中知识转移有效性。

6.3.2　数据收集与分析

1. 问卷设计

通过问卷调研进行数据收集是实证研究常用的方法。问卷调研是统计数据的一种工具，可以通过提问的方式或通过给定备选答案供用户选择的方式进行。一般情况下，问卷的设计会涉及上述两种方式。通过问卷调研，一方面可以获取精准的数据，另一方面可以挖掘有价值的研究论点。本书在对知识转移绩效的研究上，对问卷的内容做了深入的分析与充分的准备。设计的问卷属于封闭式问卷，目标用户只需要勾选相关答案。

为保证量表具有科学性和有效性，本书做了三个重要的工作：第一，考虑到调研对象需要参与过众包才行，问卷直接在猪八戒网通过悬赏的方式发布；第二，问卷最初以纸质版的形式交给多位专家进行审验，出现了一些设计不规范和文字表意不明的现象，最终将修改完善的问卷发放出去；第三，问卷中除了基本的人口统计学信息外，其他研究性的问题均采用七级量表编制，即 1→7，表示非常不同意→非常同意。

根据问卷设计要求和众包中知识转移影响因素的假设，本书将问卷设置为两个部分。第一部分为人口统计学相关问题，主要通过这些问题来了解不同性别、年龄、学历、职业等众包参与者的基本特征；第二部分为研究性问题，通过这些问题得到的数据主要用来测度最终的影响因素。问卷在开头说明了这次研究的目的，确定了调研人群，以便保证收集到具有针对性的数据。测度量表及其来源如表 6-6 所示。

表6-6　测度量表及其来源

研究维度	研究变量	指标	变量解释	变量来源
结构维度	交互强度	FR1	在众包中互动对我来说很重要	Wasko 和 Faraj（2005）
		FR2	我乐意和其他参与者沟通	Rogers 和 Kincaid（1982）
		FR3	众包网站中用户沟通是非常频繁的	徐海玲（2010）
关系维度	信任	SQ1	参与众包是完全没有担心的	Simonin（1999）
		SQ2	参与众包的用户之间是相互信任的	Wijk 等（2008）
		SQ3	我很容易获得其他用户的信任	Liao 和 Hu（2007）
	社区认可	CA1	我在众包网站上能获得尊重	Wen（2007）
		CA2	在众包网站上经常有人向我询问问题	
		CA3	我在众包网站上地位很稳定	
	互惠	KD1	能够从众包网站得到心理满足	Constant 等（1994）
		KD2	众包用户是互利互惠的	Brabham（2010）
		KD3	众包网站能满足用户之间的需要	
认知维度	知识距离	IP1	我参与众包时会觉得任务难以理解	Adler 和 Kwon（2002）
		IP2	清晰地描述任务是一件很难的事	李贺（2007）
	共同愿景	TN1	我愿意推荐该众包网站给朋友	Li（2005）
		TN2	我愿意长期留在众包社区	Hung 等（2012）
转移意愿	知识转移意愿	HY1	我愿意将自己的专业技能告诉别人	Zhang 和 Ng（2013）
		HY2	能够分享知识是一件很荣幸的事	Ridings 和 Gefen（2004）
		HY3	我会尽自己的努力提供意见	Szulanski（2000）
知识转移有效性	知识转移有效性	LB1	通过知识转移，我的知识数量增多了	Nonaka（1994）
		LB2	通过知识转移，我的经验和能力提升了	Szulanski（2000）
		LB3	通过知识转移，我获得了更多的创意	Cummings 和 Teng（2003）

问卷共设置了 34 道题，其中 12 道题属于人口统计学部分的问题，其他 22 道题属于与测量变量相关的问题。由于难以对众包用户集中发放纸质版的问卷，因此问卷通过在猪八戒网以发布投标任务的形式进行发布，保证了用户的精准性和数据的可用性。同时，为了加快数据收集速度，我们还将问卷投放到各大论坛，如百度论坛、小米社区、优酷社区等虚拟社区，进一步扩大了样本量和样本类型。此外，问卷还采用了红包激励机制，每一个填写问卷的用户不仅可以获得猪八戒网分配的金额，还可以在提交问卷后获得红包。最终，我们共收集了 251 份反馈问卷，剔除无效问卷 15 份，有效问卷为 236 份，有效率为 94.02%，样本容量满足研究要求。

本节通过 SPSS 21.0 对收集的数据进行描述性频率分析，得到的基本人口统计学特征如下：①男性占多数，为总数的 82.6%；②受访者主要属于年轻群体，年龄大部分集中在 18~25 岁，占总数的 61.2%；③大部分参与众包的用户为自由职业者，占总数的 53.8%，还有部分受访者属于专门的众包机构成员，占总数的 15.3%；④大部分受访者学历均在本科及以上，占总数的 70.1%。此外，除了基本的人口统计变量外，问卷第二部分针对具体的测量变量设计相关问题，通过 SPSS 描述性分析可以得出其分布情况，具体情况如表 6-7 所示。

表6-7 测量变量描述性统计

测量变量	具体问题	均值	标准差
FR1	在众包中互动对我来说很重要	5.17	1.241
FR2	我乐意和其他参与者沟通	4.28	1.273
FR3	众包网站中用户沟通是非常频繁的	4.99	1.391
SQ1	参与众包是完全没有担心的	5.71	1.112
SQ2	参与众包的用户之间是相互信任的	5.37	1.038
SQ3	我很容易获得其他用户的信任	5.51	1.105
CA1	我在众包网站上能获得尊重	5.41	1.263
CA2	在众包网站上经常有人向我询问问题	5.48	1.222
CA3	我在众包网站上地位很稳定	5.32	1.333
KD1	能够从众包网站得到心理满足	5.39	1.224
KD2	众包用户是互利互惠的	5.10	1.257
KD3	众包网站能满足用户之间的需要	4.88	1.106
IP1	我参与众包时会觉得任务难以理解	4.33	1.286
IP2	清晰地描述任务是一件很难的事	4.41	1.279
TN1	我愿意推荐该众包网站给朋友	4.05	1.201
TN2	我愿意长期留在众包社区	4.26	1.199
HY1	我愿意将自己的专业技能告诉别人	5.08	1.421
HY2	能够进行分享知识是一件很荣幸的事	4.53	1.363
HY3	我会尽自己的努力提供意见	4.74	1.426
LB1	通过知识转移，我的知识数量增多了	4.52	1.241
LB2	通过知识转移，我的经验和能力提升了	4.81	1.115
LB3	通过知识转移，我获得了更多的创意	4.80	1.124

2. 信度检验

通过问卷调研进行实证研究，需要对收集的问卷进行信度分析，这样才能确保收集的数据能为研究所用。在对问卷的信度进行衡量时，一般将 Cronbach's α 值作为衡量标准，如果 $\alpha>0.7$，则认为收集的数据是可信的。通过 SPSS 21.0 进行可靠性分析，问卷的总体效度为 0.785，且各项变量的指标均在 0.7 以上，最高的达到 0.929，因此问卷具有很高的可信度，适合用于学术研究。具体如表 6-8 所示。

表6-8　各变量Cronbach's α值

变量	FR	IP	CA	KD	HY	MX	TN	LB	总体
Cronbach's α 值	0.864	0.929	0.832	0.908	0.829	0.870	0.715	0.914	0.785

3. 效度检验

本书在量表设计时采用了统一的规范，因此可以对其进行结构效度分析。为了提取主要影响因子，主要通过降维的思想，将因子进行综合处理，最终得到经过最大方差旋转后的因子负载矩阵和因子的方差贡献率。同时，为了验证选取的因子是否能够做因子分析，采用 KMO 值进行衡量，KMO>0.7 说明适合做因子分析。此外，还需观察 Bartlett 球形检验数值，进而决定是否进行因子分析。通过 SPSS 21.0 对数据进行主成分抽取，得出 KMO=0.755>0，$p=0.000$，结果说明测量变量是具有高效度的，可以对数据进行因子分析。最终通过 SPSS 21.0 抽取了 8 个因子，并得到旋转后的因子负载矩阵，抽取的 8 个因子分别为 FR、SQ、CA、KD、IP、TN、HY 和 LB。表 6-9、表 6-10 和表 6-11 分别对应各变量的 KMO 和 Bartlett 球形检验、因子解释方差和累积方差检验、经过最大方差法旋转后的因子负载矩阵。

表6-9　各变量的KMO和Bartlett球形检验

变量	KMO	近似卡方	Df	Sig
FR	0.722	444.244	3	0.000
SQ	0.724	266.725	3	0.000
CA	0.732	490.186	3	0.000
KD	0.743	202.372	3	0.000
IP	0.721	326.643	1	0.000
TN	0.726	280.025	1	0.000
HY	0.755	491.379	3	0.000
LB	0.742	546.571	3	0.000
总体	0.755	3 404.171	231	0.000

表6-10　因子解释方差和累积方差检验

变量	FR	SQ	CA	KD	IP	TN	HY	LB
解释方差	11.902%	11.862%	11.754%	11.320%	10.348%	10.121%	8.567%	8.123%
累积方差	11.902%	23.764%	35.518%	46.838%	57.186%	67.307%	75.874%	83.997%

表6-11　经过最大方差法旋转后的因子负载矩阵

变量	成分							
	FR	SQ	CA	KD	IP	TN	HY	LB
FR1	0.001	0.090	0.164	0.856	0.165	0.173	0.030	0.044
FR2	−0.059	0.098	0.053	0.886	0.056	−0.019	0.084	0.024
FR3	0.038	0.022	0.118	0.917	0.101	0.130	0.011	0.058
SQ1	0.037	0.062	0.123	0.104	0.809	0.239	0.010	0.049
SQ2	0.002	0.055	0.032	0.132	0.851	0.098	−0.089	−0.007
SQ3	0.051	0.086	0.189	0.067	0.846	0.081	−0.019	0.018
CA1	−0.046	0.836	0.140	0.053	0.050	0.196	0.010	0.180
CA2	0.048	0.902	0.152	0.080	0.074	0.170	−0.055	0.092
CA3	0.026	0.898	0.094	0.082	0.087	0.154	0	0.064
KD1	0.039	0.332	0.038	0.100	0.121	0.826	−0.027	−0.030
KD2	0.049	0.233	0.139	0.108	0.121	0.824	0.005	0.053
KD3	0.017	0.029	0.112	0.076	0.203	0.778	0.058	0.195
IP1	−0.019	0.004	−0.036	0.061	−0.048	0.014	0.958	0.099
IP2	0.012	−0.043	−0.046	0.055	−0.045	0.019	0.957	0.085
TN1	−0.023	0.118	−0.061	0.072	0.047	0.077	0.087	0.918
TN2	0.045	0.168	−0.035	0.038	0.003	0.106	0.102	0.906
HY1	−0.001	0.133	0.876	0.143	0.151	0.101	−0.023	0.030
HY2	0.112	0.121	0.895	0.092	0.113	0.088	−0.070	−0.053
HY3	0.142	0.124	0.896	0.103	0.094	0.094	−0.003	−0.081
LB1	0.906	−0.014	0.012	0.017	0.038	0.001	0.043	0.028
LB2	0.934	0.025	0.133	−0.034	0.055	0.022	−0.059	−0.021
LB3	0.933	0.019	0.089	−0.007	−0.007	0.069	0.005	0.012

6.3.3　模型修正与结果

1. 模型拟合度指标

6.3.2 小节问卷的效度和信度分析，表明问卷的信度和效度达到学术研究的标准，适合对各变量进行结构模型检验。结构模型主要用于检验模型是否达到一定的拟合度，拟合度越高，说明模型的可用性越高。结构方程模型的拟合指标主要有 CMIN、DF、CMIN/DF、GFI、AGFI、NFI、RFI、IFI、TLI、CFI 和 RMSEA，每个值有其特定的参考值。

通过 AMOS 19.0 软件对众包模式下社会资本对知识转移影响模型进行检验，结果表明，除了 GFI=0.918>0.9 和 RFI=0.913 >0.9 两个拟合值与参考值相差不大，其他拟合值均在参考值范围内，拟合效果非常显著。各拟合指标具体拟合值如表 6-12 所示。

表6-12　全模型的拟合指数

模型拟合指数	模型测量值	参考值
CMIN	241.092	—
DF	181.000	—
CMIN/DF	1.332	<3.00
GFI	0.918	>0.90
AGFI	0.886	>0.80
NFI	0.932	>0.90
RFI	0.913	>0.90
IFI	0.982	>0.90
TLI	0.977	>0.90
CFI	0.982	>0.90
RMSEA	0.038	<0.08

2. 模型检验结果

结构方程模型各指标达标，模型拟合效果良好，其余各项衡量指标可以对之前提出的假设进行判断，进而提出本书的研究结论。由指标 C.R.>1.96 的判断原则，且 p=0.005 显著水平，可得出 p<0.005 时，假设显著。模型统计检验值与假设检验概况如表 6-13 所示，各变量在模型中的路径系数如图 6-8 所示。

表6-13　模型统计检验值与假设检验概况

维度	假设	模型路径	C.R.	p 值	是否通过假设
结构维度	H_{6-1}	交互强度→知识转移有效性	2.903	0.004	通过
	H_{6-2}	交互强度→知识转移意愿	2.582	0.010	通过
认知维度	H_{6-3}	知识距离→知识转移有效性	2.996	0.018	通过
	H_{6-4}	知识距离→知识转移意愿	−0.520	0.603	不通过
	H_{6-5}	共同愿景→知识转移有效性	0.482	0.127	不通过
	H_{6-6}	共同愿景→知识转移意愿	−2.484	0.013	不通过

维度	假设	模型路径	C.R.	p 值	是否通过假设
关系维度	H6-7	信任→知识转移有效性	0.278	0.021	通过
	H6-8	信任→知识转移意愿	2.625	0.009	通过
	H6-9	社区认可→知识转移有效性	−0.401	0.698	不通过
	H6-10	社区认可→知识转移意愿	3.184	0.001	通过
	H6-11	互惠→知识转移有效性	2.635	0.006	通过
	H6-12	互惠→知识转移意愿	0.762	0.029	通过
中介变量	H6-13	知识转移意愿→知识转移有效性	2.893	0.004	通过

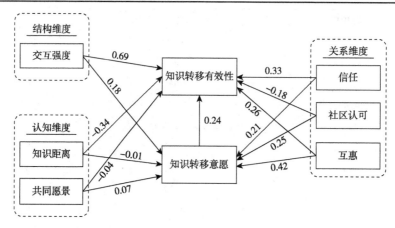

图 6-8　各变量在模型中的路径系数

3. 结果讨论与模型修正

基于以上分析，可以通过结构模型的 p 值和模型检验的路径系数，对本书提出的假设是否成立做具体分析与解释。

（1）在结构维度上，在 H6-1 中 $p=0.004$，在 H6-2 中 $p=0.010$，结果表明 H6-1 和 H6-2 均通过了假设。由此可知，社会资本结构维度对用户的知识转移意愿和众包平台上知识转移有效性产生重要的正向影响。根据社会资本理论，结构维度是网络成员形成社会资本的基础和必要条件。在众包网络中，用户通过网站加强了相互之间的联系程度和紧密性，从而形成了密集网络交互节点，用户之间交流变得畅通，合作意愿也会不断强化，知识转移行为也就随着合作发生。

（2）在认知维度上，本书选取了知识距离和共同愿景作为研究变量。通过结构模型分析，H6-3 通过了检验，其中 $p=0.018$，路径系数为−0.34，具有显著影响关系，H6-4、H6-5 和 H6-6 未通过检验。结果表明知识距离负向影响知识转移意愿和知识转移有效性，该假设成立。因为众包平台是以创新为主的知识型平台，而知识具有隐性、模糊性等特征，发包方对任务的阐述、接包方对问题的理解和作答都会对知识转移的最终效果产生重要的影响。同时，众包面对的是网络大众，众包参与者来自不同领域，用户可以选择自身所处的领域进行作答，知识距离不会削弱用户在平台上的知识转移意愿，因此不具有显著负向影响。而 H_{6-5} 和 H_{6-6} 没有通过假设，表明共同愿景对众包用户的知识转移意愿和知识转移有效性不具有显著影响，主要原因是双方虽然以完成任务为最终导向，但是人具有社会性，会以自身利益为前提。

（3）在关系维度上，除了社区认可对知识转移有效性的假设变量 H_{6-9} 没有通过假设外，H_{6-7}、H_{6-8}、H_{6-10}、H_{6-11}、H_{6-12} 均通过了假设。说明信任、互惠对用户知识转移意愿和知识转移有效性具有显著的正向关系，社区认可对知识转移意愿具有显著的正向作用。关系维度上的信任、社区认可和互惠都是由社会网络关系中成员之间的相互作用形成的，在众包研究领域中众多学者也指出信任、社区认可和互惠是用户参与的主要动机，这些因素可使参与者产生强烈的参与意愿，促进用户参与度，使得用户之间形成强关系，任务作答带来的知识转移也就取得了明显的效果。H_{6-9} 没有通过假设，说明社区认可只是用户的行为意愿的激发因素，对于知识转移有效性还需更多深层次的因素。

（4）知识转移意愿作为中介变量，其中路径系数为 0.24，p 为 0.004，数据表明知识转移意愿对知识转移有效性具有显著的正向影响。该结论说明，社会资本的结构维度、关系维度和认知维度对处在网络中的个体或者团体具有一定的激励作用，成为处在联结点上的用户做出某种决策的动机。因此，知识转移意愿对众包中知识转移有效性产生了显著的正向影响。

综上所述，基于结构模型检验本书的研究可以得出以下四条结论，并对之前的模型进行完善，得到了修正后的研究模型，如图 6-9 所示。

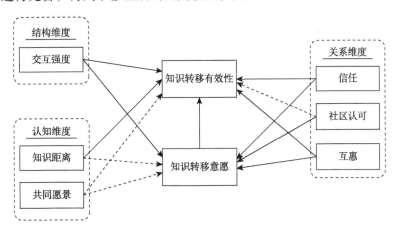

图 6-9　修正后的研究模型

实线箭头表示假设通过；虚线箭头表示假设不通过

结论1：在结构维度上，交互强度与用户知识转移意愿、知识转移有效性均有显著的正相关关系。

结论2：在认知维度上，知识距离对知识转移有效性有显著的负向影响，且对知识转移意愿没有显著影响。同时，共同愿景对知识转移意愿和知识转移有效性均没有显著影响。

结论3：在关系维度上，信任、互惠对知识转移意愿和知识转移有效性均有显著的正向影响，而社区认可只对知识转移意愿有显著影响。

结论4：作为中介变量的知识转移意愿对知识转移有效性有显著的正向影响。

6.3.4　管理启示

众包平台作为收集大众智慧的开放式平台，知识的有效转移是关系到企业能否实现创新的关键。本书根据上述实证研究得出的结论和修正后的模型，有针对性地提出了关于众包社区的发展策略和建议，具体如下所示。

1. 增加交互强度，形成用户之间的强交互关系

众包用户形成一个巨大的关系网络，用户之间能够获得想要的信息或者资源。从网站角度来说，众包网站经营者应该为用户之间的交互提供良好的环境基础，使得参与用户能够处于安全的环境中进行众包活动，并且能够顺畅地进行交流沟通。这样一来，发包方可以在众包平台上发布更多的任务，接包方可以任意选择自己想要作答的任务。长此以往，众包平台会慢慢形成一个强有力的关系网，用户更愿意将自己的知识共享。从参与众包的用户角度来说，参与用户在众包平台保证安全的基础下，频繁地交换知识和思想，并且能够引入很多其他新用户，一些用户会成为众包社区的意见领袖，交互节点越稳固，用户之间越有凝聚力，使得知识能有效转移。

2. 促进相互信任，建立完善机制，增进用户之间的关系

本书的研究表明，在社会资本关系维度上，信任、互惠对知识转移意愿和知识转移有效性均有显著的正向影响，而社区认可只对知识转移意愿有显著影响。因此，一方面，发包方应该严格遵守众包平台制定的相关规定，不能为了节省成本发生作弊行为，私自使用账号将接包方答案窃取为己所用。而对于接包方来说，也应该本着认真负责的态度进行作答，给出满意的创意。另一方面，众包平台应该对作弊行为进行监督和控制，同时还要制定严格的定价方案，让双方在公平的前提下参与众包活动。此外，众包平台也应该有会员等级、积分制度、信用等级、

隐私保证和实名认证等措施，让参与者在参与过程中得到愉悦感和成就感，接包方就会更加愿意将自己学到的知识奉献出来，发包方也能更加顺利地吸收知识并将其运用到实践中去。

3. 注重知识特性，降低知识距离，提高知识的有用性

根据本书的研究，在认知维度上，虽然共同愿景起着很重要的作用，但是众包是交易型平台，发包方和接包方各自的出发点不同，因此共同愿景并不是众包成功开展的关键。而知识距离对知识转移有效性有显著的负向影响，且对知识转移意愿没有显著影响，表明知识特性对最终的知识转移效果有重要的影响。因为知识具有缄默性，对于发包方和接包方来说都是很难达到高度默契的。因此，众包平台可以对有疑虑的任务进行把关，随时为参与者答疑解惑，使得知识在文化、特性等方面得到融合，降低知识之间的距离，提高知识的有用性。

6.4　本章小结

本章综合前人对知识转移的相关研究，从与众包密切相关的外包入手，探究外包知识转移的过程模型，进而运用实证的方式研究网络众包模式下的知识转移过程，并且从社会资本理论角度出发探究知识转移过程的影响因素。在研究过程中，本章对模型进行拟合，并修正建立的模型，得出科学合理的结论，有针对性地为众包社区的发展提出相关策略和建议。

第7章　众包模式下任务定价策略研究

7.1　不同交易模式下众包平台定价策略

　　通过分析我们可以发现众包平台具有显著的双边市场特征。由众包平台、接包方和发包方组成的众包模式是一个典型的双边市场，如果按照传统的边际成本加成的定价方式显然是不合适的。因此，众包平台的定价必须遵守双边市场的规律，突出双边市场的特征。众包平台主要由平台运营商也就是平台企业、接包方和发包方组成。其中，平台企业主要依靠从双边用户收费来获得利润，但是如前文所述，接包方和发包方之间、接包方和接包方之间、发包方和发包方之间都有网络外部性的存在，并且正负影响不一致。因此，众包平台以最大利润为出发点制定定价策略时，除了价格总量还必须考虑价格的结构。因此，确定一个合理的定价，采取符合双边市场特征的定价策略关系到一个众包平台能否长远发展。

　　本章根据前文对众包交易模式的分类，即悬赏招标制交易模式和雇佣制交易模式，结合双边市场理论构建众包平台在这两种交易模式下的定价模型，给出相应的定价策略。

7.1.1　模型假设及变量说明

1. 模型假设

　　事实上，在众包平台的市场中基本上不存在垄断情况，因此本书主要研究在竞争市场条件下众包平台的定价策略。因为现实市场竞争的复杂性，本书无法考虑所有影响因素。因此，本书在利用双边市场理论构建众包平台定价模型时做出以下假设。

（1）用户的归属。为简化模型，本书假设在悬赏招标制交易模式下，接包方和发包方均单归属。而在雇佣制交易模式下，接包方更倾向于成立专业的工作室，因此接包方会倾向于在多个众包平台去展示自己的专业技能。本书假设雇佣制交易模式下，发包方单归属，而接包方部分多归属。

（2）双边规模对称。在现实生活中，不管是众包平台还是其他的双边市场平台，两边的用户规模并不是对称的，可能会出现一边用户规模远远超过另外一边。为简化模型计算过程，本书假设众包平台两边的用户规模是对称的。

（3）平台提供同质服务。如前文所述，平台提供服务的质量差异化也是影响定价的因素之一，平台在提供高低质量不同服务和提供高低质量服务先后顺序不同时，平台对于双边用户的定价也是不同的。为简化模型，本书假设平台提供的服务是同质的。

2. 变量说明

本书构建模型中涉及的变量的具体情况可以根据前文的分析进行确定。

（1）收费方式。在悬赏招标制交易模式下，众包平台观测用户交易次数比较容易，因此众包平台应该收取交易费。而在雇佣制交易模式下，众包平台不会直接参与接包方和发包方的交易，因此观测用户交易次数比较困难，众包平台倾向于一次性收费，本书将所有一次性费用统称为注册费。

（2）组间网络外部性。现实生活中，组间网络外部性有正有负，但通过对众包模式本质的分析，可以得出接包方和发包方之间的组间网络外部性为正向影响。

（3）组内网络外部性。对于接包方而言，不管是何种交易模式，都会存在竞争的情况，接包方是竞争厌恶型，即接包方之间为负组内网络外部性；而对于发包方而言，发包方之间并不存在竞争关系，相反地，还有口碑效应的存在，因此可以得出发包方之间的组内网络外部性为正向影响。

本书用到的变量符号的含义如表 7-1 所示。

表7-1　变量符号含义表

符号	所表示的含义	符号	所表示的含义
v	接包方	α_v	发包方对接包方的组间网络外部性参数
c	发包方	α_c	接包方对发包方的组间网络外部性参数
$u_{v(c)}$	接包方（发包方）参与众包所获得的效用	$\beta_{v(c)}$	接包方（发包方）之间组内网络外部性参数
$n_{v(c)}$	参与众包平台的接包方（发包方）数量	$P_{v(c)}$	众包平台对接包方（发包方）的定价
$n_{v(c)}^e$	接包方（发包方）预期规模	t	众包平台的服务对接包方和发包方差异化参数
$k_{v(c)}$	接包方（发包方）在众包平台的平均交易次数	θ	众包平台搜索匹配技术

7.1.2　悬赏招标交易模式下的定价模型

本书以 Hotelling 模型为基础，考虑在市场中存在两家分别用 1 和 2 表示的众包平台，并且这两家众包平台具有差异性地分布在单位线性市场的两端。因双边用户规模对称，故设接包方和发包方的数量之和为 1，并且都均匀分布在单位线性市场。在众包平台定价模型中，参与者的博弈可以分为两个不同阶段。第一个阶段，众包平台制定对平台两边用户的定价；第二个阶段，在给定价格后，接包方和发包方选择加入哪个平台进行交易。

1. 模型构建

因接包方和发包方均采取单归属的策略，此时单归属时的竞争性市场结构如图 7-1 所示。如前文所述，在悬赏招标交易模式下，众包平台一般采用收取交易费的方法进行定价，每一次交易均会收取一定费用，同时交易次数还受到众包平台搜索匹配技术 θ 的影响。

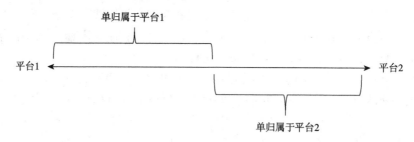

图 7-1　单归属时的竞争性市场结构

接包方和发包方均单归属，因此 $n_c^1 + n_c^2 = 1$，$n_v^1 + n_v^2 = 1$。假设众包平台中接包方和发包方的市场被完全覆盖，且接包方和发包方在众包平台上交易的平均次数分别为 k_v 和 k_c，k_v 和 k_c 均为常量，则平台 i（$i=1, 2$）上处于 x 点处的接包方的效用为

$$u_v^i = u_{v0} + \alpha_v n_c^{ie} - \beta_v n_v^{ie} - p_v^i k_v - tx \qquad (7\text{-}1)$$

其中，u_{v0} 表示接包方接入平台的初始效用；α_v 为每增加一名发包方，接包方所能获得的效用；β_v 为每增加一名接包方，接包方所能获得的效用。因接包方之间存在负组内网络外部性，所以接包方最后获得的总效用是初始效用加上交叉网络外部性所产生的效用，减去组内网络外部性所产生的效用、平台对接包方的收费及平台差异所产生的交通成本。

平台 i（$i=1, 2$）上处于 y 点处的发包方的效用为

$$u_c^i = u_{c0} + \alpha_c n_v^{ie} - \beta_c n_c^{ie} - p_c^i k_c - ty \tag{7-2}$$

其中，u_{c0} 表示发包方接入平台的初始效用；α_c 为每增加一名接包方，发包方所能获得的效用；β_c 为每增加一名发包方，发包方所能获得的效用。因发包方之间的组内网络外部性和组间网络外部性均为正，所以发包方最后获得的总效用是初始效用加上交叉网络外部性所产生的效用，减去组内网络外部性所产生的效用、平台对发包方的收费及平台差异所产生的交通成本。

若点 $\bar{x}$ 为接包方到平台 1 和平台 2 的效用无差异点，即在点 $\bar{x}$ 处加入平台 1 与加入平台 2 的效用是相同的，则可以得到

$$\begin{aligned} u_v^1 &= u_{v0} + \alpha_v n_c^{1e} - \beta_v n_v^{1e} - p_v^1 k_v - t\bar{x} \\ &= u_v^2 = u_{v0} + \alpha_v n_c^{2e} - \beta_v n_v^{2e} - p_v^2 k_v - t(1-\bar{x}) \end{aligned} \tag{7-3}$$

同理，假设点 $\bar{y}$ 为发包方到平台 1 和平台 2 的效用无差异点，则可以得到

$$\begin{aligned} u_c^1 &= u_{c0} + \alpha_c n_v^{2e} - \beta_c n_c^{2e} - p_c^1 k_c - t\bar{y} \\ &= u_c^2 = u_{c0} + \alpha_c n_v^{2e} - \beta_c n_c^{2e} - p_c^2 k_c - t(1-\bar{y}) \end{aligned} \tag{7-4}$$

因此，在完全预期下，即 $n_v^{1e} = n_v^1$，$n_v^{2e} = n_v^2$，$n_c^{1e} = n_c^1$，$n_c^{2e} = n_c^2$。联立式（7-3）和式（7-4），可以得到

$$n_v^1 = \frac{1}{2} + \frac{a_v k_c \left(p_c^2 - p_c^1\right) + k_v \left(t - \beta_c\right)\left(p_v^2 - p_v^1\right)}{2\left[\left(t - \beta_c\right)\left(t + \beta_v\right) - a_c a_v\right]}$$

$$n_v^2 = \frac{1}{2} - \frac{a_v k_c \left(p_c^2 - p_c^1\right) + k_v \left(t - \beta_c\right)\left(p_v^2 - p_v^1\right)}{2\left[\left(t - \beta_c\right)\left(t + \beta_v\right) - a_c a_v\right]}$$

$$n_c^1 = \frac{1}{2} + \frac{a_c k_v \left(p_v^2 - p_v^1\right) + k_c \left(t - \beta_v\right)\left(p_c^2 - p_c^1\right)}{2\left[\left(t - \beta_c\right)\left(t + \beta_v\right) - a_c a_v\right]}$$

$$n_c^2 = \frac{1}{2} - \frac{a_c k_v \left(p_v^2 - p_v^1\right) + k_c \left(t - \beta_v\right)\left(p_c^2 - p_c^1\right)}{2\left[\left(t - \beta_c\right)\left(t + \beta_v\right) - a_c a_v\right]}$$

$$\tag{7-5}$$

为简化分析，假设两个众包平台对接包方和发包方提供服务时不需要负担任何成本。可以得到两个众包平台的利润函数为

$$\begin{aligned} \pi_1 &= k_c p_c^1 n_c^1 + k_v p_v^1 n_v^1 \\ \pi_2 &= k_c p_c^2 n_c^2 + k_v p_v^2 n_v^2 \end{aligned} \tag{7-6}$$

将式（7-5）代入式（7-6），并分别对 p_v^i 和 p_c^i 求一阶导，并将一阶条件联立求解。可以得到，在悬赏招标制交易模式下，众包平台收取交易费时对接包方和发包方的最优定价为

$$p_v^1 = p_v^2 = \frac{t + \beta_v - \alpha_c}{k_v} \tag{7-7}$$

$$p_c^1 = p_c^2 = \frac{t - \beta_c - \alpha_v}{k_c} \tag{7-8}$$

进而可得两个众包平台上接包方和发包方的规模和平台利润为

$$n_c^1 = n_c^2 = n_v^1 = n_v^2 = \frac{1}{2} \tag{7-9}$$

$$\pi_1 = \pi_2 = \frac{\theta(2t + \beta_v - \alpha_c - \beta_c - \alpha_v)}{4} \tag{7-10}$$

2. 结果分析

（1）由式（7-7）、式（7-8）可以看出，当 $t \geq \alpha_c - \beta_v$ 时，p_v 为正值；当 $t \geq \alpha_v + \beta_c$ 时，p_c 为正值。这说明当众包平台差异足够大时，众包平台可以对接包方和发包方收费，并且众包平台收费的顺序应该首先是接包方，其次才是发包方。

（2）由式（7-7）可得：$\dfrac{\mathrm{d}p_v^1}{\mathrm{d}\alpha_c} = -\dfrac{1}{k_v} < 0$，众包平台对接包方的定价与发包方的组间网络外部性成反比，即当 α_c 越大时，众包平台对接包方的定价越低。因为当 α_c 越大时，说明当接包方规模越大时，发包方所获得的效用越大，也说明接包方的规模效应对发包方的吸引越大，此时发包方对接包方规模的依赖性也会越强。因此，当 α_c 增加时，众包平台为了保证双边的接入规模，会采取对接包方降价的措施。

（3）由式（7-7）可得：$\dfrac{\mathrm{d}p_v^1}{\mathrm{d}\beta_v} = \dfrac{1}{k_v} > 0$，说明众包平台对接包方的定价与接包方之间的组内网络外部性成正比，即当 β_v 越大时，众包平台对接包方的定价越高。因为当 β_v 越大时，说明接包方之间负组内网络外部性越大，即接包方之间的竞争越激烈，此时因为组间网络外部性的存在，虽然接包方之间的竞争很激烈，但是仍不妨碍接包方接入众包平台。此时，众包平台从盈利的角度出发，当 β_v 越大时，对接包方的定价会越高。

（4）由式（7-8）可得：$\dfrac{\mathrm{d}p_c^1}{\mathrm{d}\alpha_v} = -\dfrac{1}{k_c} < 0$，说明众包平台对发包方的定价与接包方的组间网络外部性成反比，即当 α_v 越大时，众包平台对接包方的定价越低。这种情况出现的原因与众包平台对接包方的定价是一致的。

（5）由式（7-8）可得：$\dfrac{\mathrm{d}p_c^1}{\mathrm{d}\beta_c} = -\dfrac{1}{k_c} < 0$，说明众包平台对发包方的定价与发包方的组内网络外部性成反比。当发包方之间正组内网络外部性越强时，即发包方之间的口碑效应越好，众包平台对发包方的定价越低。组间网络外部性的存在使得只有扩大发包方的用户规模才能使加入众包平台的接包方越多，众包平台的

盈利越大。

由上述分析可知,在悬赏招标制交易模式下,除了前文提到的组间网络外部性和组内网络外部性对其定价会产生影响之外,众包平台的搜索匹配技术也是一个重要的影响因素,但本书在假设双边用户单归属的条件下,众包平台的搜索匹配技术更多的是对众包平台的利润产生影响。

7.1.3 雇佣制交易模式下的定价模型

1. 模型构建

如前文所述,在雇佣制交易模式下,本书假设发包方采取单归属的策略,而接包方采取部分多归属的策略。部分多归属时的竞争性市场结构如图 7-2 所示。在前文的分析中,雇佣制交易模式主要采取收注册费的定价方法,因此本小节以此为基础建立定价模型。发包方单归属的情况下,接包方有两种选择:一是单归属于平台 1 还是多归属于两个平台;二是单归属于平台 2 还是多归属于两个平台。

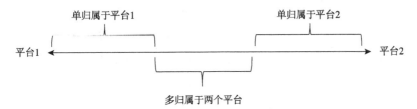

图 7-2 部分多归属时的竞争性市场结构

本书中,n_v^1 和 n_v^2 分别表示接包方在平台 1 和平台 2 上单归属的数量,N_v^1 和 N_v^2 分别表示接包方在平台 1 和平台 2 上归属的数量(包括单归属和多归属)。假设接包方和发包方的数量之和为 1,则 $n_v^1 + N_v^2 = 1$,$n_v^2 + N_v^1 = 1$,$n_c^1 + n_c^2 = 1$。

令 $\bar{x}$ 为发包方到平台 1 和平台 2 的效用无差异点,可以得到

$$u_c^1 = u_{c0} + \alpha_c N_v^{1e} + \beta_c n_c^{1e} - p_c^1 - tx \tag{7-11}$$
$$= u_c^2 = u_{c0} + \alpha_c N_v^{2e} + \beta_c n_c^{2e} - p_c^2 - t(1-x)$$

求解式(7-11)可得

$$n_c^1 = \bar{x} = \frac{1}{2} + \frac{\alpha_c \left(N_v^{1e} - N_v^{2e}\right) + \beta_c \left(n_c^{1e} - n_c^{2e}\right) + \left(p_c^2 - p_c^1\right)}{2t} \tag{7-12}$$

$$n_c^2 = 1 - \bar{x} = \frac{1}{2} - \frac{\alpha_c \left(N_v^{1e} - N_v^{2e}\right) + \beta_c \left(n_c^{1e} - n_c^{2e}\right) + \left(p_c^2 - p_c^1\right)}{2t} \tag{7-13}$$

令 y_1 为接包方单归属平台 1、多归属平台 1 和平台 2 的效用无差异点，y_2 为接包方单归属平台 2、多归属平台 1 和平台 2 的效用无差异点。可得 $u_v^1 = u_v^2 = u_v^{12}$：

$$u_v^1 = u_{v0} + \alpha_v n_c^{1e} - \beta_v N_v^{1e} - p_v^1 - ty_1 \tag{7-14}$$

$$u_v^2 = u_{v0} + \alpha_v n_c^{2e} - \beta_v N_v^{2e} - p_v^2 - t(1-y_2) \tag{7-15}$$

$$u_v^{12} = u_{v0} + \alpha_v - \beta_v - p_v^1 - p_v^2 - t \tag{7-16}$$

联立式（7-14）、式（7-15）和式（7-16），解得

$$n_v^1 = y_1 = 1 + \frac{\alpha_v \left(n_c^{1e} - 1\right) + \beta_v \left(1 - N_v^{1e}\right) + p_v^2}{t} \tag{7-17}$$

$$n_v^2 = 1 - y_2 = 1 + \frac{\alpha_v \left(n_c^{2e} - 1\right) + \beta_v \left(1 - N_v^{2e}\right) + p_v^1}{t} \tag{7-18}$$

同理，在完全预期下，两家众包平台上的接包方和发包方的需求规模可以联立式（7-12）、式（7-13）、式（7-17）和式（7-18）求解得到

$$n_v^1 = \frac{t}{t-\beta_v} + \frac{\alpha_v}{2(t+\beta_v)} + \frac{\alpha_v \left[\alpha_c \left(p_v^2 - p_v^1\right) + (t+\beta_v)\left(p_c^2 - p_c^1\right)\right]}{2(t+\beta_v)\left[(t+\beta_v)(t-\beta_c) - \alpha_c\alpha_v\right]} + \frac{\beta_v p_v^1 + p_v^2 t - \alpha_v t}{t^2 - \beta_v^2} \tag{7-19}$$

$$n_v^2 = \frac{t}{t-\beta_v} - \frac{\alpha_v}{2(t+\beta_v)} - \frac{\alpha_v \left[\alpha_c \left(p_v^2 - p_v^1\right) + (t+\beta_v)\left(p_c^2 - p_c^1\right)\right]}{2(t+\beta_v)\left[(t+\beta_v)(t-\beta_c) - \alpha_c\alpha_v\right]} + \frac{\beta_v p_v^2 + p_v^1 t - \alpha_v \beta_v}{t^2 - \beta_v^2} \tag{7-20}$$

$$n_c^1 = \frac{1}{2} + \frac{\alpha_c \left(p_v^2 - p_v^1\right) + (t+\beta_v)\left(p_c^2 - p_c^1\right)}{2\left[(t-\beta_c)(t+\beta_v) - \alpha_c\alpha_v\right]} \tag{7-21}$$

$$n_c^2 = \frac{1}{2} - \frac{\alpha_c \left(p_v^2 - p_v^1\right) + (t+\beta_v)\left(p_c^2 - p_c^1\right)}{2\left[(t-\beta_c)(t+\beta_v) - \alpha_c\alpha_v\right]} \tag{7-22}$$

假设两个众包平台对接包方和发包方提供服务时不会产生成本，可以得到两个众包平台的利润函数为

$$\pi_1 = p_c^1 n_c^1 + p_v^1 N_v^1 = p_c^1 n_c^1 + p_v^1 n_v^2 \\ \pi_2 = p_c^2 n_c^2 + p_v^2 N_v^2 = p_c^2 n_c^2 + p_v^2 n_v^1 \tag{7-23}$$

将两个众包平台的利润函数分别对接包方和发包方求一阶导，并将一阶条件联立求解，可以得到在完全预期下，雇佣制交易模式下众包平台收取注册费时对接包方和发包方的最优定价为

$$p_v^1 = p_v^2 = \frac{\alpha_c \left(\beta_v - t\right) + \left(\beta_v + t\right)\left(\alpha_v - 2\beta_v\right)}{2\left(\beta_v + 2t\right)} \tag{7-24}$$

$$p_c^1 = p_c^2 = t - \beta_c - \frac{\alpha_v(\alpha_v - 2\beta_v + 3\alpha_c)}{2(\beta_v + 2t)} \qquad (7\text{-}25)$$

进而可得众包平台的发包方、接包方的规模及众包平台利润为

$$n_c^1 = n_c^2 = \frac{1}{2}, \quad n_v^1 = n_v^2 = \frac{4t^2 - 2\beta_v\beta_v - t\alpha_v}{2(\beta_v + 2t)(t - \beta_c)} - \frac{\alpha_c}{2(2t + \beta_v)} \qquad (7\text{-}26)$$

$$\pi_1 = \pi_2 = \frac{t - \beta_c}{2} - \frac{\alpha_v(\alpha_v - 2\beta_v + 3\alpha_c)}{4(\beta_v + 2t)}$$

$$+ \left[\frac{4t^2 - 2\beta_v\beta_v - t\alpha_v}{2(\beta_v + 2t)(t - \beta_c)} - \frac{\alpha_c}{2(2t + \beta_v)} \right] \left[\frac{\alpha_c(\beta_v - t) + (\beta_v + t)(\alpha_v - 2\beta_v)}{2(\beta_v + 2t)} \right]$$

$$(7\text{-}27)$$

2. 结果分析

（1）由式（7-24）可得：$\dfrac{\mathrm{d}p_v^1}{\mathrm{d}\alpha_v} = \dfrac{\beta_v + t}{2(\beta_v + 2t)} > 0$，说明在雇佣制交易模式下众

包平台对接包方的定价与接包方的组间网络外部性成正比，即当 α_v 越大时，众包平台对接包方的定价越高。因为当 α_v 越大时，说明当发包方规模越大时，接包方所获得的效用越大，此时接包方对发包方规模的依赖性也会越强。同时，在雇佣制交易模式下，接包方的多归属行为会使得众包平台采取定高价的方式来控制接包方的多归属。在多种因素的作用下，当 α_v 越大时，因为接包方对发包方的依赖性较强，众包平台会通过对发包方定低价以保证发包方的接入规模，众包平台为了保证利润会采取对接包方定高价的策略。

（2）由式（7-25）可得：$\dfrac{\mathrm{d}p_c^1}{\mathrm{d}\alpha_c} = -\dfrac{3\alpha_v}{2(2t + \beta_v)} < 0$，说明在雇佣制交易模式下

众包平台对发包方的定价与发包方的组间网络外部性成反比，即当 α_c 越大时，众包平台对发包方的定价越低。因为 α_c 越大时，说明发包方对接包方规模的依赖性也会越强。在雇佣制交易模式下，接包方的多归属行为会使得众包平台采取定高价的方式来控制接包方的多归属。此时可能会出现接包方部分流失的情况，因为发包方对接包方的依赖性较强，接包方的流失可能会使得发包方不会接入众包平台。此时众包平台为了保证利润会采取对发包方定低价的策略以维持发包方的规模。

（3）由式（7-25）可得：$\dfrac{\mathrm{d}p_c^1}{\mathrm{d}\alpha_v} = -\dfrac{2(\alpha_v - \beta_v) + 3\alpha_c}{2(2t + \beta_v)}$，在组间网络外部性的影

响下，发包方会因为接包方的规模较大而接入众包平台，此时，即使接包方之间

负组内外部性较大，即竞争较激烈时，接包方为获得佣金，仍然会选择加入众包平台，也即 $\alpha_v > \beta_v$ ， $\dfrac{\mathrm{d}p_c^1}{\mathrm{d}\alpha_v} < 0$ 。因此，众包平台对发包方的定价与接包方的组间网络外部性成反比。

（4）由式（7-25）可得： $\dfrac{\mathrm{d}p_c^1}{\mathrm{d}\beta_c} = -1 < 0$ ，说明众包平台对发包方的定价与发包方的组内网络外部性成反比，这一结论与悬赏招标制交易模式的结论相同。

（5）由式（7-26）可知，均衡状态下，雇佣制交易模式下发包方的规模与悬赏招标制交易模式下发包方的规模是一致的，发包方在两个众包平台上的规模是相同的。而接包方的规模则与悬赏招标制交易模式下的规模是不一致的，产生这一现象的原因主要是雇佣制交易模式下，接包方倾向于部分多归属。

7.1.4　众包平台定价策略

本章在分别建立悬赏招标制和雇佣制交易模式下众包平台定价模型的基础上分析了各个因素对众包平台定价的影响，并重点分析了网络外部性对众包平台定价的影响。综合本章对各个影响因素的分析，可以得出对于众包平台决策者而言众包平台在竞争条件下的定价策略。

（1）众包平台之间的竞争是极其激烈的，一般众包平台在初期都会对双边用户实行价格补贴，以扩大用户规模。因此众包平台需要努力降低成本，尽力缩短实行低价补贴政策的时间，加强提供差异化服务，以扩大市场势力，获得议价能力。

（2）一般而言，现实生活中接包方的组间网络外部性是远远高于发包方的组间网络外部性的，也就是说，接包方对于发包方的依赖程度是远远高于发包方对接包方的依赖程度的。同时，接包方多归属的特征决定了众包平台应该对接包方定高价而对发包方实行定低价甚至是价格补贴的政策。并且，当接包方的组间网络外部性越大时，众包平台对其制定的价格应越高；当发包方的组间网络外部性越小时，众包平台对其定价应越低。

（3）众包平台对接包方和发包方进行定价除了需要考虑两边用户的组间网络外部性外，同边用户的组内网络外部性也是不容忽视的。一般而言，接包方之间有着负组内网络外部性的存在，而发包方之间则有正组内网络外部性的存在。这种情况决定了众包平台应对接包方定高价。然而，即使定高价，接包方也不会离开平台，因为接包方的组间网络外部性也即接包方对发包方的依赖程度远远高于接包方之间的竞争激烈程度。此时，众包平台要做的就是尽力扩大发包方的规模，并且发包方的组内网络外部性越大，众包平台对其定价应越低，将发包方组内网络外部性的效应发挥到最大。

（4）众包平台的一个主要作用就是有效连接接包方和发包方，使得双边用户能够以最低成本搜索匹配对象成功进行交易。因此，众包平台在考虑网络外部性作用影响的同时也不能忽视众包平台搜索匹配技术的提高，只有这样才能提高众包平台交易量、扩大用户规模，以获得更大利润。

7.2　基于 DMP 模型的网络众包中的任务匹配与定价机制研究

7.2.1　DMP 模型的建立

经过多年的发展，匹配函数已经形成了规范的规模不变的科布-道格拉斯形式：

$$M_t = M_t(u_t, v_t) = u_t^{\alpha} \times v_t^{1-\alpha} \times L \tag{7-28}$$

其中，M_t 表示匹配函数；v_t 表示接包方；u_t 表示发包方；α 表示匹配速率。

因此，根据 DMP 模型（Diamond-Mortensen-Pissarides model，是由美国麻省理工学院的 Diamond 教授提出，由 Mortensen 和 Pissarides 进一步拓展的搜寻理论框架，工作匹配是 DMP 理论的主要特征）匹配函数相关知识，考虑一个处于稳定的网络市场，即假设发包方在众包平台上发布创新难题处于稳定状态，有固定数量 L，时间是连续的，网络市场参与者具有无限的寿命，接包方需要依靠外部力量解决的自身问题以外生速率 φ 增长，同时接包方找到匹配任务的内生速率同样为 φ。网络市场下处于闲置的接包方在不断地寻求任务，在成功匹配后假设他们以相同的速率 α 对问题做出解答并得以成功运用。市场的摩擦由 DMP 匹配函数定义和描述，则发包方研发创新市场上的搜寻匹配函数为

$$M = M(uL, vL) \tag{7-29}$$

其中，uL 表示接包方具有解决问题的能力却没有机会运用的任务数量，即市场上处于闲置的有能力解决创新难题的接包方的数量；vL 表示发包方发布的任务数量，即创新问题不能得到解决的发包方的数量；uL 和 vL 均是增函数也是凹函数，具有规模不变特性。接包者提出自己的创新性方案并成功为发包方解决创新难题的速率为

$$\alpha = \frac{M(uL, vL)}{uL} = M\left(1, \frac{v}{u}\right) = \alpha(\theta) \qquad (7\text{-}30)$$

其中，$\theta = v/u$ 表示市场中需要解决发包方创新难题的接包者的紧缺程度。发包方以速率 ρ 接收到接包方的解决方案，则：

$$\rho = \frac{M(uL, vL)}{vL} = M\left(\frac{u}{v}, 1\right) = \rho(\theta) \qquad (7\text{-}31)$$

按照市场规律有

$$\alpha'(\theta) > 0, \quad \rho'(\theta) < 0, \quad \alpha(\theta) = \theta \times \rho(\theta) \qquad (7\text{-}32)$$

可知，$\theta = v/u$ 越大，接包方就越容易搜寻到发布任务的发包方，进而发包方想解决自身的难题将会变得越发困难。

同时，市场稳定意味着市场处于均衡状态，要保证发包方和接包方间相互均衡，必须使得接包方运用自己的知识帮助发包方解决难题的数量等于发包方依靠外界（即接包方）来解决自己难题的数量。此时，接包方运用自己的知识解决发布的任务的数量为 $\alpha(\theta)uL$，接包方不能运用自身的知识来解决任务而必须依靠外界来解决问题的数量为 $\varphi(1-u)L$，则：

$$\alpha(\theta)uL = (1-u)L \qquad (7\text{-}33)$$

解得

$$u = \frac{\varphi}{\varphi + \alpha(\theta)} \qquad (7\text{-}34)$$

由此可知，在接包方创新人才紧缺程度 $\alpha(\theta)$ 给定的情况下，可以得出

$$u = \frac{\varphi}{\varphi + \alpha(\theta)} = 1 - \frac{\alpha(\theta)}{\varphi + \alpha(\theta)} \qquad (7\text{-}35)$$

随着 φ 的增大，u 也随着增大，表明随着企业创新研发难题的增加，社会上接包方将自己的知识运用于解决发包方难题的机会变得更少。

上述众包模式下 DMP 模型详细地阐述了接包方和发包方之间的搜寻匹配关系，对于任务定价提供了重要的参考意义和理论基础。但是，仅仅凭借对上述相关变量的研究，得出的结果与传统的观点相违背，因此这种反向变动关系还受到接包方和发包方更多因素的影响，下面将进行进一步研究。

7.2.2　众包任务匹配分析

众包中发包方发出的任务正好有对应的接包方接受任务并进行作答，则表示众包任务成功匹配。因为市场具有双边特性，所以在进行分析之前本书先做如下假设。

（1）市场上具有创新知识的接包方和具有需要解决创新难题的发包方，双方需要进行匹配才能实现自身价值，且相互匹配过程中独立服从泊松分布。

（2）双方匹配成功后的收益是共享的，并且匹配成功后的效果是只有在双方进行匹配之后才能知道的一个随机变量。

（3）发包方是经济人，在搜寻匹配过程中存在拒绝已经作答好的方案的可能，同样，接包方也需要实现自身利益最大化，也存在放弃某项任务的概率，假设发包方拒绝匹配或者接包方放弃任务的概率是相同的。

（4）由于双方都是以各自的未来期望收益现金流的最大化为目标的，存在固定的贴现率 γ，并且双方的贴现率都是 γ；同时，双方对整个搜寻匹配过程都是事先知道的，都知道 γ 的存在。

在 DMP 模型理论框架下，影响搜寻行为的因素被认为都是外生变量，对于接包方来说，只能通过发包方设定的报酬来影响自身是否参与接包。同时，我们认为市场的流动性、工资、搜寻成本等都会影响接包方未来的收益。假设 S_1、S_1' 分别表示双方匹配成功为发包方、接包方带来的收益现金流，V_1、V_1' 分别表示未匹配成功为发包方、接包方带来的收益现金流。根据社会效率原则，要使双方匹配成功，收益现金流必须大于 0，则

$$D_1 = S_1 - V_1 - V_1' > 0 \tag{7-36}$$

根据收益共享原则，假设发包方得到的收益占总体收益的比例为 τ（$0 < \tau < 1$），接包方得到的收益占总体收益的比例则为 $1 - \tau$，可知，发包方会进行匹配的收益现金流 S_1 可以表示为

$$S_1 = V_1 + \tau \times D_1 \tag{7-37}$$

接包方会进行匹配的收益现金流 $S_1'(x)$ 可表示为

$$S_1' = V_1' + (1 - \tau) \times D_1 \tag{7-38}$$

由式（7-37）和式（7-38）知，当 $D_1 > 0$ 时，有 $S_1 > V_1$，$S_1' > V_1'$。通过上述分析可知，只有满足 $D_1 > 0$ 时双方才会开始匹配，因为无论是接包方还是发包方，双方是追求最大利益的，则所有的接包方提出自己的解决方案都存在一个被发包方拒绝或者接包方自身放弃匹配的概率，当双方发现不能满足自身要求时，将再次进行搜寻匹配。同时，我们从社会效益着手进行分析，当接包方在第一次搜寻后双方未能匹配成功时，总体社会效率依旧是不会流失的，即当 $D_2 > D_1$ 时，可知 $D_2 - \tau \times D_1 > D_1 - \tau \times D_1 = (1 - \tau) \times D_1$。因此，发包方两轮匹配产生的收益现金流差值会大于初次匹配接包方所得的收益现金流，而从整个社会出发，还是产生积极作用的。因而，上述匹配分析也成立，即当再次进行匹配时可以得出如下结论。

结论 1：假设 S_2 表示再次搜寻的收益现金流，双方进行再次匹配，只有当 $S_2 > S_1$ 时，才能满足 $D_2 > D_1$，双方才会匹配。

此外，虽然上述结论只进行了两轮搜寻匹配，但是推广到 n 轮搜寻同样适用，即可得出如下结论。

结论 2：当 $S_n > S_{n-1}$ 时，同样可得到 $D_n > D_{n-1}$，匹配将会成功。

因为无论是从发包方还是接包方角度来看，其都是以自身利益最大化为目标的，接包方可以得到更加符合自己心理报价的奖金，而发包方在节约成本的同时也能得到更加具有创新意义的实施方案，从而实现双方收益现金流最大。

7.2.3　众包任务定价策略分析

1. 临界报酬函数的确定与分析

搜寻匹配模型下，本书认为只要成功匹配后，发包方没有在接包方作答期间提出附加要求，接包价格是不依赖于时间的。假设接包方的搜寻成本为 C_1，其获得的报酬为 ω^*，进行最优化搜寻的临界报酬为 ω，固定贴现率为 γ，假设成功匹配且成功运用于企业的概率为 Prob，定义 Prob（报价 $\geqslant \omega$）$= \mathrm{e}^{-\delta \times \omega^*}$，$\delta$ 表示当出现不同的发包方案时，接包方做出响应的状态参数。则在 $\omega^* \geqslant \omega$ 时，接包方同意匹配；在 $\omega^* < \omega$ 时，接包方拒绝匹配。由鲁宾斯坦（Rubinstein，1982）提出的议价模型中议价博弈均衡可推出临界报酬 ω 为

$$\omega = \frac{1+\gamma}{\gamma} \times \frac{\mathrm{e}^{-\delta \times \omega^*} - \delta \times C_1}{\delta} \qquad (7\text{-}39)$$

从式（7-39）知，ω 是 δ 和 C_1 的减函数，接包方在初次搜寻后仍未能匹配的概率为 $1 - \mathrm{e}^{-\delta \times \omega^*}$，因为接包方期待能搜寻得到更加靠近心理报价的任务，他会选择放弃当前搜寻的任务让自己处于闲置状态。基于以上假设和上述推理，接包方和发包方都通过分析匹配成功与未匹配成功的期望收益的多少来判定是否进行匹配。假设接包方在任务作答中途放弃该任务的沉没成本为 C_1，其得到的现金报酬为 $f(\omega^*, \mathrm{e}^{-\delta \times \omega^*})$，则 $f = Ef(\omega^*, \mathrm{e}^{-\delta \times \omega^*})$，可用搜寻匹配相关理论中的贝尔曼方程表示收益相关函数，表示为

$$f^*(\omega^*, \mathrm{e}^{-\delta \times \omega^*}) =$$
$$\max\left(\omega + \gamma \times \left\{\mathrm{e}^{-\delta \times \omega^*} \times \max\left[f(\omega^*, \mathrm{e}^{-\delta \times \omega^*}), f^* - C_1'\right] + \left(1 - \mathrm{e}^{-\delta \times \omega^*}\right)\left(f^* - C_1'\right)\right\}, \gamma \times f^*\right)$$
$$(7\text{-}40)$$

式（7-40）可解释为：首次进行搜寻匹配，接包方从接包开始中途不放弃任务作答的概率依旧为 $\mathrm{e}^{-\delta\omega}$，则接包方仅仅可能获得第一个发包方给出的固定报酬 ω，

没有机会再次进行任务搜寻匹配。但是从成本—收益和均衡原理分析可知，只要接包方的现金报酬满足给出报酬高于自身搜寻成本$\left[即 f\left(\omega^*, e^{-\delta \times \omega^*}\right) \geqslant f^* - C_1'\right]$，接包方将不放弃作答。若接包方没有接受发包方给出的报酬 ω，接包方必须重新搜寻。此时，接包方不存在任务之间的转换成本，其收益相关函数为 f^*。

若存在

$$f\left(\omega^*, e^{-\delta \times \omega^*}\right) = \gamma \times f^* \tag{7-41}$$

成立，则认为接包方拒绝给出的报酬和接受给出的金额 ω 并没有差异也同样成立，下面本书对 ω 存在的两种情况进行分析。

（1）假设接包方在确定进行某一任务作答后中途不会放弃，直到提交任务方案为止，即接包方确定作答后无差异地接受或者不接受发包方提供的报酬报价，则存在

$$\max(f, f^* - C_1') = f \tag{7-42}$$

根据接受或者不接受无差异性，从式（7-40）、式（7-41）和式（7-42）推导出：

$$\omega + \gamma \times [e^{-\delta \times \omega^*} \times \gamma \times f^* + (1 - e^{-\delta \times \omega^*}) \times (f^* - C_1')] = \gamma \times f^*$$

或

$$\omega = \gamma \times e^{-\delta \times \omega^*} \times (1 - e^{-\delta \times \omega^*}) \times f^* + \gamma \times (1 - e^{-\delta \times \omega^*}) \times C_1' \tag{7-43}$$

综合式（7-41）和式（7-42）可以得到

$$C_1' \geqslant (1 - \gamma) \times f^* \tag{7-44}$$

因此，从式（7-39）对 δ 求导知：

$$\omega' < 0 \tag{7-45}$$

由上述可知，可得出如下结论。

结论 3：只要发包方降低拒绝接包方的概率或者提高接包方搜寻匹配的概率，发包方以相对更低的报酬回馈给接包方，接包方是愿意接受任务并进行作答的。

（2）假设接包方会在作答任务期间进行类似任务的搜寻，并且终止正在进行作答的任务，而其他情况都是和无差异地接受任务进行作答的情况相同，则存在

$$\max(f, f^* - C_1') = f^* - C_1' \tag{7-46}$$

则类似于第一种情况的推导过程可以得到

$$\omega = \gamma \times C_1' \tag{7-47}$$

此时可得出如下结论。

结论 4：ω 只依赖于贴现因子 γ 和沉没成本 C_1'，而独立于概率 $e^{-\delta \times \omega^*}$。

2. 定价策略分析

从上述分析知，因为第二种情况独立于参数 $e^{-\delta \times \omega^*}$，我们对第一种情况进行定

价策略分析。从发包方角度出发，假设其根据自身想要的创新程度、运用成本等相关因素的限制发布不同的创新任务，则发包方考虑自身因素后可能会发布 δ_1 和 δ_2 两种状态创新任务，δ_1 表示发包方需要小创新、小变革的状态，δ_2 则反之。δ_1 状态和 δ_2 状态的随机转换概率分别为 p_1 和 p_2。发包方在这两种状态下吸引接包方的人数为 χ_1 和 χ_2 两种情况，则按照市场规律，假设在 $\chi_2 > \chi_1$ 时，将 χ_2 定义为能产出更加符合要求的方案。若序列状态为 (i, j)，接包方在初次匹配后能继续进行作答的最小概率为 $\min(\chi_j / \chi_i, 1)$，则当 $\chi_j < \chi_i$ 时，发包方选择匹配的概率更小，很多接包方将面临"被解雇"，概率为 χ_j / χ_i，反之，当 $\chi_j \geq \chi_i$ 时，发包方能够选出相关方案，接包方匹配并获得报酬的概率更高。由于状态序列 (i, j) 的概率为 $p_1 \times p_2$，则状态间进行转换的平均概率 $\eta = (1 - p_1 \times p_2) + p_1 \times p_2 \times \dfrac{\chi_1}{\chi_2}$，则存在

$$\frac{\partial \eta}{\partial \chi_1} = \frac{p_1 \times p_2}{\chi_2} > 0 \qquad (7\text{-}48)$$

和

$$\frac{\partial \eta}{\partial \chi_2} = -p_1 \times p_2 \times \frac{\chi_1}{\chi_2^2} > 0 \qquad (7\text{-}49)$$

假设 $R_1(\chi_1)$ 和 $R_2(\chi_2)$ 表示发包方在状态 ε_1 和状态 ε_2 分别有数量 χ_1 和 χ_2 的接包方参与作答时所获得的预期总收入，则假设接包方对不同的状态产生的利润为 $R_1(\chi_1) - \omega \times \chi_1$ 和 $R_2(\chi_2) - \omega \times \chi_2$，相应的期望收益为

$$E = p_1 \times [R_1(\chi_1) - \omega \times \chi_1] + p_2 \times [R_2(\chi_2) - \omega \times \chi_2] \qquad (7\text{-}50)$$

而发包方要达到收益最大化的 χ_1 和 χ_2 必须满足一阶条件：

$$p_1 \left[\frac{\partial R_1(\chi_1)}{\partial \chi_1} - \omega - p_1 \times \omega' \times \frac{\partial \eta}{\partial \chi_1} \right] = 0 \qquad (7\text{-}51)$$

$$p_2 \left[\frac{\partial R_2(\chi_2)}{\partial \chi_2} - \omega - p_2 \times \omega' \times \frac{\partial \eta}{\partial \chi_2} \right] = 0 \qquad (7\text{-}52)$$

其中，ω' 表示 ω 对 δ 求导所得。

由式（7-51）和式（7-52）得

$$p_1 \times \left[\frac{\partial R_1(\chi_1)}{\partial \chi_1} \times R_1'(\chi_1) - \omega - p_1 \times \omega' \times \frac{\partial \eta}{\partial \chi_1} \right] = p_2 \times \left[\frac{\partial R_2(\chi_2)}{\partial \chi_2} - \omega - p_2 \times \omega' \times \frac{\partial \eta}{\partial \chi_2} \right]$$
$$(7\text{-}53)$$

故解得

$$\omega = \frac{p_2 \times \dfrac{\partial R_2(\chi_2)}{\partial \chi_2} - p_1 \times \dfrac{\partial R_1(\chi_1)}{\partial \chi_1} + p_1^2 \times \omega' \times \dfrac{\partial \eta}{\partial \chi_1} - p_2^2 \times \omega' \times \dfrac{\partial \eta}{\partial \chi_2}}{p_1 - p_2} \qquad (7\text{-}54)$$

同时，由式（7-39）对 δ 求导得

$$\omega' = -\frac{1+\gamma}{\gamma} \times \frac{(1+\delta \times \omega^*) \times \mathrm{e}^{-\delta \times \omega^*}}{\delta^2} \qquad (7\text{-}55)$$

将式（7-48）、式（7-49）、式（7-55）代入式（7-54）可得

$$\omega = \frac{p_2 \times \dfrac{\partial R_2(\chi_2)}{\partial \chi_2} - p_1 \times \dfrac{\partial R_1(\chi_1)}{\partial \chi_1} - \dfrac{1+\gamma}{\gamma} \times \dfrac{(1+\delta \times \omega^*) \times \mathrm{e}^{-\delta \times \omega^*}}{\delta^2}\left(\dfrac{p_2 \times p_1^3}{\chi_2} + \dfrac{p_1 \times p_2^3 \times \chi_1}{\chi_2^2}\right)}{p_1 - p_2}$$

$$(7\text{-}56)$$

因为 $\mathrm{e}^{-\delta \times \omega^*} = (1 - p_1 \times p_2) + p_1 \times p_2 \times \dfrac{\chi_1}{\chi_2}$，所以 ω 可以转换成关于 χ 和 p 之间的

函数，即 ω 可以记作

$$\omega(\chi_1, \chi_2, p_1, p_2) = \omega =$$

$$\frac{p_1 \dfrac{\partial R_2(\chi_2)}{\partial \chi_2} - p_2 \dfrac{\partial R_1(\chi_1)}{\partial \chi_1} - \dfrac{(1+\gamma)(1+\delta \times \omega^*)(\chi_2 - p_1 p_2 \chi_2 + p_1 p_2 \chi_1)(p_1^3 p_2 \chi_2 + p_2^3 p_1 \chi_1)}{\gamma \delta^2 \chi_2^3}}{p_1 - p_2}$$

$$(7\text{-}57)$$

因此，最大的影响因素为参与众包的人数和状态间的转换概率。同时，我们假设在非完全竞争下市场的边际收益是递减的，则通过 $R_1(\chi_1) - \omega \times \chi_1$ 和 $R_2(\chi_2) - \omega \times \chi_2$ 分别对变量 χ_1 和 χ_2 求导可知：

$$\frac{\partial R_1(\chi_1)}{\partial \chi_1} - \omega' < 0 \text{ 和 } \frac{\partial R_2(\chi_2)}{\partial \chi_2} - \omega' > 0 \qquad (7\text{-}58)$$

发包方给出的报酬是独立的，其在 δ_1 和 δ_2 两种状态下为了实现收益最大化，可得出如下结论。

结论 5：在 δ_2 状态下发包方会通过提高报酬吸引更多的人参与任务的作答，在 δ_1 状态下通过降低报酬的手段减少参与人数进而减少内部对创新方案的筛选和转化成本。

结论 6：无论何种情况，接包方都会根据 ω 函数决定是否放弃匹配或者给出作答方案，而发包方也可以根据该函数判断接包方的真实意愿。

3. 定价策略数值算例

根据上述 ω 函数，本部分通过 MATLAB 仿真进一步验证 ω 与参与人数 χ、转换概率 p 之间的关系，并探究 ω 随着参数的主要变化趋势。算例内容主要包括两个方面：① δ_1 状态下定价策略分析，即假设 δ_2 状态的值均为常数，验证 ω 与 χ_1、p_1 的关系；② δ_2 状态下定价策略分析，即假设 δ_1 状态的值均为常数，验证 ω 与 χ_2、

p_2 的关系。具体分析如下。

（1）δ_1 状态下定价策略分析：假设 δ_2 状态的值均为常数，验证 ω 与 χ_1、p_1 的关系。

假设 δ_2 的值均为常数，不作为变量处理，首先对 ω 中的参数进行赋值：状态参数 $\delta = 0.005$，某项任务给出的报酬 $\omega^* = 3\,000$，$\partial R_1(\chi_1)/\partial \chi_1 = 300$，$\partial R_2(\chi_2)/\partial \chi_2 = 320$，$p_2 = 3/5$，$\chi_2 = 30$，$\gamma = 0.03$，则关系图如图 7-3 所示，存在一个临界报酬 ω 可以界定 ω 与 χ_1、p_1 之间的显著关系，但各个阶段影响程度不一。

$$\omega^* = \left\{192 - 300p - (1.03/0.03)\left[16\exp(-15/0.005^2)\right]\left[0.02p^3 + xp(27/112\,500)\right]\right\}\Big/(p - 0.6)$$

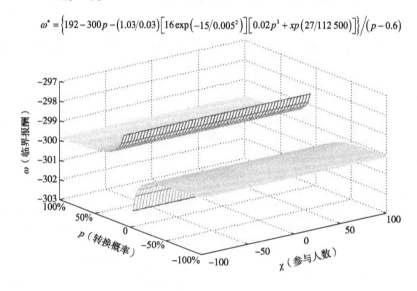

图 7-3　　δ_1 状态下，ω 与 χ_1、p_1 的关系图

可得出如下结论。

结论 7：状态 δ_1 情况下，在大于临界报酬 ω 时，ω 与 χ_1 存在显著正向关系；在小于临界报酬 ω 时，ω 与 p_1 存在显著正向关系。

对上述结论进一步分析，因为 δ_1 状态是属于难度系数小的创新，发包方通过提高给出的报酬会促进接包方参与接包的积极性，进而参与人数也随之增加，而随着参与人数的增加，企业成功匹配的概率也相应提高。同时，从图 7-3 中可以看出，随着参与人数的增加，δ_1 状态下的转换概率先是正向变化后慢慢趋于一个恒定的值不再变化。因此，发包方也可以根据该曲线进行预测，判断是否进行 δ_1 状态与 δ_2 状态之间的转换，从该曲线中可以看出，当确定自身状态后，转换状态对参与人数并没有很大的正向作用。同时，发包方为了减少匹配后的筛选成本可以通过降低给定的报酬来实现，最终以最优的临界报酬进行报价。

（2）δ_2 状态下定价策略分析：假设 δ_1 状态的值均为常数，验证 ω 与 χ_2、p_2

的关系。

类似于第一种情况，假设 δ_1 的值均为常数，不作为变量处理，首先对 ω 中的参数进行赋值：状态参数 $\delta = 0.005$，某项任务给出的报酬 $\omega^* = 3\,000$，$\partial R_1(\chi_1)/\partial \chi_1 = 300$，$\partial R_2(\chi_2)/\partial \chi_2 = 320$，$p_1 = 4/5$，$\chi_1 = 40$，$\gamma = 0.03$，则 ω 关系图如图 7-4 所示。

$$\omega^* = \left\{ 320p - 240 - (1.03/0.03)\left[16\exp(-15/0.005^2)\right]\left(64p/125x + 32p^3/x^2\right) \right\} \big/ (0.8 - p)$$

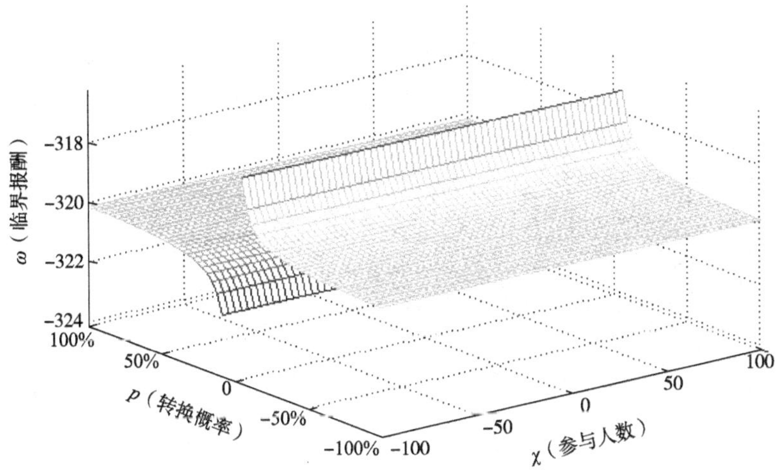

图 7-4　δ_2 状态下，ω 与 χ_2、p_2 的关系图

图 7-4 表明，存在一个临界报酬 ω 可以界定 ω 与 χ_2、p_2 之间的显著关系，从图 7-4 中可以得出如下结论。

结论 8：ω 与转换概率 p_2 存在反向关系，ω 与参与人数 χ_2 存在正向关系。

对上述结论进一步分析，因为 δ_2 状态属于发包方心理预估想要达到的高创新和高变革的转态，从图 7-4 可以看出，当临界报酬减少时，因为受到参与人数的制约，发包方会适当偏向于当前状态。随着发包方给出的临界报酬 ω 增加，接包方的参与人数也会随之增加。因此，发包方在发包之前可以考虑自身变革成本进行不同程度的变革，并可以参照临界报酬函数预估参与人数和控制参与人数。

7.3　研　究　结　论

7.1 节从悬赏招标制和雇佣制交易模式这两类典型的众包交易模式出发，建立了不同交易模式下的众包平台定价模型。首先，在 Hotelling 模型的基础上，分别构建了在悬赏招标制交易模式下众包平台收取交易费和雇佣制交易模式下众包平台收取注册费的定价模型。根据模型推导出以利润最大化为目的的众包平台均衡定价，以及在这种情况下的双边用户规模和平台利润。其次，根据结果分别分析了各个影响因素对定价的影响，尤其是接包方和发包方正组间网络外部性、接包方和发包方正负不一致的组内网络外部性这两个因素对众包平台定价的影响。最后，根据对各个影响因素的分析给出相应的定价策略，为众包平台管理者在定价决策上提供了一定的理论指导。

本章在第 7.2 节中将经济学中的 DMP 模型作为基准模型引入网络众包的研究中，在国内外学术界鲜为少见，具有重要意义。网络众包虽然是虚拟交易平台，但其内在运行过程中依旧遵循现实世界的市场运行原理，需要匹配接包方和发包方，双方都是经济人且都是以自身利益最大化为目标。然而，市场并不是完全出清的，存在具有解决创新能力且无法得到匹配的接包方，也存在面临创新却无法得到解决的发包方。因此，本章建立网络众包的 DMP 匹配模型，探讨搜寻匹配过程中双方所遵循的原则，同时，对建立的临界报酬函数进行了分析。

综合本章研究得出的结论，在双方任务匹配和定价方面可以得出以下启示。

（1）在任务搜寻匹配上，发包方和接包方均会以自身利益最大化为出发点，即发包方以最少的定价得到最好的方案，而接包方以最少的付出获得最好的报酬，若要进行成功匹配，双方无论进行多少轮搜寻，必须满足两者的收益现金流最大。

（2）在定价策略上，δ_1 状态和 δ_2 状态均存在一个临界报酬 ω，发包方可以在 δ_1 和 δ_2 两种状态下进行定价战略调整。

（3）对临界报酬函数进行分析得知，当发包方接受接包方任务方案或者接包方不接受发包方通过的报酬时，发包方可以采取降低接包方的概率，相对降低报酬，接包方依旧愿意进行匹配。当有可能存在两种创新状态影响发包方运用方案时，发包方可以依据临界报酬调整报价，实现自身创新。

本章也存在一定的局限性，表现在：①本章以经济学中的 DMP 模型为基础，假设接包方和发包方都是经济人，但是，虚拟交易平台具有不透明性、不确定性等特征，众包中用户参与任务的行为影响因素也非常繁杂，需要更加深入的研究；②定价是一个双方博弈的过程，博弈模型具有多样性和复杂性，本章得出的临界报酬函数和仿真模型只具有代表性趋势，因数值的不同，各数值代入计算的精准性有待考究，而具体的数值、数据需综合实际案例进行分析。针对这些问题，笔者将在下一步研究中分析不同的众包案例，对任务定价的演化博弈与仿真分析进行深入研究。

7.4　本　章　小　结

　　本章在前文关于交易模式和市场的相关内容基础上，结合与众包模式和双边市场及定价的相关理论基础，构建了不同交易模式下众包平台的定价模型，提出了相应的定价策略。此外，本章将经济学中的 DMP 模型作为基准模型引入网络众包的研究中，建立了网络众包的 DMP 匹配模型，探讨了搜寻匹配过程中双方所遵循的原则，同时，对建立的临界报酬函数进行了分析。本章在一定程度上拓展了双边市场理论的应用范围。

第8章　协作式众包模式下激励策略优化研究

8.1　无奖励限制情形下协作式众包声誉激励策略优化

协作式众包中声誉激励特指接包方在众包活动中获得的非金钱奖励，它是指发包方或众包平台提供的荣誉标签、奖章称号等。声誉激励的特征是，发包方或众包平台能够不计成本地提供多个价值相等的荣誉。但荣誉奖励的个数如何确定，什么样的奖励分配策略能够吸引更多的参与者参与协作式众包活动以协助企业或组织达到相关目的，成为被关注的问题。

学界目前主要针对众包竞赛进行奖励分配策略的相关研究，主要的分配策略有赢者通吃策略及多奖励策略。学者已经证明了在众包竞赛中无论是否有奖励限制，设定唯一奖励授予众包竞赛的优胜者能够帮助发包方获取最高期望收益。协作式众包中众包任务属性有复杂性低、对接包方技能水平要求低的特性；同时，协作式众包的发包方更为关注的是接包方参与池的大小。也就是说，协作式众包的声誉激励策略设计的目标是激励更多的接包方参与，从而实现发包方期望收益的最大化。

基于此，本节在前人研究的基础上，从发包方外部动机中的声誉动机的视角出发，针对无奖励限制情形下对协作式众包声誉激励策略展开研究；选择全支付拍卖理论及比较静态均衡法作为基础，结合协作式众包的任务、声誉激励及发包方期望收益的特点，构建协作式众包中发包方期望总收益的数学模型，确定在无奖励限制情形下，采用赢者通吃还是多奖励的奖励分配策略能够获取最大期望总收益。在模型中我们利用比较静态均衡法研究当接包方参与数量及群体质量发生变化时对众包声誉激励策略最优解的影响，并对相关结果进行数值算例验证。

8.1.1　模型建立

本章采用全支付拍卖模型设计众包活动，所有参与者（即接包方）无论最终是否获得奖励都需先投入努力（时间、技能、方案数量和质量等）。在本章中我们的模型建立在标准的全支付拍卖模型之上，即一个发起方、多个竞拍方的单一阶段的全支付拍卖情形。每个竞拍方都是绝对理性的个人，而且具有追逐竞拍物的动机；每个竞拍者的出价是绝对私有化的。协作式众包与全支付拍卖的参数对照如表 8-1 所示。

表8-1　协作式众包与全支付拍卖对照

协作式众包	全支付拍卖
发包方	发起方
接包方	竞拍方
奖金	竞拍物
参与者技能	竞拍方认为竞拍物的私有价值
提交方案质量	竞拍价格

基于此，本章提出如下设定：假设努力成本为线性成本函数且奖励同质（每个奖励的价值均为 V）。在众包活动中存在 $n(n \geqslant 1)$ 个风险中性的接包方参与，共同竞争 $S(S \leqslant n)$ 个同质奖励。每个接包方 $i(i=1,2,\cdots,n)$ 处于不完全信息情况下，即每个接包方了解自己的能力水平 v_i，但不了解其他接包方的能力水平，v_i 相互独立且值越高表示接包方能力越强。假设 v_i 服从 $F(\underline{v},\overline{v})$ 且 v_i 连续非负值，为不失一般性，假设每个 $F_i(v)$ 可微，对应的密度函数为 $f_i(\underline{v},\overline{v})$，其中 f_i 在其定义域内连续且为正值。接包方参与该次众包活动的努力为 c_i，则其努力效率为 c_i/v_i。

接包方均衡策略为

$$b(v;S) = \sum_{S=1}^{S} V \int_{\underline{v}}^{v} t \mathrm{d} F_S^n(t) \tag{8-1}$$

$$F_S^n(t) = \frac{(n-1)!}{(S-1)!(n-S)!}[1-F(t)]^{S-1}F(t)^{n-S} \tag{8-2}$$

其中，b 表示接包方均衡策略；v 表示接包方能力；式（8-2）表示在所有接包方中，能力为第 S 高的概率分布函数。

根据以上分析，以下对协作式众包模式中期望总收益进行数学建模。

根据式（8-1）和式（8-2），当奖励与参与人数相等时，即 $S=n$ 时，期望总收益为 0。根据 Baye 等（1996）的研究，为获取最大期望总收益的实际努力效用函数为 $\mu(v)=v-\dfrac{1-F(v)}{f(v)}$，且满足 $F(v)=v^k, v\in[0,1]$，则当 $S\leqslant n-1$ 时，期望总收益表达函数为

$$P(S)=n\sum_{S=1}^{S}V\int_{\underline{v}}^{\overline{v}}\int_{\underline{v}}^{v}t\mathrm{d}F_S^n(t)\mathrm{d}F(v) \tag{8-3}$$

为了方便起见，使用 $v(S,n)$ 来表示发包方能力类型的顺序，$F(S,n)$ 为 $v(S,n)$ 的累积分布函数，则期望总收益函数为

$$P(S)=V\cdot E_v\sum_{S=1}^{S}\mu[v_{(S,n)}(v)] \tag{8-4}$$

8.1.2　协作式众包声誉奖励分配策略研究

1. 声誉激励模型中接包方接包策略分析

下面分析奖励分配策略对接包方接包策略的影响。如图 8-1 所示，将接包方参与数量 n 设定为 100，奖励分配数量 S 分别设定为 30、50、80 的情况下，奖励分配策略对接包方接包策略存在一个显著的特征：高水平接包方随着奖励数量的增加会减少参与行为，低水平的接包方随着奖励数量的增加也会相应增加参与行为。

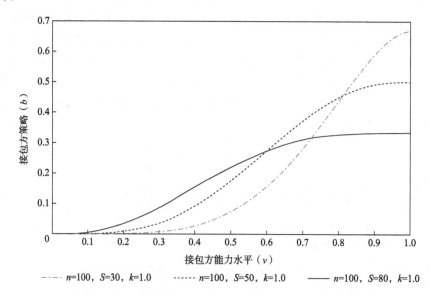

图 8-1　能力系数 $k=1.0$ 时，不同奖励分配策略下接包方参与策略关系图

该特征也可通过模型角度得到验证。由式（8-1）可知，$b(\bar{v};S+1)-b(\bar{v};S)\leqslant 0$，即总存在 $\tilde{v}(S)\in v^{*}(S),\bar{v}$ 。当 $v\leqslant\tilde{v}(S)$ 时，$b(v;S+1)-b(v;S)\geqslant 0$ ；当 $v\geqslant\tilde{v}(S)$ 时，$b(v;S+1)-b(v;S)\leqslant 0$ 。也就是说，当奖励数量从 S 增加到 $S+1$ 时会对能力较低的接包方具有正向激励作用，而对高水平的接包方的参与意愿具有负向激励效果。本章中奖励分配策略不设定奖励预算限制，发包方在理论上可以提供同质奖励，即增加奖励的数量不会影响之前设定的奖励价值。在该设定之下我们得到，增加奖励数量能够更好地激励能力较弱类型的接包方，提高其参与意愿；而该情况下对高水平接包方的激励效果是模糊的。此外，随着奖励数量的不断增加，每增加一个奖励无论对于任何能力水平的接包方而言都会呈现负向激励效果。也就是说，随着奖励数量的增加，正向激励影响趋于弱化，而负向激励影响逐渐强化。这也符合实际情况：当声誉奖励增加到一定程度时，对于接包方会产生该荣誉的价值含量降低的印象，多数量的声誉奖励对高水平接包方会产生负面激励的影响。

2. 声誉激励模型中发包方奖励分配策略分析

由式（8-4）可知，如果众包中第 S 个奖励的边际贡献可以通过 $\mu\big[v_{(S,n)}(v)\big]$ 来体现，那么在实际努力效用不断增大的过程中，每增加一个奖励对期望总收益的边际贡献减少。若第一个奖励的边际贡献为正，则第 n 个奖励的边际贡献必须为负。

那么在实际努力效用函数 $\mu(v)=v-\dfrac{1-F(v)}{f(v)}$ 且满足 $F(v)=v^{k},v\in[0,1]$ 的条件下，存在：①第 S 个奖励的边际贡献随着 S 的增大，该函数严格单调递减；②第一个奖励的边际贡献为正；③第 n 个奖励的边际贡献为负。

证明：由式（8-3）可知，第 S 个奖励的边际贡献为 $nV\int_{v}^{\bar{v}}v[1-F(v)]\mathrm{d}F_{S}^{n}(v)$ ，且 $\int_{v}^{\bar{v}}v[1-F(v)]\mathrm{d}F_{S}^{n}(v)\leqslant v_{(\bar{S},n)}(v)$ ，因此第 S 个奖励的边际贡献随着 S 的增大而递减，①得证。

由式（8-2）可知，$\big[F_{1}^{n}(v)\big]'\geqslant 0$ 且 $\big[F_{n}^{n}(v)\big]'\leqslant 0$ ，则第一个奖励的边际贡献为 $nV\int_{v}^{\bar{v}}v[1-F(v)]\mathrm{d}F_{1}^{n}(v)>0$ ，最后一个奖励的边际贡献为 $nV\int_{v}^{\bar{v}}v[1-F(v)]\mathrm{d}F_{n}^{n}(v)<0$ ，由此得证②和③。

考虑到奖励预算约束的问题，本章的奖励分配策略是基于假设在无预算约束的情况下进行的。若发包方对奖励总价值有预算约束，即发包方至多只能提供单个价值为 v ，数量为 $\bar{S}$ 的奖励，其中 v 不随奖励的变化而变化，即协作式众包模式中以期望总收益最大为目标的最优奖励分配策略如下。

结论 1：在无奖励预算约束的情况下，且满足 $\mu(v) = v - \dfrac{1-F(v)}{f(v)}$ 条件下，期望总收益函数为单峰函数，且在 S_p 处达到峰值，即当奖励分配策略为 S_p 时，期望总收益最大。

8.1.3 协作式众包奖励分配策略的比较均衡分析

前文分析已确定，在发包方没有奖励预算限制的情况下，采用多奖励策略能够满足发包方获得期望总收益最大化。下文将研究接包方能力水平及参与数量的改变如何影响协作式众包最优奖励分配策略。

1. 协作式众包模式下接包方能力水平变化对奖励分配策略的影响

由式（8-3）可知，当 $F(v) = v^k, k>0, v \in [0,1]$，$k$ 取 k_1 时，最优奖励分配策略为 S_{p_1} 的期望总收益 P_1 表达函数为

$$P_1 = n \sum_{S=1}^{S_{p_1}} V \frac{(n-1)!}{(S-1)!(n-S)!} \int_0^1 (n-S)(v^{k_1})^{n-S-1+\frac{1}{k_1}} (1-v^{k_1})^S \mathrm{d}v^{k_1}$$
$$- \int_0^1 (S-1)(v^{k_1})^{n-S-1+\frac{1}{k_1}} (1-v^{k_1})^S \mathrm{d}v^{k_1} \tag{8-5}$$

当 k 取 k_2，且 $k_2 > k_1$ 时，若保持奖励分配策略继续为 S_{p_1}，期望总收益 P_2 表达函数为

$$P_2 = n \sum_{S=1}^{S_{p_1}} V \frac{(n-1)!}{(S-1)!(n-S)!} \int_0^1 (n-S)(v^{k_2})^{n-S-1+\frac{1}{k_2}} (1-v^{k_2})^S \mathrm{d}v^{k_2}$$
$$- \int_0^1 (S-1)(v^{k_2})^{n-S-1+\frac{1}{k_2}} (1-v^{k_2})^S \mathrm{d}v^{k_2} \tag{8-6}$$

由于存在：

$$\int_0^1 (n-S)(v^{k_1})^{n-S-1+\frac{1}{k_1}} (1-v^{k_1})^S \mathrm{d}v^{k_1} - \int_0^1 (S-1)(v^{k_1})^{n-S-1+\frac{1}{k_1}} (1-v^{k_1})^{S-1} \mathrm{d}v^{k_1} \geqslant 0 \tag{8-7}$$

则当 k 值由 k_1 变为 k_2 时，最优奖励数量至少为 S_{p_1}。

结论 2：在无奖励预算约束的情况下，获取最大期望总收益的最优奖励个数不会随着 k 的增大而减小，即最优奖励个数不会随着参与众包活动的接包方能力水平的提升而减小。

同理，当 $F(v) = v^k, k>0, v \in [0,1]$，$k$ 取 k_1 时，最优奖励分配策略为 S_{H_1}，其期望最高努力为 H_1；当 k 取 k_2，且 $k_2 > k_1$ 时，若保持奖励分配策略继续为 S_{H_1}，其

期望总收益为P_2。同理有，当k值由k_1变为k_2时，最优奖励数量至少为S_{H_1}。

接下来通过具体算例验证以上结论。当k值分别取1.0、1.3、1.6时，且接包方参与人数及奖励数量固定的情况下，接包方参与接包策略如图8-2所示。由此表明，当接包方整体能力水平提高时，高能力接包方在众包活动中愿意付出更多的努力，参与积极性提升。相反，对于相对较低能力的接包方而言，由于赢得奖励的机会变少其会减少在众包活动中的努力。这在现实情况下也能够得到解释，由于声誉奖励的数量固定，当参与者整体能力水平提高时，声誉奖励的竞争加剧，价值升高，由此更多能力水平较高的接包方为了证明个人能力会在任务完成过程中投入更多的努力。

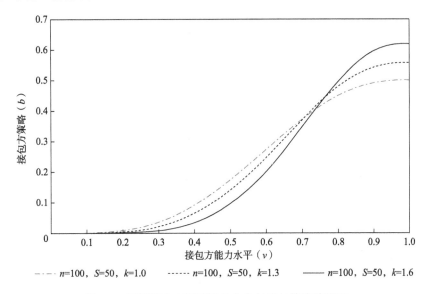

图8-2 不同能力水平下接包方参与接包策略关系图

通过图8-3可以进一步说明当接包方能力水平提高时，增加奖励数量与奖励的边际贡献之间的关系。如图8-3所示，当参与众包活动的接包方数量n及奖励数量S不变，k从1.0变为1.3时，高水平的接包方倾向于增加在众包活动中的努力，而低水平的接包方投入努力降低。由式（8-7）可知，第S个奖励的边际贡献随着k的增加严格单调递增，也就是说，当接包方能力水平提高后，发包方为获取最大期望总收益在奖励分配策略上需增加奖励数量。对于这一现象的现实解释为，当接包方的整体能力水平增强时，竞争状态更为激烈，对能力水平较高的接包方而言，激烈的竞争环境中有限的荣誉奖励价值更高，他们在竞争中会进行更多的投入，对发包方获得更多的期望总收益有利；然而，对于能力水平较低的接包方而言，由于在激烈的竞争环境中获得奖励的可能性小，其参与意愿及接包后的投入均会下降，对发包方获取最大期望总收益带来损失。由于协作式众包任务对能力水平的要求不高，在接包方能力水平提高的情况下，两种效应同时发生，因此为了保证发包方的最大期望总收益，应当增加声誉奖励的数量。

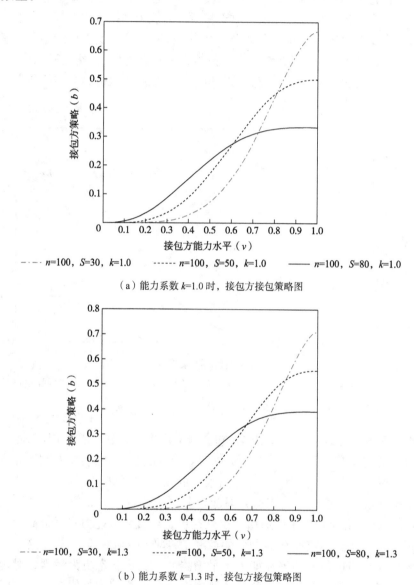

（a）能力系数 k=1.0 时，接包方接包策略图

（b）能力系数 k=1.3 时，接包方接包策略图

图 8-3　接包方能力水平提高后其接包策略对比图

2. 协作式众包模式下接包方参与数量变化对奖励分配策略的影响

由式（8-3）可知，假设有 n_1 数量的接包方参与，获取最大期望总收益的最优奖励分配策略为 S_{p_1}，且 $S_{p_1} < n_1$，则有 $\int_{\underline{v}}^{\bar{v}} \left[1 - F(v)\right] v \mathrm{d} F_{S_{p_1}}^{n_1}(v) \geqslant 0$ 且 $\int_{\underline{v}}^{\bar{v}} \left[1 - F(v)\right] v \mathrm{d} F_{S_{p_1+1}}^{n_1}(v) < 0$。当参与者数量增加到 n_2 时，有

$$\int_{\underline{v}}^{\bar{v}} \left[1 - F(v)\right] v \mathrm{d} F_{S_{p_1}}^{n_2}(v)$$
$$= \frac{(n_2-1)!}{(S_{p_1}-1)!(n_2-S_{p_1})!} \int_{\underline{v}}^{\bar{v}} \left(v - \frac{1-F(v)}{f(v)}\right) \left[1-F(v)\right]^{S_{p_1}-1} F(v)^{n_1-S_{p_1}} F^{n_2-n_1}(v) \mathrm{d} F(v) \geqslant 0$$

$$(8\text{-}8)$$

结论 3：在无奖励预算约束的情况下，期望获取最大总收益的最优声誉奖励个数不会随着 n 的增大而减小，即最优声誉奖励个数不会随着参与众包活动的接包方数量的增加而减小。

接下来通过具体算例来验证以上结论。当保持 k 值及奖励分配策略不变，接包方参与数量 n 从 100 增加到 200 和 300。如图 8-4 所示，能力水平较低的接包方随着参与人数的增加其参与意愿是降低的。然而，对于能力水平较高的接包方而言，当参与人数增加时，其参与意愿更为明显。与接包方能力水平对奖励分配策略的影响类似，接包方参与池的扩大使得固定数量的声誉奖励价值升高，竞争压力的增加与奖励价值的提升能够促使高能力水平接包方加大努力投入。相反，能力水平较低的接包方会因声誉奖励价值升高，产生畏难情绪，其参与意愿及努力投入水平均会下降。

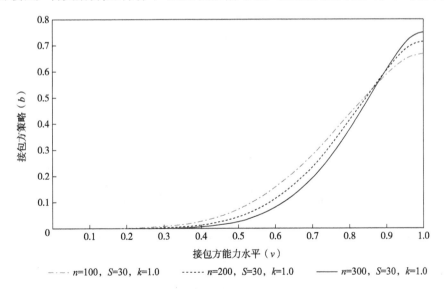

图 8-4　接包方参与数量变化时接包策略关系图

通过图 8-5 进一步说明额外的奖励对于不同数量参与者的参与策略的影响。如图 8-5 所示，发包方整体能力水平及奖励分配策略固定，当参与数量 n 从 150 增加到 200 时，不论接包方能力高低，均会随着参与数量的增加而增加其努力投入。

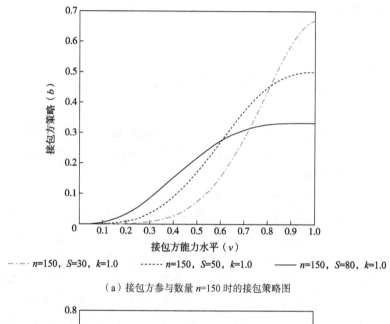

（a）接包方参与数量 n=150 时的接包策略图

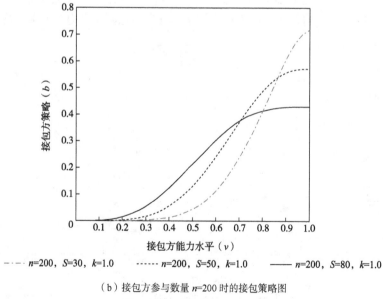

（b）接包方参与数量 n=200 时的接包策略图

图 8-5　接包方参与数量增加后其接包策略对比图

8.1.4 研究结论

8.1 节基于全支付拍卖理论,构建了协作式众包声誉激励策略模型。通过分析协作式众包声誉奖励的均质且无奖励限制的特性,本章建立了在不完全信息下,无奖励限制情形下协作式众包中发包方期望总收益的数学模型。对该情形下接包方接包均衡策略分析表明:首先,在无奖励限制且奖励均质的情况下,通过增加奖励分配数量能够更好地激励能力较弱类型的接包方,明显提高其参与意愿;其次,在奖励分配数量不断增加的过程中,存在当奖励数量从 S 增加到 $S+1$ 时会对能力较低的接包方具有正向激励作用,而对能力水平较高的接包方的参与意愿有负向激励效果。

同时,8.1 节对协作式众包中期望总收益最大化最优奖励分配策略进行了分析。研究发现:协作式众包中最大期望总收益函数为单峰函数;在无奖励限制的情况下,协作式众包中期望总收益最大化最优声誉奖励分配策略为多奖励策略。

8.1 节采用比较静态均衡法研究了当接包方参与数量及群体质量发生变化时对众包激励策略最优解的影响,研究表明:接包方参与数量及能力水平提高时,应调整声誉激励策略使最优奖励分配数量增加以获取期望总收益与期望最高质量收益最大值。

8.2 无奖励限制情形下协作式众包
赏金激励策略优化

8.1 节中,通过全支付拍卖模型构建了无奖励限制情形下众包声誉激励策略模型,并分析了接包方能力及数量的改变对声誉激励策略最优解的影响。在协作式众包激励研究中,赏金激励同样十分值得关注。AI(artificial intelligence,人工智能)企业为了能够获取足够数量的图像、语音识别、移动设备传感器数据,常常采用协作式众包的形式在亚马逊的土耳其机器人等平台上发布相关任务并提供金钱报酬给予接包任务大众。企业或组织是否能够通过众包平台获取希望获得的足够数量且多样化的数据资源,关键在于如何设计合理的赏金激励策略来吸引足够多的参与者参与并同时提供高质量的用户贡献。

与声誉激励不同的是,奖金额度对于发包方而言不是无成本发放的,因此发包方需要关注的不仅仅是从全部接包方处获得的全部贡献，还需要关注的是采用协作式众包产生的利润；与声誉激励中每份奖励价值等额不同，每份赏金的额度可以是固定的也可以是有差别的。考虑到在全支付拍卖模型中，由于所有接包方无论是否最终获得奖励都需要事先付出努力，对于每个参与者而言不可避免地都会产生沉没成本。这种情况会对接包方下次参与接包造成负面激励，从而降低参与者参与意愿。

因此，本节采用 Tullock 竞赛模型作为无奖励限制情形下协作式众包赏金激励策略的基础框架，对协作式众包激励优化策略进行研究分析。Tullock 竞赛是一种不完全歧视的独特的竞争机制：只要参与者付出努力，每个参与者都有严格的赢得奖励的概率，这个概率由 Tullock 竞赛模型的 CSF 决定。这一特点十分有利于激励那些技能水平一般的接包方的参与意愿。在现实协作式众包的场景下所需要的激励策略设计不是加强接包方的竞争强度从而选出最优的参与方案，而是希望能够通过温和的竞争环境有效地激励更多的接包方参与从而获取更高的期望总收益（接包方贡献总值）。因此，采用 Tullock 竞赛模式对无奖励限制条件下的协作式众包赏金激励策略优化是非常有效的。本节接下来会采用 Tullock 竞赛模型对无奖励限制的协作式众包赏金激励策略进行优化分析。

8.2.1　无奖励限制情形下的协作式众包赏金激励策略模型构建

在协作式众包活动中，发包方期望获取更多样化的数据，因此希望接包方为非固定群体。也就是说，在协作式众包中接包方的能力水平及背景往往是不可预测的，并且接包方之间是互相独立的，即不清楚其他接包方的有关信息。因此，我们可以将协作式众包转化为不完全信息下的 Tullock 竞赛模型。

基本假设如下：①所有接包方均为风险中性；②对接包方 i 而言，分布函数 F 为公有信息，能力水平 c_i 为私有信息；③接包方技能水平满足独立分布；④发包方的目的是获取最大化接包方贡献总收益。

Tullock 竞赛模型核心建模要素为 CSF。本小节模型中，CSF 表示一个参与者 $i(i=1,2,\cdots,n)$ 在该次竞赛中付出 b_i 的努力能够获得奖励的概率，其函数表达式为

$$\Pr(b_i) = \frac{g(b_i)}{\sum_{j=1}^{n} g(b_i)} \quad\quad (8\text{-}9)$$

其中，$g(b_i)$ 表示参与者 i 付出 b_i 的努力后在竞赛中所产生的贡献函数，$g(x)$ 为非

负的严格单调递增函数，且满足 $g(0)=0$。为了方便计算，假设 $g(x)$ 为二次可微的凹函数。当 $b_i=0$ 时表示参与者没有人付出努力，即 $\Pr(b_i)=0$，这就意味着在该次竞赛中没有人获得奖励。

本章设定赢家获得的金钱奖励价值函数为 $V(\theta_w)$，其中 $\theta_w=g(b_i)$ 表示未知赢家的贡献，那么一位接包方能够获取的期望收益为 $\Pr(b_i)V(\theta_w)$。我们假设接包方的能力水平为 $c_i,c_i\in[\underline{c},\overline{c}]$，那么对于接包方 i 而言付出 b_i 的努力所付出的成本为 c_ib_i，那么对于接包方 i 而言收益函数为：$\Pr(b_i)V(\theta_w)-c_ib_i$。考虑到其他所有接包方的贡献策略集合 $\theta=(\theta_1,\theta_2,\theta_3,\cdots,\theta_n)$，由于 $g(x)$ 是严格单调的，所以存在逆函数，那么一个接包方在赛后最后能够获得的收益函数表达式为

$$\varphi_i(c_i,\theta)=\frac{\theta_i}{\displaystyle\sum_{j=1}^{n}\theta_i}V(\theta_i)-g^{-1}(\theta_i)c_i \qquad (8\text{-}10)$$

发包方在协作式众包中的收益为所有接包方的贡献减去其付出的奖金成本，其中 v 表示发包方对接包方单位贡献的评价参数，收益函数表达式为

$$P=v\sum_{i=1}^{n}\theta_i-V(\theta_w) \qquad (8\text{-}11)$$

在协作式众包中，接包方都期望选择能够最大化自身期望效用的策略，也就是说，协作式众包接包策略满足贝叶斯纳什均衡。在贝叶斯纳什均衡中，每个接包方的接包策略 θ_i 及其技能水平 c_i 与先验经验有关，在本章研究中我们的设定是对称的，因此我们可以构建出接包方的期望效用函数为

$$\varphi(c,\theta)=\int_{\underline{c}}^{\overline{c}}\frac{\theta}{\theta+\displaystyle\sum_{j=1}^{n-1}\theta_i}\prod_{j=1}^{n-1}\mathrm{d}F(c_j)V(\theta)-g^{-1}(\theta)c \qquad (8\text{-}12)$$

为了在协作式众包中使发包方获取最高利润，我们对奖励价值函数进行优化，不采用常规 Tullock 竞赛中固定奖励的方式，而是根据接包方能力及贡献程度来确定奖励额度，其中接包方 i 的均衡策略为 $\theta_i=\lambda(c_i)$，优化后的奖励价值函数表达式为

$$V^*(\theta_w)=\frac{\left[\lambda^{-1}(\theta_w)g^{-1}(\theta_w)-\displaystyle\int_{\underline{\theta}}^{\theta_w}g^{-1}(\tilde{\theta})\mathrm{d}\lambda^{-1}(\tilde{\theta})\right]}{\displaystyle\int_{\underline{c}}^{\overline{c}}\frac{\theta}{\theta+\displaystyle\sum_{j=1}^{n-1}\theta_i}\prod_{j=1}^{n-1}\mathrm{d}F(c_j)} \qquad (8\text{-}13)$$

由式（8-11）与式（8-13）可以推导出发包方最大期望总收益的函数表达式为

$$P^*=n\int_{\underline{c}}^{\overline{c}}\left[v\lambda(c)-g^{-1}(\lambda(c))c+\frac{F(c)}{f(c)}\left[g^{-1}(\lambda(\overline{c})-g^{-1}[\lambda(c)])\right]\right]\mathrm{d}F(c) \qquad (8\text{-}14)$$

至此，模型建立完毕。这里的 $\underline{\theta}$ 与 $\lambda(\overline{c})$ 表示能力最弱的接包方的接包策略，在众包竞赛中，该接包策略往往为 0，也就意味着接包方若判断自己能力水平为最弱时会终止参与众包活动。这就是说，在强调竞争的众包竞赛中会产生弱者歧视现象，也就是说，如果能力水平最弱，即使投入努力也没有机会获得奖励。

然而，在协作式众包模式中发包方不希望产生这样的情况，因为发包方的目的不是选取最优方案，而是期望获得全部接包方的总贡献最大。采用 Tullock 竞赛模型可以解决这个问题，因为满足 Tullock 竞赛模型的协作式众包中，只要接包方付出非 0 的努力，都会存在能够获胜的概率。基于以上模型还能够发现，在无奖励限制条件下，依据接包方贡献程度进行奖金的配给时，接包方的均衡策略与接包方参与数量无关。原因在于，奖励额度不设置上限，因此，随着接包方参与数量的增加不会稀释每个接包方的获奖概率。这无疑增强了接包方的参与意愿及促进了接包方接包后的任务完成率。也就是说，在实际场景中，接包方不会对协作式众包活动的宣传及扩散产生抵触，这有利于进一步扩大协作式众包的接包方参与池。

8.2.2 有奖励限制情形下的协作式众包赏金激励策略模型构建

为了证明在无奖励限制情形下设计的众包赏金激励策略的优越性，本小节构建有奖励限制情形下的协作式众包赏金激励策略模型作为证明无奖励限制优越性的基准。

我们需要找到最优的固定奖励额度 V_0^*，即当均衡策略为 θ_0^* 时能够带给发包方最大期望总收益 P_0 的激励策略。由式（8-3）可得，在有奖励限制情形下发包方收益函数为

$$P_0 = nv\int_{\underline{c}}^{\overline{c}}\lambda_0(c)\mathrm{d}F(c) - V_0 \qquad (8\text{-}15)$$

为了方便计算，令 $g^{-1}(x) = \eta(x)$，在固定奖励为 V_0 的 Tullock 竞赛中，均衡策略 $\theta_0 = \lambda_0(c)$ 取决于以下等式成立：

$$\int_{\underline{c}}^{\overline{c}}\frac{\sum_{j=1}^{n-1}\lambda_0(\tilde{c}_j)}{\lambda_0(c) + \sum_{j=1}^{n-1}\lambda_0(\tilde{c}_j)}\prod_{j=1}^{n-1}\mathrm{d}F(\tilde{c}_j) = \eta'(\theta_0)\frac{c}{V_0} \qquad (8\text{-}16)$$

我们可以发现式（8-16）没有解析解，并且在我们的模型中能够获取发包方最大期望总收益 P_0 的最优 V_0 待求。同时，在式（8-16）中可以看到，P_0 的值与 $\lambda_0(c)$ 相关，且最优的固定奖励额度 V_0^* 的解不是一个确定值，而是一个与发包方对接包方单位贡献的评价 v 相关的函数表达式。因此，我们采用数值法来解含有未知函

数的弗雷德霍姆积分方程。首先我们把式（8-8）中积分转换为积分求和，其中 δm 为将原积分转换成积分求和时产生的残差，将式（8-8）转化为与 m 相关的非线性方程组，则有

$$\delta m \sum_{j=1}^{m} \frac{\lambda_0(c_j)f(c_j)}{\left[\lambda_0(c_i)+\lambda_0(c_j)\right]^2} = \eta_{\lambda_0}'\left[\lambda_0(c_j)\right]\frac{c_i}{V_0} \tag{8-17}$$

经过上述计算，根据式（8-15）可得 P_0 的峰值为关于 v 的函数表达式：

$$P_0\left[v,V_0,\lambda_0(c)\right] = nv\delta m \sum_{j=1}^{m} \lambda_0(c_i)f(c_j) - V_0 \tag{8-18}$$

8.2.3　协作式众包赏金激励策略优化效果评估

本小节采用 MATLAB 数值仿真对上述建立的优化模型［式（8-13）和式（8-14）］进行优化效果评估。本书通过比较相同的协作式众包活动在无奖励限制条件下的激励策略与有奖励限制条件下的激励策略来展示我们的优化程度，进而证明我们建立的无奖励限制情形下众包激励策略的优越性。基于参与协作式众包的发包方企业主要以利润为驱动，因此本章设定评估优化程度的三个绩效指标为：

（1）协作式众包活动中接包方的均衡策略，即对发包方的奖励的响应。

（2）协作式众包活动中发包方提供的奖励额度，即发包方的参与成本。

（3）协作式众包活动中发包方的期望效用，即发包方最终的收益。

1. 接包方均衡策略比较

对无奖励限制情形下建立的协作式众包激励模型（以下简称优化模型）与有奖励限制情形下建立的协作式众包激励模型（以下简称基准模型）中接包方均衡接包策略（即接包方在该次众包活动中愿意投入的努力）和接包方能力水平之间的关系进行仿真。假设发包方对该次协作式众包的接包方单位贡献的评价系数（v）分别取 1.5、2.5、3.5 时，接包方能力水平 c（接包方贡献的边际成本）与接包方策略（b）的变化趋势如图 8-6 所示。

（1）在优化模型与基准模型中，无论发包方对接包方单位贡献的评价系数（v）处于何种水平（$v=1.5$、$v=2.5$、$v=3.5$），接包方的均衡策略函数都是随着接包方能力水平（c）的增加而呈单调递减趋势的。这符合现实的协作式众包任务特点，能力水平较高的接包方的参与意愿相比能力水平一般的接包方的参与意愿偏低。

（2）对比发包方对接包方单位贡献的评价系数（v）相同时优化模型与基准模型中接包方均衡策略，可观察到：接包方整体能力水平较低（$v=1.5$）、一般（$v=2.5$）、较高（$v=3.5$）时，对比相同能力水平（c）的接包方，优化模型中的

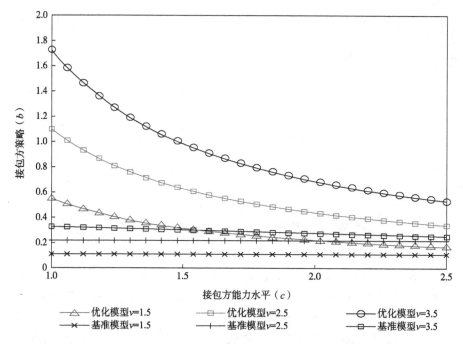

图 8-6　不同激励策略下接包方能力水平与接包方策略关系图

接包方贡献均显著高于基准模型中同等能力水平的接包方贡献。这证明了在无奖励限制条件的情况下，根据接包方完成任务的贡献水平决定奖励额度的分配很大程度上能够激励能力水平较弱或一般的接包方在接包过程中付出更多努力。从现实角度来看，采用优化模型更能够激励数量更为庞大的普通水平的接包方投入努力，因为尽管有自身能力水平的局限，但在多劳多得的奖励设计的刺激下，普通能力水平的接包方在接包过程中会投入更多的努力。该情况满足协作式众包的激励目的，即期望接包方参与池足够大且多样化。

（3）观察基准模型与优化模型下，发包方对接包方单位贡献的评价系数（v）不同时，不同接包方能力水平（c）的接包方均衡策略，可观察到：在优化模型中，当发包方对接包方单位贡献的评价系数提高时，无论接包方能力水平高低，接包方的接包贡献都有较为明显的提升。然而，在基准模型中，尽管发包方对接包方单位贡献评价系数有所增高，但无论能力水平高低，接包方的接包贡献提升并不明显。这同样表明在现实情况中，采用优化模型，即不设置奖励限制，根据接包方在协作式众包问题中的贡献进行奖励额度的分配更能够促进接包方在接包过程中提高自身能力水平或投入更多的努力来获取更高的奖金额度。

2. 发包方奖励设置比较

对优化模型与基准模型中发包方最优奖励金额的设置与赢得奖励的接包方接

包贡献（θ_w）关系进行仿真。仍假设发包方对该次协作式众包的接包方单位贡献的评价系数（v）分别取 1.5、2.5、3.5 时，发包方最优奖励金额的设置与赢得奖励的接包方接包贡献的关系如图 8-7~图 8-9 所示。

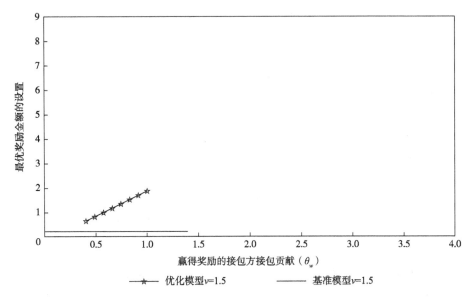

图 8-7 最优奖励金额的设置与赢得奖励的接包方接包贡献（θ_w）关系图（v=1.5）

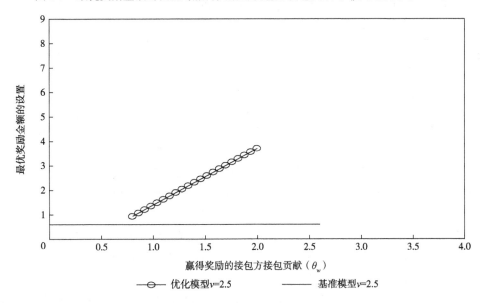

图 8-8 最优奖励金额的设置与赢得奖励的接包方接包贡献（θ_w）关系图（v=2.5）

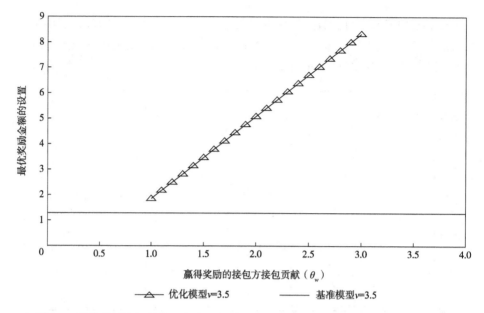

图 8-9　最优奖励金额的设置与赢得奖励的接包方接包贡献（θ_w）关系图（v=3.5）

（1）优化模型中，发包方最优奖励金额的设置与赢得奖励的接包方接包贡献之间基本呈线性关系，且发包方最优奖励金额的设置随着赢得奖励的接包方接包贡献的增长呈单调递增的趋势。可以验证本节在优化模型设计中以接包方贡献的大小作为奖励分配策略的标准的合理性。

（2）在发包方对接包方单位贡献的评价系数（v）相同时，对比优化模型与基准模型中发包方最优奖励金额的设置，可以观察到：首先，在优化模型中，赢得奖励的接包方一定付出了贡献，然而在基准模型中最优奖励金额的设置下赢得奖励的接包方存在贡献为 0 的情况。其次，接包方整体能力水平较低（v=1.5）、一般（v=2.5）或较高（v=3.5）时，优化模型中发包方最优奖励金额的设置随着赢得奖励的接包方贡献的增加显著超越了基准模型。从现实角度来看，无论接包方能力水平如何，采用固定奖励作为金钱报酬类的激励策略也就意味着接包方只需达到该次接包的最低贡献程度即可获得奖励，不会超出预期地完成接包任务。因为当奖金额度固定时，努力程度越大意味着接包方参与成本越高，完全理性的接包方不会采取以上策略。但在优化模型中，由于奖金被按贡献奖励给接包方，因此如图 8-7、图 8-8、图 8-9 所示，对于相同贡献的接包方而言，优化模型中的最优奖励金额往往高于基准模型中的最优奖励金额。

（3）将图 8-7~图 8-9 横向对比，当发包方对接包方单位贡献的评价系数（v）不同时，通过优化模型与基准模型中发包方最优奖励金额的设定可以发现：随着接包方整体能力水平的提升，赢得奖励的接包方接包贡献增加时，其所获得的最优奖励金额的增幅显著增加。现实情况中，接包方会认为高额的奖金意味着任务存在难度高、难以完成的特点，为了规避风险接包方选择投入较低的努力，而采用无奖励限制的优化模型能够消除接包方规避风险的选择，激励接包方更为优质地完成协作式众包任务。

通过以上对比发现，优化模型在最优奖励金额的设置上明显高于基准模型。协作式众包中采用无奖励限制且"按劳所得"的激励方式，发包方的激励成本明显升高。这种情况对于发包方而言是否属于负面效应，需要对发包方期望收益情况进行分析。

3. 发包方最大期望收益比较

对优化模型与基准模型中发包方最高期望收益（利润）与发包方对接包方单位贡献的评价系数（v）关系进行数值仿真，如图 8-10 所示。

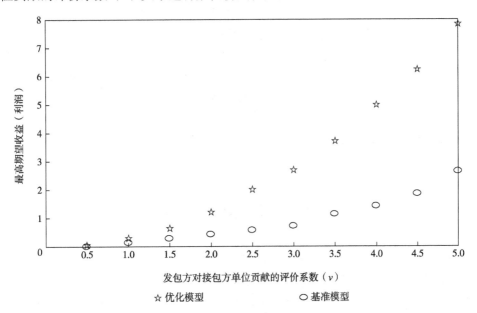

图 8-10 最高期望收益（利润）与发包方对接包方单位贡献的评价系数的关系图

可以发现：

（1）随着接包方能力水平的提高，优化模型与基准模型中发包方最高期望收益均呈现上升趋势。

（2）通过比较能够发现，当接包方整体能力水平数值固定时，优化模型中发包方最高期望收益显著高于基准模型；同时，该趋势随着接包方能力水平的提高而不断增强。结合现实来看，尽管协作式众包任务中的任务对参与者能力水平要求并不高，但并不妨碍能力水平较高的接包方通过"多劳多得"的奖励方式获取更为丰厚的报酬。同时，无限制奖励的激励策略能够弱化接包方之间的竞争敌意，使得接包方参与池扩大。因此，即使发包方采用优化模型的激励策略导致激励成本增加，但从利润驱使的企业角度而言，采用优化策略产出的最大期望收益更为客观。

8.2.4　研究结论

8.2 节采用 Tullock 竞赛模型对有奖励限制情形下协作式众包赏金激励策略进行优化设计。设计了在无奖励限制下"多劳多得"的赏金激励策略来激励接包方参与，同时建立有奖励限制情形下的协作式众包赏金激励策略作为优化基准，结论如下：

（1）通过与设定固定奖励限制的基准模型对比，使用数值仿真方法证明了无奖励限制情形下"多劳多得"的赏金激励策略的优越性。

（2）无奖励限制赏金的设计能够克服接包方由于参与者数量的增加产生的敌对情绪，从而增强能力水平一般的接包方的参与意愿与接包后的投入努力。

（3）尽管优化模型赏金激励策略设计相较于固定奖励的基准模型会存在发包方激励成本偏高的情况，然而采用优化模型激励策略能够使接包方最高期望收益（利润）产生较高水平的增长。

8.3　本　章　小　结

本章立足于协作式众包这种典型的众包类型，首先，基于前文关于全支付拍卖的相关理论及研究，结合声誉激励之间无差别的特征，构建了无奖励限制情形下协作式众包声誉激励中发包方期望最大总收益的数学模型，从数理模型的角度验证了在协作式众包声誉激励问题中奖励分配策略选择的问题；通过比较均衡分析方法确认了最优奖励分配策略伴随着接包方参与池与能力水平的改变而发生的变化。其次，基于 Tullock 竞赛相关理论与研究，本章分别建立了在无奖励限制情形下的赏金激励优化模型与有奖励限制下的赏金激励基准模型。最后，通过对接包方的均衡策略、发包方提供的奖励额度及发包方的期望效用三个绩效指标对优化模型的优化效果进行评估。

第9章 众包模式下创新绩效研究

9.1 创新绩效相关概述

9.1.1 创新绩效

  国内外对创新绩效相关研究大致从两个角度出发，即个体层面和组织层面。个体层面的创新绩效常用"创造绩效"或"创造力"的概念描述，指的是个体创造新奇的、有潜在价值的产品或思想；组织层面的创新绩效则是指这些原创思想在组织层面的成功贯彻实施，常用"创新绩效"或"创新力"的概念来描述。创新是对原有事物的改变，并能带来一定的价值。创新可以是对过程的创新，也可以是对结果的创新，一般来讲，对过程的创新会带来对结果的创新，即产生创新绩效。企业在生产运作过程中，十分注重员工带来的创新绩效的提升，因此对创新绩效的理解可以用创新工作绩效来代替。创新工作绩效可以理解为组织中的员工对新技能、新产品创意的寻找、确定及实施的整体行为过程。作为组织者，可以通过员工产生创意想法的多少，以及这些创意想法创造了多少价值来评价员工的创新工作绩效，了解员工的创新能力。大多数研究从个体特征出发，认为创新绩效是从多角度、多层次处理事情的能力。随后，学者开始从多角度对创新工作绩效进行解释，主要观点是创造力三元素理论，学者将个人创新绩效与创造力紧密联系，认为创造力的提升需要考虑三要素，即领域相关技能、创意相关技能和工作动机。但是这样的定义过于片面，只是考虑了创意的产生，而忽略了将创意想法真正成功实施的结果，创新绩效的高低最终落脚点还是在结果上，如何将好的想法变成实际产出，是企业重点关注的问题。国内学者张伶等（2017）在前人研究的基础上，将创新绩效定义为：组织中的员工寻求、确定和执行新的想法、思路、技能，同时能够将这些新的创意想法变成现实有用的产品或服务的一整套完整行为表现。

9.1.2　接包方创新绩效

众包模式的主要特点是其创新性，企业实施众包必然是为了提升创新绩效，因此关于众包创新绩效的研究越来越受到学者的关注。众包创新绩效是从组织层面考虑，组织能够接收到更有创新性的方案，并能通过实施这种方案给组织带来效益，所带来的效益越高，则整个众包的创新绩效越高。本章所研究的众包竞赛下接包方创新绩效属于个人层面的创新绩效，发包方发布创意性任务主要是为了得到有创造性的想法和方案，而且个体层面的创新绩效多体现在创造力方面。接包方提交的方案越新颖、越有创意，就越能够被发包方接受，当这种方案被成功实施后，表明接包方的创新绩效越高。本章在总结现有文献的基础上，将众包竞赛中接包方的创新绩效定义为：接包方在参与众包竞赛的过程中，提交的有创造力、新颖的，能被发包方认可，并为其带来收益的想法和方案。接包方创新绩效的研究为众包创新绩效的研究奠定了基础，找出影响接包方创新绩效的因素，并有针对性地进行改善，将对众包创新绩效的提升起到关键性作用。

9.1.3　创新绩效影响因素研究

目前，国内外关于众包创新绩效方面的研究较多，研究角度有所不同，大体从接包方、众包平台环境及任务属性等角度出发。

（1）从接包方自身的角度出发，DiPalantino 和 Vojnovic（2009）的研究表明，众包竞赛中参与者人数与奖金额度呈对数增长关系，奖金越多越能吸引接包方的参与。学者从不同的角度出发，分析接包方参与数量的多少与创新绩效的关系。Che 和 Gale（2003）考虑到随着参与竞赛人数的增加，由于获胜者只有一人，每个参与者的获胜概率下降，进而参与者可能会花更少的精力在任务上，整个竞赛质量会下降。Terwiesch 和 Xu（2008）却持有不同的观点，他们认为开放式创新竞赛的参与人数越多越会增加创新成果的多样性，发包方越容易获得想要的方案，这样会减少参与者投入不足导致的质量低下，从而有助于提高创新绩效。Boudreau 等（2011）也进一步证实了参与人数的增加能降低问题的不确定性对激励因素产生的不良影响，从而提高整体绩效。另外有学者研究竞赛参与人数的多少对创新绩效的影响，忽视了吸引参与人数的内因，即如何才能让参与者有更高的参与意愿。Lakhani 和 Panetta（2007）研究发现，参与者的空闲时间也会对创新绩效产生影响，如果参与者的空闲时间多，他们会有更多的精力来完成任务，方案脱颖而出的概率也就越大。相反，即使有较强的创新能力，但没有足够的时间来参与任务，参与者也很难最终胜出。葛如一和张朋柱（2010）也发现空闲时间是影响接包方创新绩效的重要因素，因为空闲时间会对接包方的创新能力和努力程度产生负效应，空闲时间不足，接包方可能不会有足够的精力全身心地投入任务，即使奖金额度吸引力再高，对空闲时间不足的人来说也很难参与其中，即使参与了可能也只是敷衍的态度，进而降低接包方创新绩效。在参与者动机方面对创新绩效影响的研究中，Sauermann 和 Cohen（2010）指出内部动机和外部动机相比会让参与者更加努力地完成任务，对绩效产生显著的影响。邹凌飞（2015）在对成员创造力绩效的研究中也发现，外部型动机、认同型动机和集成型动机对成员创造力绩效具有正向作用，摄入型动机对成员创造力绩效具有负向作用。在相关研究中，有不少学者分析接包方参与历史对绩效的影响，得出的结论相似度较高。Archak（2010）认为参赛选手的等级会对众包绩效产生显著影响，参赛选手的等级越高代表参赛经验越丰富且经常提供高质量的方案，高等级的接包方相比于低等级的接包方可以带来更显著的绩效提升。Schuhmacher 和 Kuester（2012）认为，参与者的参赛经验会正向影响方案的创意性及最终的质量，参赛经验越多，表明接包方对众包竞赛模式越熟悉，越能够在短时间内理解发包方的意图，减少由陌生环境不适应造成的绩效低下。Khasraghi 和 Aghaie（2014）也认为，参与者的参与历史对其绩效有显著影响。除此之外，还有学者研究了接包方的参与程度对方案创新性的影响，以及接包方之间的合作对众包绩效的影响。众包创新绩效的提升依靠的是接包方的绩效，而学者从接包方的角度过多地关注对众包创新绩效的影响，较少研究影响接包方自身绩效水平的因素。本章在现有文献的基础上，研究影响接包方自身创新绩效的因素，为众包创新绩效的研究奠定理论基础。

（2）有些学者从众包平台的角度出发，认为任务的推送机制会对接包方的中标率产生影响。中标率是评价接包方创新绩效好坏的标准之一，Mo 等（2013）发现，与解答者能力和兴趣相匹配的任务推送机制会提高解答者中标的可能性，进而提升解答者绩效，因为精确的任务推送机制会让接包方更快速、更精准地找到自己感兴趣的任务，在节省寻找任务所需时间成本的同时也能让自己更快地投入任务中。Geiger 和 Schader（2014）发现众包平台良好的个性化推荐机制可以实现更有效的资源配置，有效的资源配置提升了众包平台的效率，也提升了接包方参与的积极性。众包平台作为众包主体之一，对接包方和发包方起着中介作用，推荐机制仅考虑了技术方面的影响，欠缺对众包平台环境的研究。可从众包平台环境的角度，研究影响创新绩效的相关因素。

（3）在众包任务设计方面，相关研究认为奖金、任务复杂程度、竞赛周期和任务类型会对众包创新绩效产生显著影响。在任务的内容方面，有学者指出，有意义的任务比那些无趣的任务有更高数量和质量的方案产出。Yang 等（2009）从转换成本的角度出发，认为任务描述越长，解答者需要花费更多的精力来理解发布者的需求，同时对解答者的限制越多，越不利于解答者的自主发挥，导致参与人数及创新性下降。同时他们还指出，任务设置的周期越长，能够吸引越多的接包方参与。郑海超和侯文华（2011）认为，任务描述长度可以近似反映信息的质量，描述越长，信息的详细程度和准确性就越高，接包方就越能了解发布者的需求，进而提高整个众包竞赛的质量。Gefen 等（2016）认为，详细的任务描述可以使接包方更好地了解任务需求，同时吸引更多接包方参与，进而提高组织者发布任务的绩效。在任务设计方面，研究者仅从任务的描述或任务的类型出发考虑对接包方产生的影响，并没有具体描述是什么类型的任务。因此，找出具体的任务属性，对发包方如何设计一个优质的方案至关重要，这也是本书关注的重点。

9.1.4　接包方创新绩效评价研究

目前，众包竞赛下关于接包方创新绩效的研究主要有以下几个方面。

（1）基于效用角度的创新绩效。效用通过接包方的投入和产出的比值计算得来，低投入、高产出意味着从效用来讲，接包方有较高的创新绩效，反之，接包方投入巨大却没有或很少有想法和方案产出，则表明接包方的效用是低下的，无法提升自己的创新绩效。一般来讲，基于效用的影响因素主要有奖金的分配方式、任务的反馈、解答者的技能、经验和努力程度等。

（2）基于中标率角度的创新绩效。众包竞赛的特殊性表明了发包方发布任务后只有一个或少数接包方被选中，这种被发包方选中而获得奖励的行为被称为中标。中标率表示接包方因参与竞赛任务而被发包方选中的次数占其在该众包平台中参与任务总数的比值。国内外不少学者从中标率的角度对接包方创新绩效进行评价。Guo 等（2014）在对以知识技能为主的众包模式中，即发包方主要是为了获得优质的想法，对接包方的创新绩效研究评价就是以中标率为评价标准的。董坤祥等（2016a，2016b）研究以翻译任务为主的众包竞赛，在评价接包方翻译质量好坏的实证研究中，也采用了以中标率为衡量标准的评价模式。关于中标率的主要影响因素有奖金、任务匹配度、忠诚度、众包平台环境、对发包方的信任和努力程度等。

（3）基于奖金金额大小的创新绩效。对接包方能力的最直观评价就是其获得的奖金多少，接包方获得的总奖金越高，表示其经常能被发包方选中。反之，当接包方经常参与任务却很少获得奖金时，意味着发包方对其认可度不高。董坤祥等（2016a）认为用奖金来衡量接包方的创新质量是最直接、最直观的方式，其在研究解答者创新绩效的过程中使用单位任务获得奖金金额大小来衡量创新绩效。田剑和王丽伟（2014）在现代期望价值理论的基础上对解答者的创新绩效进行了研究，通过奖金多少来衡量解答者的创新绩效。奖金金额大小的主要影响因素有空闲时间、任务属性、内外部动机、参与时间、教育水平和创新能力等。

（4）基于组织评价的创新绩效。发包方对接包方提交的方案进行评估，根据提交方案的创新性进行打分。Liu 等（2014）在对创新绩效进行评价的时候使用任务方案质量为评价指标，而方案质量的好坏是通过该领域的专家主观打分完成的。影响组织者评分高低的因素就是对提交任务方案的满意程度，满意程度越高，方案越新颖，则组织者评分也就越高；反之，组织者对毫无亮点的任务方案甚至没有印象，评分也不会太高。

在对现有研究文献总结归纳的基础上，结合众包竞赛的特点，因发包方选择众包竞赛模式是为了获得新颖、有创意的想法和方案，接包方的创新绩效又是从个体层面出发，创新绩效的研究主要集中于创造力的大小，如何评价一个任务创造力的程度，笔者认为对接包方创新绩效的衡量从组织者，即发包方的角度对任务进行评价是最合适的方式。

9.2　众包竞赛中接包方创新绩效影响因素分析

9.2.1　研究模型

为了更好地解决众包竞赛模式下基于接包方创新绩效方面的有关问题，本章从参与意愿和努力程度的角度出发，构建众包竞赛中接包方创新绩效影响因素的概念模型，如图 9-1 所示。

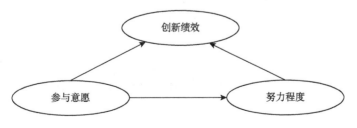

图 9-1　众包竞赛中接包方创新绩效影响因素的概念模型

　　在概念模型的基础上，本书从整体的角度出发将任务属性、众包平台外部环境考虑进来，分析其对用户创新绩效的影响，最终建立理论模型。该模型主要包含三个方面的因素，即任务设计因素、众包平台环境因素和用户因素。

　　（1）任务设计因素，包括四个维度，分别是任务赏金、任务隐性、任务自主性和任务多样性。任务赏金指发包方根据任务的情况设置的奖金额度，即竞赛获胜者最终可以获得的奖励。任务隐性指众包竞赛任务需要接包方具备的知识、技能和能力的隐性程度。任务自主性指发包方发布的任务给予接包方多少自主决策的空间，即受到任务需求限制的程度。任务多样性是指竞赛任务需要接包方应用多样的知识技能，以及接包方在完成任务的过程中需要执行多样的工作活动的程度。

　　（2）众包平台环境因素，包括众包平台的交互性及信任环境。众包平台的交互性是指众包平台给用户提供沟通交流机会的便利性，在解答问题的过程中是否可以与其他用户相互交流和讨论。信任环境主要指众包平台给用户提供了多大的保障，用户能否能在众包平台放心地完成任务。

　　（3）用户因素，包括参与意愿和努力程度。参与意愿是主观程度上用户自身愿意参与任务的强烈程度。努力程度指用户选择参与任务后在多大程度上投入精力来完成任务。

　　因此，为了更好地找出影响接包方创新绩效的因素及合适的量表，本书的研究团队对猪八戒网上等级较高的几个用户进行电话访谈，并做好详细记录，根据访谈结果，最终确定本书的研究模型，如图9-2所示。

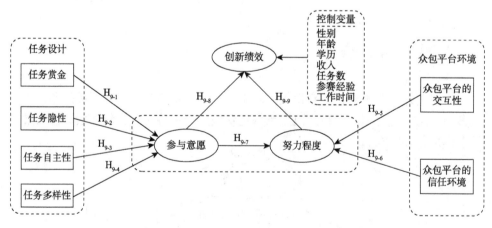

图9-2　众包竞赛下接包方创新绩效影响因素研究模型及假设

9.2.2　研究假设

1. 任务设计因素与参与意愿的关系

众包竞赛领域的研究发现，多种外部动机可以影响解答者的参与意愿，本小节研究的任务赏金是主要外部参与动机之一。DiPalantino 和 Vojnovic（2009）认为，在竞赛性任务中，随着奖金额度的提升，参与竞赛的人数会呈对数形式增长，说明发包方设置的赏金越多，接包方的参与意愿越强。同时，高赏金能够吸引更高水平的参赛者，提升解答方案的质量。王丽伟等（2014）在研究网络社区的创新竞赛绩效影响因素时也发现，设置较高的奖励金额能够增加参赛人数。任务设计时，高悬赏金额的任务能吸引更多人的关注，即外部动机的增强，使接包方有更强的参与意愿。因此，提出如下假设：

H_{9-1}：接包方参与意愿与任务赏金呈正相关关系。

隐性程度高的任务需要接包方具备的知识隐性程度高，这增加了任务的挑战性，会给接包方带来更多的内部动机。但隐性程度越高，发包方对任务描述的清晰程度越低，接包方可能对任务需求造成误解，同样，较高的任务隐性会增加接包方的感知失败风险，会降低接包方的参与动机。此外，隐性程度高的任务也说明发包方在评价解答方案时没有一套清晰明确的标准和方法，这样接包方会对任务方案的选取产生怀疑，感受不到评价过程的公平和公正，降低接包方的参与热情。因此，提出如下假设：

H_{9-2}：接包方参与意愿与任务隐性呈负相关关系。

众包竞赛中，接包方如果有更大的自主性来完成竞赛任务，较少受到任务需求的限制，将产生更高的内部动机。此前的研究也发现，一方面，工作中的自主性会正向影响员工的内在参与动机，使他们对任务产生强烈的兴趣，让他们更全身心地投入工作中。另一方面，当员工从事工作的自主性较强时，接包方对自己在竞赛中的行为会有更好的控制，如果接包方对自己行为的控制水平提高，将会产生更高的内部动机。因此，提出如下假设：

H_{9-3}：接包方参与意愿与任务自主性呈正相关关系。

在组织中，如果一个任务需要员工用到各种技能和不同的工作流程，那么综合使用这些技能可能会给员工带来挑战，正是这种挑战和不同工作流程所带来的乐趣会吸引员工更加积极地参与工作。相反地，当一项众包竞赛仅仅是需要重复性的操作，不需要依靠过多的技能时，那么会让接包方感到枯燥无味，没有动力参与竞赛，这样接包方的内部动机会降低。此外，运用多种技能解答出的方案更有多样性，让接包方感受到更多的成就感，以此来增加他们参与任务的积极性。因此，提出如下假设：

H_{9-4}：接包方参与意愿与任务多样性呈正相关关系。

2. 众包平台环境因素与努力程度的关系

众包网站的交互性可以使众包主体之间产生更多的互动交流，如猪八戒网的八戒圈子、一品威客的一品社区等，用户可以针对自己想问的问题在社区里发帖讨论或帮助别人解决难题，也可以对网站提出自己的建议，众包主体之间交流没有障碍。Hanvanich 等（2006）认为，组织交流学习有助于营造良好的创新氛围，接包方可以从其他人的回答中寻找灵感，不至于在遇到困难时半途而废，进而更加努力的工作。因此，提出如下假设：

H_{9-5}：接包方努力程度与众包平台的交互性呈正相关关系。

众包平台的信任环境可以保障接包方的基本权益，众包平台构建完善的信誉保障机制可以避免接包方遭受财产损失及相关的知识产权纷争，一个良好的信任环境可以让接包方全身心地参与任务，如猪八戒网的诚信管理中心、曝光台等。Hirth 等（2013）从众包网站的运作模式出发提出两种欺诈检测机制，对接包方的恶意欺骗行为起到有效的控制，有助于提高接包方的创新绩效。相反地，如果接包方的方案被发包方窃取导致最终没有获胜，接包方付出的努力没有得到应有的回报，通过对众包平台的投诉又无法解决相关纠纷，这会让接包方失去再次努力工作的动力。郑海超和侯文华（2011）在探讨众包竞赛网络平台对发包方作弊监督时发现，众包平台对发包方是否作弊起到监督作用，监督水平的大小会影响接包方的努力水平。因此，提出如下假设：

H_{9-6}：接包方努力程度与众包平台的信任环境呈正相关关系。

3. 参与意愿、努力程度与创新绩效的关系

Terwiesch 和 Xu（2008）在对接包方创新绩效的研究中发现，专业技能、努力程度和创造力对任务完成绩效有显著影响，接包方的创新绩效由自身的创新能力和努力水平共同决定。有关接包方参与动机的研究发现，接包方内部动机之一是得到乐趣，而且会促使接包方努力工作。参与意愿是接包方的主观感知，努力程度是客观的反映，当主观的参与意愿变得强烈，接包方将会更加愿意投入时间和精力来完成任务。Sauermann 和 Cohen（2010）认为，参与任务的内部动机和外部动机会正向影响接包方的努力程度和创新绩效，而且内部动机比外部动机影响作用更大，同时，内部动机和外部动机会通过努力程度来影响接包方的创新绩效。努力程度和工作动机决定了员工的工作态度，工作态度又源于情商，情商高的员工具有积极的工作态度，能通过对自身情绪的有效控制，营造一个融洽的工作氛围，从而提升工作绩效。

参与意愿由内部动机和外部动机共同决定，自我决定理论认为自我决定的动机往往与兴趣、信心、自我效能感联系在一起，因此能促进自身的积极行为和绩效。奖金作为外部动机能吸引接包方参与任务，同时也能激励接包方的创新行为。有研究发现，与低内部动机的员工相比，高内部动机的员工具有更高创造性和努力等行为。这表明内部动机高带来的行为提升会让员工更加努力的工作，同时也会使员工的工作绩效得到提升。相反，内部动机低的员工会缺乏工作热情，产生倦怠感，减少工作的努力程度，进而没有好的绩效表现。一方面，内部动机会直接影响员工的努力和创造性；另一方面，内部动机又会通过对努力行为的影响进而间接影响创造性，努力程度在这个过程中发挥了中介作用。内部动机和外部动机使接包方的参与意愿变得强烈，接包方更愿意参与任务，参与意愿越强，使得最终的方案质量变得越有保障。

因此，提出如下假设：

H_{9-7}：接包方努力程度与参与意愿呈正相关关系。

H_{9-8}：接包方创新绩效与参与意愿呈正相关关系。

H_{9-9}：接包方创新绩效与努力程度呈正相关关系。

此外，我们将几个与接包方相关的人口统计特征变量也考虑进来，如性别（XB）、年龄（NL）、学历（XL）、收入（SR）、任务数（RWS）、参赛经验（CSJY）和工作时间（GZSJ）。其中，任务数表示接包方参与任务的次数，参赛经验表示接包方参与众包平台的时间，工作时间表示接包方为完成任务付出的时间。

9.2.3　研究结论

1. 结果分析

任务设计中任务赏金会显著影响接包方参与众包的意愿。这说明在相似条件下用户更愿意选择奖金额度高的任务，即有较强的参与意愿。

任务隐性对接包方参与意愿有显著的负向影响。当发包方的任务需求难以被理解，或无法让接包方找到合适的方法和技能来解答问题时，接包方选择放弃该任务的可能性会增大，随着隐性程度的增强，接包方的参与意愿会随之减弱。

在任务设计对参与意愿的影响中，任务自主性会显著影响接包方的参与意愿。创意性任务需要的是开放性的思维，发包方对任务的要求限制越少，接包方解答问题的自主决策权越大，则接包方更愿意参与任务中来。

任务多样性没有显著影响接包方参与意愿。这可能是因为，一方面，与国外发布的任务不同，国内的发包方发布的任务一般比较小，且比较有针对性，不需要接包方应用多种方法和技能；另一方面，当接包方需要应用多种方法和技能时，这对接包方的挑战会变大，接包方可能会因为难度太大而放弃参与任务。

众包平台的信任环境对努力程度的影响较大，这表明接包方更加关注整个众包平台的信任环境。接包方参与众包任务，需要众包平台提供良好的利益保障，接包方才能放心地参与任务，当接包方对众包平台的信任感知越强时，越愿意投入精力完成任务。此外，众包平台的交互性也会正向影响接包方完成任务的努力程度。接包方在众包平台中参与对任务的讨论，可以解答接包方对任务的疑惑，避免出现接包方有疑问却无人可求助的困境。因此众包平台提供的沟通交流越便利，接包方越会努力工作。

参与意愿和努力程度是影响接包方创新绩效的重要因素，并且努力程度比参与意愿对创新绩效的影响更大。这表明接包方不仅需要有参与任务的意愿，还需要付出更多的努力才能提交更高质量的方案。

此外，本书研究的控制变量对接包方创新绩效没有显著影响。

2. 研究结论

众包创新绩效是个人或企业开展众包最关注的方面，而接包方创新绩效的好坏又能直接影响整个众包的创新绩效。为此，本节基于工作设计理论，构建了众包竞赛下接包方创新绩效的影响因素模型，并通过实证分析方法进行了验证，得出以下结论。

（1）任务设计会影响接包方的参与意愿。具体表现为，较高的任务赏金和较高的任务自主性会正向影响接包方的参与意愿，而较高的任务隐性会降低接包方的参与意愿。因此，发包方在任务设计时为了取得较好的结果应设置较高的奖金和给予接包方自由发挥的空间。

（2）众包平台的环境影响接包方的努力程度。具体表现为，高信任环境和交互性较强的众包平台会让接包方更放心，以至于更加努力工作。因此，在众包平台的建设中应提供给接包方方便的交流渠道和完善的奖惩机制。

9.3　众包模式下我国中小企业
创新绩效影响研究

本节从关系视角探讨众包模式下企业创新绩效的影响因素，将众包质量作为中介变量，将动态能力作为调节变量，搭建企业众包创新绩效影响研究的理论模型。

9.3.1　关系质量理论概述

1. 关系质量内涵

关系质量最初被应用于服务营销范畴，是指顾客对销售者预期行为的信任与依赖。随着营销方式改变，关系质量的界定突破了服务营销范畴，可以从组织间关系角度进行衡量，关系质量与服务质量的区别逐渐明显，关系质量更倾向于组织与顾客之间交流互动的程度，是一种感知质量。针对 B2B（business-to-business，企业对企业）特殊情境，关系质量是指协作主体按照之前拟定的商业标准，对双方间互动成果的认知与评估。B2B 特殊情境下关系质量的定义基于合作双方间人际关系质量来界定，比较类似于顾客感知。Hennig-Thurau 和 Klee（1997）认为关系质量是一种关系型满足程度，是能实现有效交互、降低交易成本、增强双方的信赖感、保持持久联系的一种隐性效益。Zhuang 等（2010）认为关系的内涵非常丰富，包含关系状态、关系行为和关系规范三个方面。关系状态是指商业伙伴双方之间的信任程度、亲密程度，用来衡量双方关系的好坏程度；关系行为是指商业伙伴双方之间的信息共享程度、协同制定计划及解决问题的努力程度，用来说明双方为维持和利用双方之间的关系所采取的措施；关系规范是指商业伙伴双方交流合作期间应遵循的规则。

国内大部分学者认为关系质量是涉及的关系主体在事先拟定的行为规范下，对行为主体满足自身需要程度的总体评价，是一种感知评估。杨雪莲（2012）认为，关系质量能体现关系价值，能够作为顾客关系程度的衡量指标，原因在于：关系质量一方面与关系主体过去交易的满意程度有关，另一方面受到关系主体对关系的需求与认知制约。周茵等（2016）通过研究销售渠道的影响策略，提出关系质量是合作双方基于交易经历而形成的对当前合作关系状态的感知。关系质量作为衡量关系主体间关系的概念，得到许多学者的关注，总体上，关系质量研究的是 B2B、B2C（business-to-customer，企业对消费者）这两种类型间关系主体的关系，B2B 强调组织间的关系，B2C 强调组织与客户之间的关系。

尽管关系质量研究范围非常广泛，但对其定义还未达成一致，大多数学者认为关系质量因情景不同而有差异，本节将众包情境下的关系质量定义为：发包方与接包方之间的关系有助于满足双方需求和期望的程度。众包模式下，关系质量并不是单纯的涉及 B2B 或 B2C 这两种类型中的一种，而是既有 B2B 类型也有 B2C 类型，众包社区用户既是创意提供者也是创意产品潜在消费者，因此，组织需要维持好与众包社区用户之间的关系。

2. 关系质量的相关研究

关系质量由一些相互联系但又彼此存在区别的维度构成，是一个高阶构想。关系质量维度构成没有达成一致，学者从不同的研究角度得到不同的衡量维度。

Dwyer 等（1987）最先划分了关系质量维度，并从满意度、信任和最小机会主义三个方面进行区分。随后，Crosby 等（1990）沿用了 Dwyer 等（1987）的思路，提出了关系质量维度框架，分别是信任和满意，但这一框架被后人证实存在缺陷，除了信任和满意这两个维度外，还应该考虑关系主体双方的互动关系。有学者利用组合分析方法对供应链环节进行研究，确定信任、满意、供应链继承、权利和利润是 B2B 类型下关系质量的五个重要维度。Križman（2010）通过研究物流外包的过程，发现使用第三方物流的顾客对服务过程要求比较高，第三方物流企业必须进行创新，他们认为参与、知识共享和知识创新是关系质量的重要维度。Mohr 等（1994）基于关系互动视角，将关系质量的维度总结为信任、有效沟通、参与、合作、承诺和冲突六个方面。

国内研究者对于关系质量维度的划分也进行了大量的理论研究，曹忠鹏等（2009）从经济、心理、管理、沟通和社会五个方面提出关系质量的维度，且信任、承诺和满意这三个要素仍然贯穿于每一个维度中。严兴全等（2011）认为，对于关系质量维度的研究，信任和承诺就可以完全概括，他们认为这两个维度不仅包含了关系主体对过去交易和互动的评价，还包含了关系主体对双方之间持续合作的期望。邓春平和毛基业（2008）研究对日离岸软件外包项目，发现信任、沟通和相互适应调整对合作双方的关系契约治理很重要，沟通是达成目标的一种手段。

综上所述，国内外对于关系质量维度的划分没有统一的标准，除了几个比较关键的维度外，关系质量维度的研究随着研究领域变化而变化。表9-1是关系质量研究的主要几个维度。如同关系质量的概念没有定论一样，不同情境下关系质量的决定因素有所差异，而且我们也没有必要对关系质量及关系质量测量维度做出严格界定。

表9-1　关系质量维度划分

维度	概念	来源
信任	可靠性和诚实性的信心程度	Mohr 等（1994）
有效沟通	分享信息、思想和感情的程度	Križman（2010）
承诺	彼此的承诺保证，并为此投入的最大努力	Crosby 等（1990）
满意	在互动过程中对评价做出反应的情绪状态	曹忠鹏等（2009）
创新	积极主动改进生产过程	Chen 等（2016）
冲突管理	积极通过处理差异来达到相互满意	刘刚和王岚（2014）

通过借鉴现有研究成果，根据众包的特性及发展现状，本节根据 Mohr 等（1994）、邓春平和毛基业（2008）的观点，从信任和沟通这两个方面来衡量关系质量的好坏程度。信任是指众包社区内接包方与发包方之间具有诚实和相互理解的信念；沟通指众包社区内接包方与发包方之间展开有效交流，降低信息不对称的状况。

9.3.2　研究模型

为更好地解决众包模式下企业创新绩效的问题，通过研究目前众包的发展及研究现状，本小节构建了基于关系视角的企业众包创新绩效模型，模型涉及以下几个变量：关系质量、众包质量和动态能力。

（1）关系质量，指发包方与接包方之间的关系有助于满足双方需求和期望的程度。关系质量主要研究维度有六个，根据众包的特性及发展现状，本书选取了两个研究维度，即信任和沟通。

（2）众包质量，指发包方对于接包方提供作品的期望值与实际感知值之间的差距。本小节拟借鉴顾客感知服务质量模型进行研究，对接包方提交的作品从感知有用性和感知易用性两个角度对众包质量进行测量。

（3）动态能力，是指一种行为认知能力，学者从不同角度将其划分为不同维度，根据众包的运行过程，采用适应能力、吸收能力和创新能力测量动态能力。适应能力是指企业根据外部动态环境调整内部战略及管理模式的能力；吸收能力是指企业从接包方提交的众多方案中挑选出有用的知识，并与企业内部知识进行整合的能力；创新能力是指企业能利用内外部知识创造出新产品或新技术的能力。

基于此，本书构建以创新绩效为因变量、关系质量为自变量、众包质量为部分中介变量及动态能力为调节变量的概念模型，如图 9-3 所示。

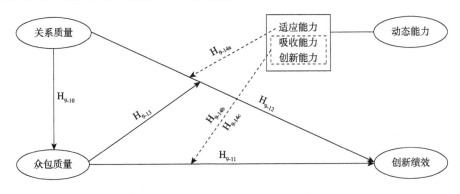

图 9-3　众包模式下我国中小企业创新绩效影响研究模型及假设

9.3.3　研究假设

1. 关系质量与众包质量

在中国文化背景下，关系是基于双方共赢的基础上建立起来的一种独特的社会网络，也是一种特殊的社会文化。众包质量是发包方对接包方提交作品的期望值与实际感知值之间的差距。基于委托代理理论，在众包模式中发包方与接包方（即委托方与代理方）是一种委托—代理关系，发包方与接包方建立良好的关系质量有利于获取更多外部资源、提高企业的创新能力及竞争地位。企业与众包社区用户之间的关系是一种超越契约的关系，众包社群相当于企业的动态组织，信任是发包企业与社群组织关系持续性的关键基础。Golicic（2007）认为信任和有效沟通能拉近合作伙伴之间的关系、增加满意度、降低成本、提高服务质量。Goncalves 等（2013）认为接包方之间及接包方与发包方之间的互动有利于提高工作质量，Fan 等（2015）认为有选择地将任务分配给熟悉任务的接包方可以进一步提高工作质量。但 Yu 等（2013）认为在众包模式中，将任务过度地分配给受信任用户并不能提高工作质量。基于此，提出以下假设：

H_{9-10}：关系质量对众包质量具有直接的正向影响。

2. 众包质量与创新绩效

接包方提交方案的质量是整个众包运行过程的核心之一，众包方案的质量与创新绩效存在直接关系。鲁琨和高强（2009）通过对 B2C 电子商务服务业企业管理者的访问发现，服务质量的高低将在长期内对绩效产生重要影响。Talib 等（2013）通过研究印度的服务公司，发现进行质量管理会直接影响企业绩效，尤其是进行质量文化管理。企业采用众包模式旨在通过众包社群获得外部创新资源以提高企业绩效，企业获得更多或更高质量的方案，有利于解决企业内部创新耗时和耗钱的问题，增加企业创新成效，因此众包质量直接影响企业创新绩效。基于此，提出以下假设：

H_{9-11}：众包质量对企业创新绩效具有直接的正向影响。

3. 关系质量与创新绩效

交易成本理论认为合作双方是建立在相互信任的基础之上的，具有契约性，众包模式虽然没有严格的契约性，但同样可以降低双方的交易成本，提高众包任务成功的概率。刘锋等（2007）认为威客模式下，企业能从用户提供的多种不同知识中获得新知识，使企业绩效显著提升。Lee 和 Kim（1999）研究外包成功的影响因素，发现伙伴间的关系质量是影响企业外包成功的关键因素。刘学元等（2016）认为网络关系强度对企业创新绩效有显著的正向影响。众包模式下，接包方不仅是任务方案的提交者，还可能是企业产品的消费者，企业与接包方之间保持良好关系有助于接包方向消费者转化、提高消费者的忠诚度，并且减少交易成本。基于此，提出以下假设：

H$_{9\text{-}12}$：关系质量对企业创新绩效具有直接的正向影响。

4. 众包质量的中介作用

根据社会资本理论可知，关系是企业的重要社会资本，在众包中企业通过关系网络——众包平台获取外部创新资源，降低企业自主开发成本，企业亦可将众包社区中的接包方转化为自身用户，降低交易成本，从而提高企业绩效。企业与接包方的关系是企业与有价值的非生产性资源的关系，这种关系可能通过某些中间要素间接作用于创新绩效。当企业与众包社区中的接包方拥有良好关系时，接包方提交方案可能更及时、更优质，并且会使接包方更倾向于为其提供服务。Palvia 等（2010）指出服务质量的提升对企业创新绩效有显著的正向影响。研究 H$_{9\text{-}10}$ 和 H$_{9\text{-}11}$ 可知，企业与接包方保持良好的关系能有效地提升接包方的方案质量，众包质量提升对企业创新绩效有显著影响。基于此，提出以下假设：

H$_{9\text{-}13}$：众包质量对关系质量和企业创新绩效具有显著的中介作用。

5. 动态能力的调节作用

Wang 和 Ahmed（2007）认为动态能力是企业的隐性资源，能整合、重构及对企业资源进行再次创新，动态能力理论诠释了企业是如何创造商业价值的。目前对于动态能力维度划分方法有多种，本小节采用李翔等（2013）提出的适应能力、吸收能力及创新能力三个维度来衡量。企业将众包社群视为外部动态组织，其管理模式、激励机制等应做出相应改变，以适应众包模式的特点，使企业采用众包模式取得成功。高适应能力有助于企业与接包方建立良好的关系，进而影响企业绩效。企业吸收能力及创新能力强有利于发现高质量的方案并将其转化为实际产品。基于此，提出以下假设：

H$_{9\text{-}14a}$：关系质量对企业创新绩效的作用被适应能力正向调节，适应能力越强，关系质量对企业绩效的作用越强。

H$_{9\text{-}14b}$：众包质量对企业创新绩效的作用被吸收能力正向调节，吸收能力越强，众包质量对企业绩效的作用越强。

H$_{9\text{-}14c}$：众包质量对企业创新绩效的作用被创新能力正向调节，创新能力越强，众包质量对企业绩效的作用越强。

9.3.4　研究结论

1. 结果分析

1）关系质量对企业创新绩效作用机制

从基本模型的分析结果可知，关系质量与中小企业众包创新绩效之间有显著的正相关关系，说明中小企业与众包社区内的用户保持良好关系，有助于提升众包创新绩效。但关系质量的信任和沟通两个测量维度中，信任对关系质量的作用效果不显著，沟通对关系质量的作用效果明显。众包网络中各个节点之间缺乏稳定的关系，信任度不高，但信任有利于提高接包方的参与意愿及参与效率，有利于企业获得更多的有利资源。中小企业与众包社区用户的沟通次数越多，越有利于提高接包方的工作成果质量。

从中介模型的分析结果可知，引入众包质量作为关系质量与企业创新绩效之间的中介变量后，关系质量对企业创新绩效的直接作用变得不显著，但关系质量对众包质量具有显著的正向影响作用，且众包质量对创新绩效具有直接的正向影响。结果表明：众包质量在关系质量与企业创新绩效之间具有完全中介作用。

中小企业与众包社区的良好关系能使企业取得更多、更高质量的方案，从而获取有竞争优势的一种外部性资源，通过该外部性资源直接作用于企业，亦可同企业自身资源相融合，从而提高生产效率。企业参与众包主要是为了获得问题的解决方案，接包方提交方案的质量需要企业采取一定的措施，以提升接包方的参与积极性与参与效率，从而使企业创新绩效提升。因此，增加众包质量对创新绩效的直接影响效应后，关系质量对创新绩效的效用变得不明显，通过提升接包方的方案质量进而提升创新绩效。

2）众包质量对企业创新绩效的作用机制

根据对中介模型的剖析可知，众包质量对企业创新绩效具有显著的正向影响，说明接包方提交的方案质量越高，企业从方案中能获得的有用资源越多。企业将外部吸收的知识、技术与内部知识、技术融合，既可以更新企业知识库，提高企业技术水平，也可以改进企业的管理模式及运营模式，使企业创新绩效不断提高。但目前众包任务的方案质量普遍偏低，已成为众包模式的一个瓶颈问题。对于接包方而言，由于工作条件及工作能力限制，许多接包方提交的方案结果不甚理想。

3）动态能力调节作用机制及众包质量的被调节的中介作用机制

根据调节模型结果可知，适应能力对关系质量与企业创新绩效间的关系具有显著的正向影响，经适应能力调节后的关系质量对企业创新绩效产生直接影响，使得关系质量既对企业创新绩效具有直接作用，也可通过众包质量对创新绩效产生间接作用，即众包质量的中介作用为企业动态能力所调节。结果表明：众包社区是一种开放性组织，将其视为企业的外部动态组织，组织本身应具有一定的开放性及灵活性，要根据动态组织的特点对组织的内部运行机制、激励机制等管理环节进行重新梳理，根据实际情况进行实际调整。

企业从众包作品中获得的资源量受企业自身动态能力影响，根据调节模型的分析结果可知，企业吸收能力、创新能力对众包质量与企业创新绩效具有显著的正向影响，经调节后的众包质量对企业创新绩效影响显著性加强，其内在机理可解释为：企业的吸收能力及创新能力越强，企业能从接包方提交的方案中获得更多的有用知识，并可将其直接作用于企业生产，提升新知识、新产品的生产效率，增加企业的竞争优势。

2. 研究启示

基于前文的研究结论，并依据众包模式在我国现阶段的发展现状，本书从以下几个角度探讨众包模式下企业创新绩效的策略。

1）与接包方建立良好的互惠关系

（1）建立信任感。众包模式是基于众包平台的活动，接包方与发包方之间的合作关系建立在信任和众包活动规则的基础上，没有明确的法律约束，稳定性差，因此信任感对接包方和发包方持续参与众包行为、提升工作效率有显著作用。一方面，信任感能在一定程度上减少接包方的恶性竞争，有利于实现良性循环，维持众包活动的公平与公正性；另一方面，信任感能提高企业在众包社区的声誉，积累一定数量的忠诚活跃用户，有利于企业开展众包活动，也有利于企业了解用户需求。

（2）建立完善沟通机制。接包方提交的方案若不能达到发包方的要求，不仅发包方不能得到满意的解决方案，而且接包方也不能得到赏金。建立完善的沟通机制，使发包方与接包方进行有效、及时的沟通，发包方的需求能更加清晰地传递给接包方，有利于接包方结合自身能力和专长提供方案。

2）提升众包方案质量

（1）优化赏金设置。众包平台中许多用户利用闲散时间参与众包任务，赏金是吸引用户参与众包任务的重要因素。低额赏金会导致任务接包方极少，高额赏金虽会吸引大量接包方，获得更高质量的方案，但效率低下的接包方同样也会很多。

（2）优化任务设置。发包方进行任务设置是众包活动的第一步，众包任务的设置方式对获得高质量作品尤为重要。将任务设置得简洁，有利于接包方理解任务需求，同时设计有创造性的任务，有利于减少效率低下的接包方。限定接包方完成工作的最短时间，有利于减少一些不看任务说明而快速提交方案的恶意接包方。

（3）过滤恶意接包方。增加接包方数量并不一定能提高接包方方案质量，甚至会产生反效应，使得众包社区中充斥大量的低效率接包方，从而将高效率接包方排除在外，产生"柠檬市场"效应。可以通过声誉评估方法，按众包社区中接包方的中标率将接包方进行等级划分，在一定程度上能将恶意接包方排除在外。

3）提升企业动态能力

（1）以恰当的方式嵌入众包网络。目前，我国大力推动大众创业、万众创新，促进传统产业积极转型，促进资源有效流转、生产与需求直接对接，形成了新的创新发展格局，但众包模式在我国起步较晚，并未得到普遍应用。如何应对快速变化的外部环境、如何利用众包的优势为企业服务，以及如何提高众包模式的应用程度，对中小企业而言都是需要解决的问题。中小企业应以恰当的方式嵌入众包社区，与众包社区用户保持有效沟通、建立互惠关系，构建信息与知识获取渠道，优化产业链结构，改善生产运营过程，降低内部创新成本，提高企业创新绩效。

（2）提升自身能力。接包方提交的有价值的方案能否产生效用，取决于企业的吸收能力和创新能力。吸收能力和创新能力取决于企业前期的知识积累。因此，企业应针对不同的知识结构采用不同的培训方式，健全内部沟通机制和知识共享渠道，鼓励组织内部成员以正式或非正式的形式进行知识分享和交流，扩大员工的知识存储量。同时，鼓励员工与外部组织加强交流与协作，提高知识获取能力和整合能力。

9.4　本章小结

本章首先对创新绩效的相关概念做出描述，从基于组织评价的角度对接包方创新绩效进行研究。其次，本章以工作设计理论和动机理论为基础，从众包平台环境和任务设计的整体角度出发，建立众包竞赛接包方创新绩效影响因素模型。最后，本章从关系视角探讨众包模式下企业创新绩效的影响因素，将众包质量作为中介变量，将动态能力作为调节变量，搭建企业众包创新绩效影响研究的理论模型。通过实证分析结果，本章为接包方更好地参与任务提供建议，进而提高整个众包的创新绩效水平。

第10章 众包模式创新生态系统及其演化

10.1 众包创新生态系统分析

10.1.1 众包创新生态系统概念、构成

1. 众包创新生态系统的概念

目前学者关于众包创新生态系统的研究并不多，因此学术圈并没有对众包创新生态系统有一个明确统一的定义。Geiger 和 Schader（2014）认为众包其实是一种社会技术系统，企业采用众包模式进行技术创新的主要原因是企业可以利用组织外部创新资源来为组织提供创新产品和创新服务，提升组织绩效。DiPalantino 和 Vojnovic（2009）也对众包系统进行了阐述：众包系统是指企业在众包的初期，对任务进行描述、设置赏金额度并限定任务完成周期，然后在众包平台上发布任务，由众包平台将任务分配给接包方完成，最后由企业对接包方提交的作品方案进行筛选，并根据方案的好坏及是否被采纳来向工作者支付赏金。Vukovic 和 Bartolini（2010）在研究企业运用众包模式的时候认为，众包系统可以被看作"一个有信用的经纪人"，是能够保证接包方顺利执行任务并成功从发包方那里获取赏金的一种系统，他们的描述实际上是把众包平台看作众包系统。Franklin 等（2011）则认为众包系统是一种交易市场，发包方负责提供众包任务和发布悬赏奖金，众包平台承担中介机构的角色，接包方则负责接受、执行任务并获得任务赏金。

结合前文总结的国内外对众包系统的部分理论研究，目前学者对众包系统的研究都是从为众包活动提供服务和管理环境的众包平台出发的，这与本章所要定义的众包创新生态系统是完全不同的概念。本章对众包系统的定义范围更广，即发包方、

众包平台与环境，以及参与众包活动的人等因素共同作用下产生的协同创新体系。

本章对众包创新生态系统做出如下定义：众包创新生态系统是一个协同网络创新生态系统，其中包含生物组分，即"发包方、众包平台、接包方、利益相关者"，和非生物组分，即"政策环境、社会环境、经济环境等"，生态系统中各组分协同发展。由于众包中创新来源于平台中的互联网用户，进而由众包发起者将这些创新商业化，这样的创新模式可以搜集处在不同领域背景下广大互联网用户的智慧，促进创新进程。在众包创新生态系统中，参与众包活动的各方可以通过互联网平台相互交流与协作，最终可以提出新的创新方案，为企业解决问题。企业可以通过众包不断地获得企业外部创新资源，互联网用户也可以通过众包获得满足与奖励，这就是众包创新生态系统运行的源泉。

2. 众包创新生态系统的构成

众包创新生态系统的构成主要有以下四类。

（1）发包方。发包方通常是企业，也可能是个人，是众包成果的直接受益者，其希望可以把外部资源与内部资源融合起来，以此解决自身完成项目周期长、成本高的缺陷。除此以外，互联网个人众包的案例也很多，即由个体，而不是由企业发布需求，这种需求通常不以营利为目的，而是满足自身或者社会的一种需要，本章认为这些情况对企业也有一定的参考价值。

（2）接包方。接包方是众包的创新来源，组成部分主要是互联网网民。接包方接受任务，并提交他们的解决方案作为反馈。由于参与互联网的用户众多，我国的互联网用户已经达到 8 亿人左右，这是很多企业使用互联网众包的基础。同样，不可否认的是，这么多互联网用户中，参与众包活动的用户只占很小一部分，但由于基数庞大，只要充分利用好这很小一部分用户，同样也是巨大的资源市场，值得我们重视。

（3）众包平台。众包平台作为第三方的沟通桥梁，它的存在主要是为众包的过程提供环境。众包平台是发包方和接包方的中间人，从众包的过程中获取相应的报酬。众包平台在得到发包方提供的详细需求后，收取发包方部分保证金，然后将发包方的需求在其网站中挂出，再由接包方根据自身条件与发包方需求定夺是否接单；若选择接单，则需提供一份简要反馈方案，并提交众包平台进行审核；通常一个项目会有多个接包方，众包平台将这些接包方情况进行汇总并提供给发包方，由发包方最终决定项目的归属权；项目完成后，若发包方满意，则由众包平台提取部分平台管理费后将剩余费用作为赏金支付给接包方，这种保障机制是众包能够顺利实现的保证。

（4）利益相关者。利益相关者的角色众多，不同的外包系统也存在差异，一般来说，凡是参与众包活动的公司和工作人员，以及与该公司利益相关的供货商、银行、政府部门，甚至其竞争对手、公共服务机构、普通大众等都有可能成为利益相关者。此外，众包系统依托于互联网络，因此众包活动涉及的网上支付、服务器提供者、带宽服务商等也是利益相关者的潜在成员。

10.1.2　众包创新生态系统的运行机制

1. 参与主体的行为过程

我们可以把众包创新生态系统看成将输入转换为输出的有界变换过程。Doan等（2011）对众包系统进行定义及分类，然后根据定义和分类对各种系统进行描述，这些系统的范围非常广，有相对简单的成熟系统，也有一部分结构化的新兴复杂系统，还有一些其他衍生系统。Kazman 和 Chen（2009）提出了一个关于开发众包系统的大众模型，这种大众模型主要关注众包的作用和性质。

我们可以对众包创新生态系统各个生物组分之间的连接过程进行梳理。第一，发包方与众包平台间存在发布任务、验证任务及发放赏金三种活动，发布任务活动主要存在于众包生命周期的初始阶段，因为发布任务是众包活动的起点，而验证任务（即评估反馈和选择最佳方案活动）和发放赏金则是整个众包过程的最后两个步骤；第二，在接包方和众包平台间存在推拉、参与及投标活动，推拉活动指众包平台利用一些技术手段或者营销手段来吸引、激励接包方参与众包活动，参与指接包方有意参与其感兴趣的众包项目并响应任务，投标则表示接包方已经提出方案并将方案提交给众包平台的活动。

目前，有一些研究表明，经常会存在一种现象，即许多接包方选择参与众包项目，却只有很少的接包方实际地拿出了解决方案并提交方案参与竞争，因此，我们有时需要区分参与和投标这两个活动。除此以外，发包方与接包方的交流也可以脱离众包平台，通过其他形式的交流来实现：接包方可以向发包方咨询任务的一些其他要求，这样可以更加准确地提出解决方案，接包方也可以与发包方协商赏金奖励或者在其他方面来激励自己完成任务。

2. 众包创新生态系统结构

自然生态系统的组成部分主要是生物组分与非生物组分，即生物群落与无机环境，那么，相对应地，众包创新生态系统的组成部分也分为"众包生物组分"与"众包非生物组分"，即众包群落与众包环境。众包群落实际上是指直接或间接参与了众包过程的企业、参与者等，包括前文提到的构成众包创新生态系统的四个要素；众包环境则是指众包过程中相关的政策、资金、信息、文化、社会等要素，这些要素为众包提供合适环境，使得企业的众包过程得以顺利进行，如图 10-1 所示。

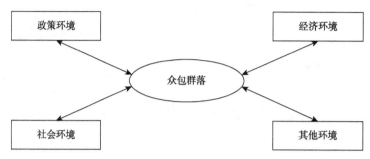

图 10-1　众包创新生态系统的众包环境

众包创新生态系统的四个构成群落有接包方、发包方、众包平台和利益相关者，但是实际上，该系统中生产者、消费者、分解者的划分界线并不是提前确定好的，如创新生产群落中的网络用户个人也可以成为创新应用群落中的需求发布方；创新应用群落中的部分企业也可以自己创建众包平台，成为创新传递群落，如小米建立自己的小米社区，"米粉"可以在社区内畅所欲言，小米从中吸收创意来完善自己的产品。

我们对众包创新生态系统的生物群落进行分类：①创新生产群落，主要由网络大众构成；②创新应用群落，主要是一些采用众包模式来完成外部创新的企业，可以利用创新生产群落提供的创新方案与技术来为企业自身创造效益；③创新传递群落，主要是指众包平台，为创新生产群落和创新应用群落提供接触的机会，并将创新知识传递给下游群落；④创新扩大群落，主要是一些利益相关者，如供应商、服务机构等。众包创新生态系统结构如图 10-2 所示。部分具有多重属性的"生物群落"可以被视作以上多个群落中的一部分，具体应该分析该群落在众包创新生态链中的位置。

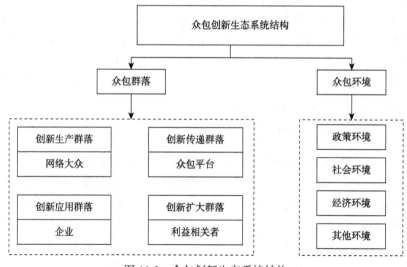

图 10-2　众包创新生态系统结构

接下来，我们需要把自然生态系统与众包创新生态系统进行对比，分析两种生态系统的相似点与不同点，如表 10-1 所示。

表10-1　自然生态系统与众包创新生态系统对比

分类	自然生态系统	众包创新生态系统
相似点		
组成成分	生产者、消费者、分解者、无机环境	创新生产群落、创新应用群落、创新传递群落、创新扩大群落、众包环境
内部结构	物种间营养关系构成食物链	众包群落形成的众包网络
整体性	以食物链网组成的有机整体	众包生态链及众包环境组成的有机整体
多样性	不同营养级和不同特征的物种	不同类型发包方、接包方和众包平台
竞争合作	生物之间相互竞争、互利共生	发包方与接包方之间相互合作，接包方与接包方之间互相竞争
不同点		
形成机制	自然形成	人为因素形成的系统，具有目的性和可控制性
生态容量	由自然环境决定	IT 和创新生态系统共同创造

本小节主要对众包创新生态系统进行了分析，了解其概念与构成，并分析了其运行机制，通过与自然生态系统的对比，对众包创新生态系统进行分析，发现众包模式与生态系统理论在理论上具有契合点，为后面的研究打下了良好基础。

10.2　众包创新生态系统演化规律

10.2.1　众包创新生态系统演化机理

企业采用众包模式的过程实际上是利用企业外部创新并将其转化为企业的创新绩效，最终将外部创新与企业内部知识融合的过程。众包过程需要企业与网络大众不断交互，并由此不断得到改善。企业采用众包模式的过程，即企业外部创新从产生到成熟，该众包过程是一个创新方案变为产品或服务并逐渐适应市场需求的演化过程。如果将 X 表示为众包创新生态系统演化过程的状态变量，将 t 表示为众包创新生态系统演化过程的时间变量，那么显然 X 是 t 的函数，可以将其记为

$$X = X(t) \tag{10-1}$$

式（10-1）可以记为众包创新生态系统演化模型。

众包创新生态系统的形成是要经过多个阶段的，主要有众包企业聚集、众包企业群落、众包产业集群、众包创新生态系统等四个阶段，一直到众包创新生态系统的衰亡，如图 10-3 所示。

图 10-3　众包创新生态系统各个阶段

1. 众包企业聚集

在众包创新生态系统的演化过程中，第一个阶段就是众包企业聚集。在这个过程中，众包产业创新主体在数量上发生变化，是一个量变的过程，为众包创新生态系统的形成打下基础。此外，众包企业在量变的同时，一些相关的支撑平台、机构、政策也会相继诞生。在数量达到一定程度以后，一定会产生质变，在突破了临界点以后，众包创新生态系统会发生跳跃式演进，开始加速生长，进入下一个阶段。

首先，在初始阶段，偶然发生的众包现象出现，在得到有利的效果以后，陆续有企业开始采取众包来完成企业创新，此时，企业之间也会出现不自觉的物质、能力、信息交换现象，这种联系为形成众包创新生态系统提供了初始条件。此后，在一定的环境与条件作用下，一些企业开始聚集在一起，一些网络大众也会聚集在一起，并产生一些众包平台，渐渐初步形成众包创新生态系统。

但是，刚开始形成的众包创新生态系统处于一种非平衡状态，随着时间的推移，众包创新生态系统演化组织的目的也发生了一些变化，生态系统会逐渐开始无序演化，随着初始众包创新单元逐渐失去聚集功能，众包创新生态系统会暂时性衰退。而后，众包创新生态系统的各个生物组分经过一段时间的竞争与协作以后，在序参量的作用下，创新生态系统由无序状态转变为有序状态。也正是在这种不断的反复过程中，众包创新生态系统不断地演化与发展。

2. 众包企业群落

自然生态位理论认为，自然生态系统中生物种群经过了漫长的进化和演化，经过遗传与环境选择，形成了结构稳定、功能完善的系统，每个生物种群在其中各司其职。在生物的成长发育过程中，部分物种可能会改变自己的生态位。两个物种在同一空间占据同一资源，使得这两个物种之间发生竞争，资源的稀缺导致其中一个物种对另一个物种的生态位进行入侵。自然生态系统中物种的生态位往往不是固定的，是一种动态变化的过程。

产业演化实际上也具有生态位的特征，即生物物种为了争夺资源产生激烈的竞争，众包创新生态系统中的各个企业及网络大众之间也存在这种竞争。网络大众为了让自己的方案得到雇主的认同，企业为了追求自身的经济利益最大化，也会争夺优势资源。在创新氛围良好的众包平台中，众包创新生态系统更容易进行有序演化，最终达到共生均衡。

与自然生态位理论相对应的生态位条件包括文化背景、政府政策、基础设施等很多方面，因此要想让众包企业可以长期生存、发展，需要给予众包企业适宜的生态位条件。

众包产业群落还不是真正意义上的众包创新生态系统，在众包产业群落的初期，各众包企业的状态具有一定的随机性，每个众包企业为了追求利益最大化和良好的生态位，必然与其他相似生态位的企业发生竞争。因此，众包企业的成长除了内部影响外，还会由于外部环境的变化而受到干扰。此时，将群落内单个众包企业（X）看作一个随机变量。设 X_0 是 X 的定态均值，在 t 时刻某众包企业的真实状态为 X，则其状态变量可以表示为

$$X(t) = X_t - X_0 \tag{10-2}$$

假设众包企业群落有 N 家企业，我们可以用一组非线性随机动力学方程来描述整个众包企业群落的状态变化：

$$X_i = \frac{\mathrm{d}X_i}{\mathrm{d}t} = k_i(X_1, X_2, \cdots, X_n) + R_i(t), \quad i = 1, 2, \cdots, n \tag{10-3}$$

式（10-3）的各变量含义详见表 10-2。

表10-2 式（10-3）的各变量含义

变量	意义
X_i	第 i 个众包企业（或机构）的状态变量
k_i	阻尼力，各成员企业状态 $(X_1, X_2, \cdots, X_n)$ 线性函数
$R_i(t)$	第 i 个企业在涨落和外界因素干扰下所受到的随机涨落力

式（10-3）可以看成一组非线性阻尼振子的运动方程。为方便接下来的讨论，可略去众包群落内随机涨落力，并将 k_i 在定态点附近展开多变量分析，于是我们可以得到

$$X_i = \sum_{j=1}^{n} a_{ij} X_j + f_i(X_1, X_2, \cdots, X_n), \quad i = 1, 2, \cdots, n \tag{10-4}$$

可引入一组新的变量 $(Y_1, Y_2, \cdots, Y_n)$ 使 (a_{ij}) 对角化，此时我们可以得到如下方程：

$$Y_j = -y_j Y_j + g_j(Y_1, Y_2, \cdots, Y_n), \quad j = 1, 2, \cdots, n \tag{10-5}$$

其中，$g_j(Y_1,Y_2,\cdots,Y_n)$ 表示一组与各成员企业状态变量有关的非线性函数；阻尼系数 Y_j 的取值根据外部控制条件变化而变化。在众包企业群落达到自组织协同的阈值前，各 Y_j 都是不为 0 的正数，由式（10-5）可以看出，此时各成员企业处于竞争状态，企业进行无规则运动，该阶段的众包企业群落没有集群的特点。

3. 众包产业集群

设众包企业群落内各成员企业的状态变量 $(Y_1,Y_2,\cdots,Y_n)$ 中包含主导产业，即序参量 u，根据协同学理论，当外界环境变化使系统的控制参量趋于某一个自组织阈值时，序参量 u 会出现"临界慢化"，其阻尼系数 Y 将趋于零。此时，令 $Y_1=u$，则当众包企业群落趋于临界状态时，我们可以得到

$$Y_1 = u, \ \gamma_1 \to 0 \tag{10-6}$$

其余的 $Y_i > 0 \ (i=2,3,\cdots,n)$ 且有限，此时除 u 是软模变量外，其余的量 $(Y_2,Y_3,\cdots,Y_n)$ 是硬模变量，按照协同学理论的协同支配原理，可对所有硬模变量进行"绝热近似"，则使

$$\dot{Y}_1 = 0 \tag{10-7}$$

联合式（10-4）、式（10-5）后可得

$$\gamma_2 Y_2 - g_2(u,Y_2,Y_3,\cdots,Y_n) = 0$$
$$\gamma_3 Y_3 - g_3(u,Y_2,Y_3,\cdots,Y_n) = 0$$
$$\vdots \tag{10-8}$$
$$\gamma_n Y_n - g_n(u,Y_2,Y_3,\cdots,Y_n) = 0$$

将式（10-8）的这 $n-1$ 个方程联立可得

$$Y_2 = h_2(u)$$
$$Y_3 = h_3(u)$$
$$\vdots \tag{10-9}$$
$$Y_n = h_n(u)$$

这表明所有的硬模变量 $(Y_2,Y_3,\cdots,Y_n)$ 都跟随软模变量 u 一起运动，即众包企业群落内企业的行为都受到了序参量 u 的支配，形成协调一致的运动，表现出在时间、空间和功能上的一致性和有序性，整个众包企业群落成为一个有序的自组织结构，初步形成众包产业集群。

4. 众包创新生态系统

众包产业集群是在非线性相互作用下，创新企业群落内的企业经过一定时间的激烈竞争与合作后，相互之间开启协调一致的具有自组织结构的新阶段。由于

众包产业集群的内部结构和外部环境都在不断变化，其依然伴随着企业随机涨落和外部干扰，因此，处于一定产业生态位的众包产业集群仍然会向更高层次进化。将式（10-6）和式（10-9）结合后可得到众包产业系统序参量演化方程：

$$\dot{u} = y_i u + g_i (u, Y_2, Y_3, \cdots, Y_n) + R(t)$$
$$= \gamma u + g_i \left[u, h_2(u), h_3(u), \cdots, h_n(u) \right] + R(t) \quad （10\text{-}10）$$
$$= K(u) + R(t)$$

其中，$R(t)$ 表示随机涨落力；$K(u)$ 表示非线性函数。方程（10-10）表明众包产业的发展和演化受到众包产业集群内序参量的主导。序参量 u 是众包产业集群内的主导产业，u 既可以是标量，也可以是矢量。如果 u 是标量，则表明众包产业集群内只有一个主导产业在起作用；如果 u 是一个 n 维矢量，即 $u = (u_1, u_2, u_3, \cdots, u_n)$，表明众包产业集群内有 n 个主导产业在同时发挥作用。序参量方程（10-10）可以看作是一个非线性阻尼振子的随机运动方程。其中，$R(t)$ 表示随机驱动力，也叫随机涨落力；$K(u)$ 表示阻尼回复力；与 $K(u)$ 对应的是一个回复力势 $V(u)$，回复力势又称为演化势，并满足：

$$K(u) = -\frac{\partial V(u)}{\partial u} \quad （10\text{-}11）$$

这时，众包产业集群的序参量演变方程可变为

$$\dot{u} = \frac{\mathrm{d}u}{\mathrm{d}t} = -\frac{\partial V(u)}{\partial u} + R(t) \quad （10\text{-}12）$$

由此可见，众包产业集群将在演化势 $V(u)$ 的引导下进一步发展和变化，并在随机涨落力 $R(t)$ 的驱动下进行。演化势 $V(u)$ 决定众包产业集群的演化状态，究竟是向更高层次升级演进还是向更低层次退化，或者是维持现状。在一定的生态位条件下，当外控参量达到临界点时，演化方程式（10-12）会出现分解，这表明，众包产业集群的状态会发生变化：此时，众包产业集群失去了原本的稳定性，在随机涨落力 $R(t)$ 驱动下众包产业集群将向下一个稳定结构和状态发展。当外控参量在临界点的状态是朝着低层次方向的，众包产业集群向较低层次的结构退化，其功能将会出现衰退和萎缩；当外控参量在临界点的状态是朝着高层次方向的，众包产业集群向较高层次方向进化，最终形成众包创新生态系统。

10.2.2　众包创新生态系统演化分析

众包创新生态系统与自然生态系统类似，自然生态系统中的遗传、变异、选

择在众包创新生态系统中所对应的是模仿、竞合及知识传导，而且众包创新生态系统的演化也具有阶段性和生命周期性特征。

1. 模仿性

根据组织生态学，组织发展的过程存在路径依赖性，这种依赖性体现为当人类社会进入某一路径后，不管这种路径是有利的还是不利的，都可能对这种路径产生依赖，朝着一种固定的路径发展。在企业采用众包模式进行创新发展的初期，企业将要面对众包的不确定性，尤其是众包究竟会不会给企业带来效益，企业就会效仿成功者，采用先驱者的决策。因此，模仿的本质是行为主体在面对外部不确定性的情况下，基于有限理性做出的本能反应。此时，企业选择模仿成功企业的决策，可以降低参与众包带来的风险，同时减少外部不确定性。这种类似生物本能反应、对不确定性进行的有限理性决策，促成了众包创新生态系统的形成。从另外一个角度来说，一旦企业通过这种方式取得一定的成果，那么这些企业将成为行业中具有示范作用的模范企业，而后来进入的企业则会纷纷效仿相同的众包模式，那么最开始采用众包模式的企业将会成为后来众包产业发展中的主导企业。众包创新生态系统的这种模仿性，使得众包产业演化的动力来源于跟随者对先驱者的模仿，跟随者与先驱者的共同作用导致众包创新生态系统的形成。

2. 竞合性

众包创新生态系统与自然生态系统类似，都具有竞合性，即竞争合作性。由于种群具有多样性，生态系统中的各要素之间互相存在竞争关系。生态系统中要素间的协作，也是维持生态系统正常运作的关键。众包创新生态系统就是在这种竞争和协作的基础上发展而来的，众包产业的演化也就体现为众包相关企业之间的竞争与合作关系，也就促进了众包产业系统有序结构的形成。

众包创新生态系统的竞争与合作之间的关系主要表现为以下两种情况：一是处于相似生态位的众包企业或者个体为了获得更好的资源展开竞争，在经过激烈的种间竞争与种内竞争以后，生态系统内一部分具有生存特性的众包企业或者个体存活下来，其他企业及个体则被淘汰；二是处于相似生态位、具有相同特征的企业或者个体之间形成战略联盟，利用这种手段可以为企业降低成本，并获取利润，最终使得该生态位中的其他企业及个体退出该市场。在众包创新生态系统中，市场是关键性因素，因为市场具有选择作用，能够适应市场的企业或个体才能够生存，不能适应市场的企业或个体就会被淘汰。

3. 知识传导性

根据自然生态理论，我们可以发现，一些具有类似特征的组织处于同一市场环境下利用资源的方式和最终的经营结果一般也是相似的。目前在众包行业内，许多企业与个体实际上是相类似的，尤其是许多参与众包的网络用户，这些用户许多都具有相似的知识背景，而许多参与众包的企业的创新理念也是相似的。因此，在面对相同的市场环境压力时，这些相似的企业和个体趋于集中，从而促进众包创新生态系统的形成。

众包创新生态系统的生命周期演化过程会经历四个阶段，分别是进入、成长、成熟和衰退阶段。众包创新生态系统生命周期如图 10-4 所示。

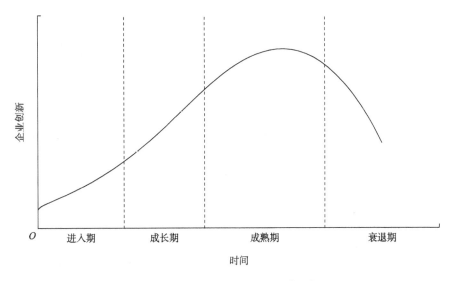

图 10-4　众包创新生态系统生命周期

在众包创新生态系统的进入期，由于参与众包的企业不多，且都处于对各类模式的理解学习阶段，还没有出现主导产业发展的众包发展模式，此时，众包产业进入门槛较低，企业采用众包模式发展充满机遇，此时的众包模式发展必须尽力吸引网络大众对众包产业的注意。

在众包创新生态系统的成长期，大量的企业和个人开始注意众包市场，并尝试进入，使得系统中种群具有较高的多样性，这将会使市场竞争更加激烈，企业与个体发生创新竞争，同时众包市场也渐渐走向成熟期。

在众包创新生态系统的成熟期，企业采用众包进行创新的能力达到顶峰，但多数企业乐于模仿主导企业，就造成了该阶段的创新能力不足，从而降低市场增长率，此时新进企业进入门槛高，众包创新生态系统内相似种群为了争取有限的资源和更好的环境发生激烈竞争，进一步细分众包市场。

在众包创新生态系统的衰退期，产业技术落后，需求萎缩，企业利用外部创新的能力急剧下降，网络大众不再参与众包，众包企业数目减少，该阶段由于企业获得的利益非常少，不少竞争者开始退出。只有众包生态系统产生颠覆式的技术创新，才能有机会重新发展，进入新的周期。

本小节主要分析了众包创新生态系统的演化规律。通过生命周期理论，本章把众包创新生态系统的演化过程分为四个阶段，分别为众包企业聚集、众包企业群落、众包产业集群、众包创新生态系统，最后众包创新生态系统趋于衰亡，本章对这四个阶段进行了分析，并最终得出演化规律。

10.3　众包创新生态系统演化模型

从前述内容可知，众包创新生态系统演化有一定的机理和规律，具备自组织演化功能。本节根据自组织演化基本理论构建众包创新生态系统自组织协同演化模型，并对模型进行求解说明和应用分析，说明众包创新生态系统发展需要满足一定的生态条件。同时，由于众包创新生态系统类似于自然生态系统，本章将根据自然生态系统基本理论和生态增长方程，构建众包创新生态系统生态平衡模型，并据此提出众包创新生态系统平衡的生态策略。

10.3.1　众包创新生态系统自组织协同演化模型

1. 众包创新生态系统自组织协同演化模型的理论假设

众包产业是由各种要素、主体和联系协同形成的集合体，是由众多的单元和层次，以及各种要素有机整合形成的复杂大系统。复杂大系统可以根据自组织演化规律进行自我演化，即复杂大系统内的一部分无序的子系统可能通过自组织演化产生新的结构，从而形成新的更加有序的复杂大系统。自组织协同理论是对非均衡状态下的复杂系统进行分析的方法，其基本思路是探究系统受到内部及外部因素影响时，系统自身如何由低级无序状态到高级有序状态进行自组织演化，并从中寻找演化规律。本部分从自组织协同理论视角出发，把众包产业系统视作一种社会经济系统，以分析其形成、运行及演化过程，并构建众包创新生态系统自组织协同演化模型，这既可以解决众包模式发展中的理论问题，也可以为相关机构进行众包产业经济发展决策提供参考借鉴。

在经济全球化的竞争环境下，创新生态系统之间的竞争已成为企业间相互博弈的重点所在，加强创新生态系统之间的管理成为一种全新的管理理念。创新生态系统管理的商业运作模式是以核心企业为主导，结合运用现代研发、制造、管理、信息和控制等技术手段，实现对整个产业链上的市场流、资金流、信息流和管理流的规划与控制。因此，对与众包相关的所有产业链上的节点资源进行优化配置，就是众包创新生态系统的本质，经过创新后的资源具有最大的利用率，并得到最大产出比。

众包创新生态系统以系统理论为指导，将协同学理论运用于管理学的方法和理论中，可以促使众包创新生态系统内部各个企业的资源按照协同学理论中的协作方式进行整合，促进企业资源间的相互补充和共同发展，使众包创新生态系统实现自组织演化，从一种低级有序状态发展到另一种新的高级有序状态。

众包创新生态系统演化的关键就是各种序参量怎样影响系统有序度的变迁，即众包创新生态系统自组织演化机理。目前学术界的研究视角主要集中于企业范畴，而从产业角度来研究创新生态系统这个由多元节点企业组成的、多主体性的复杂系统的协同演化的成果较少，更没有建立量化模型来分析它的自组织演化。本小节将系统动力学方法与协同学理论相结合，对众包创新生态系统协同演化的自组织演化模型进行构建，并对其演化过程进行求解分析。

2. 众包创新生态系统自组织协同演化模型构建

从系统理论角度分析，众包创新生态系统由众包企业、众包平台、网络大众、利益相关者和政府管理部门等相互结合，将信息流、资金流、物流、技术流相互联系在一起，完成整个众包过程。同时，众包创新生态系统是一个开放的产业系统，不断与外界进行物质、信息、技术的交换。众包创新生态系统也是一个远离平衡态的系统，这是因为组成众包创新生态系统的成员企业是理性的，企业在信息资源、技术水平等方面存在差异，这必然导致成员企业在权利和利益分配中被差异对待。众包创新生态系统内的成员企业之间的竞争与合作将导致系统内"此消彼长"的演化，从而使众包不断向更高层次发展或走向灭亡。众包创新生态系统演化就是要通过有意识或无意识地计划、组织、协调各成员企业之间的相互关系，使系统内各成员企业之间的利益得到平衡，并促进创新生态系统稳定有序地向前发展。

为了方便下文对众包创新生态系统自组织协同演化模型的构建，此处引入"熵"这一概念，并加以说明。熵最早是由德国物理学家克劳修斯于 1865 年提出来的，用来形容可逆过程中物质吸收的热与温度的比值。熵在希腊文字中的意思是指演化，根据克劳修斯的定义，熵可以表示为

$$\Delta S = S - S_0 = \int_{P_0}^{P} \frac{\mathrm{d}Q}{T} \qquad (10\text{-}13)$$

其中，P_0 表示起始状态；P 表示终了状态；S 和 S_0 分别表示相对于 P 和 P_0 状态的熵值；T 为绝对温度；Q 为热量；$S - S_0$ 表示熵的变化量。若系统经过一个可逆过程，上述熵的变化量 ΔS 只与系统的初始和终了状态有关，与积分路线无关。

　　把熵的概念引入管理学科中，就有了"管理熵"一说，通过建立管理熵的数学模型，可以说明组织演化的各种复杂关系。管理熵是指在任何相对封闭的组织运动中，由于复杂组织运动和管理过程受若干不确定因素的影响，有效能量总是呈现出逐渐减少而无效能量总是呈现出不断增加，从而使组织的稳定性受到波动的不可逆规律。从管理熵的视角出发，系统相对封闭孤立，与外界产生较少的物质、信息交换，系统处于具有能量差异的不平衡状态是建立数学模型的前提条件。如果用 i 表示影响系统熵值的各种因素，j 表示系统的每个影响熵值因素中所包含的子因素，K_i 表示各种因素的权重，K_B 表示管理熵系数，P_j 表示系统熵变化的概率受到子因素影响从而发生变化的概率，S_i 表示影响因素产生的熵值，则可以得到

$$S = \sum_{i=1}^{n} K_i S_i \qquad (10\text{-}14)$$

其中，

$$S_i = -K_B \sum_{j=1}^{n} P_j \ln P_j \qquad (10\text{-}15)$$

　　将式（10-14）和式（10-15）联立后，可得到系统的熵值。借助于管理熵，本章假设众包创新生态系统中存在物流、信息流、资金流、市场流和管理流等不同变量，这些变量的存在会影响众包创新生态系统的稳定性。熵是众包创新生态系统中物流、信息流、资金流、市场流和管理流在系统中流动时产生的用来度量管理效能的具体指标。要使系统和谐有序，就要通过协调众包企业的关系使众包的正负熵流趋于平衡。

　　假设众包创新生态系统由前文提出的五个变量构成，所有的企业都分布在这些子系统中。经过这些企业相互之间的影响和作用，尤其是企业参与大量的竞争和合作，使得众包创新生态系统得到不断提升，经历从低级到高级、从无序到有序的演化过程，系统实际上是一个自组织演化过程。如果用 t 表示时间，用 $F(t)$ 表示随机涨落力，用 A 表示物流、B 表示资金流、C 表示信息流、D 表示市场流、E 表示管理流，用 a_1、a_2、a_3、a_4、a_5 分别表示众包创新生态系统中五个流的变化率，用 b_1、b_2、b_3、b_4、b_5 分别表示五个流受到五个子系统相互作用影响后的变化率大小，那么，可以用下面的自组织运动方程式（10-16）描述众包创新生态

系统各子系统的变化状态和它们之间的作用关系。

$$
\begin{cases}
\dfrac{\mathrm{d}A}{\mathrm{d}t} = -a_1 A + b_1\left(B,C,D,E\right) + F(t) \\[2mm]
\dfrac{\mathrm{d}B}{\mathrm{d}t} = -a_2 B + b_2\left(A,C,D,E\right) + F(t) \\[2mm]
\dfrac{\mathrm{d}C}{\mathrm{d}t} = -a_3 C + b_3\left(A,B,D,E\right) + F(t) \\[2mm]
\dfrac{\mathrm{d}D}{\mathrm{d}t} = -a_4 D + b_4\left(A,B,C,E\right) + F(t) \\[2mm]
\dfrac{\mathrm{d}E}{\mathrm{d}t} = -a_5 E + b_5\left(A,B,C,D\right) + F(t)
\end{cases}
\tag{10-16}
$$

　　根据自组织的伺服原理，当系统从无序的低级状态走向有序的高级状态时，系统会出现一种临界变化状态，此时该系统的快弛豫变量可以支配慢弛豫变量，从而由序参量决定最终有序结构。此时，在序参量和其他要素子系统的相互作用下，整个系统原有的结构将会被新的有序结构替代，新系统的产生与发展呈现出自组织演化状态。在研究众包创新生态系统演化时，本章可以通过分析众包创新生态系统协同能力与营利能力这两个序参量的演化规律，来把握众包创新生态系统的演化规律。如果用 q_i 表示众包创新生态系统中五个子系统的状态变量，用 $F_i(t)$ 表示随机涨落力，用 G_i 表示协同作用函数，用 γ_i 表示阻尼系数，那么，可以借助朗之万方程作为主要的研究工具来描述该系统的演化情况。

$$
\frac{\mathrm{d}q_i}{\mathrm{d}t} = -\gamma_i q_i + G_i(q_i) + F_i(t)
\tag{10-17}
$$

　　式（10-17）表明众包创新生态系统在随机涨落力的作用下，各个子系统通过相互之间存在的非线性协同作用，在某一临界点将会使系统结构发生根本性的变化，从而导致系统出现一种全新的稳定状态，系统也呈现出一种由低级向高级演化的自组织变化规律。由于众包创新生态系统的营利能力和协同能力能够驱使产业系统进行自组织演化，通过对这两个序参量的运行状态进行协同，形成具有自组织的动态系统。建立众包创新生态系统是为了使企业在日趋激烈的市场竞争中占据有利位置，将企业的营利能力与协同能力相联系，指导众包创新生态系统的前进方向。如果用 $\dfrac{\mathrm{d}q_1}{\mathrm{d}t}$ 表示众包创新生态系统的营利能力，$\dfrac{\mathrm{d}q_2}{\mathrm{d}t}$ 表示众包创新生态系统的协同能力，$\dfrac{\mathrm{d}s}{\mathrm{d}t}$ 表示创新生态系统中的任意一个子系统，那么式（10-18）就表示这两个序参量在众包创新生态系统自组织演化过程中如何起到了作用。

$$\begin{cases} \dfrac{\mathrm{d}q_1}{\mathrm{d}t} = (\alpha - \gamma_1)q_1 - \lambda_1 q_1^2 - \beta_1 q_1 q_2 + F(t) \\[2mm] \qquad \dfrac{\mathrm{d}q_2}{\mathrm{d}t} = -\gamma_2 q_2 + \beta_2 q_1^2 \\[2mm] \dfrac{\mathrm{d}s}{\mathrm{d}t} = \alpha_1 q_1 + \alpha_2 q_2 + \alpha_3 s + \alpha_4 q_1 q_2 \end{cases} \qquad (10\text{-}18)$$

式（10-18）中各变量和参数的含义如表 10-3 所示。

表10-3　式（10-18）中各变量和参数的含义

变量和参数	含义
α	获利增益系数
γ_1、γ_2	阻尼系数
β_1	q_1 和 q_2 之间相互作用力系数
β_2	协同能力与营利能力之间的相互关系
λ_1	众包创新生态系统营利能力随着时间推移的衰减系数
α_1	序参量营利能力对于子系统自组织演化的影响程度
α_2	序参量协同能力对于子系统自组织演化的影响程度
α_3	子系统的自反馈系数
α_4	协同能力与营利能力之间的作用对子系统自组织演化的影响程度
s	众包生态系统中子系统的活动情况
$F(t)$	众包创新生态系统的随机涨落力

式（10-18）的前两个方程式描述了序参量营利能力和协同能力支配系统自组织演化，而第三个方程式则描述了两个序参量是如何作用于子系统的。

3. 众包创新生态系统自组织协同演化模型求解

众包创新生态系统处于稳定状态时，子系统内部不活动，序参量也不变化。此时有 $q_1 = 0$，$q_2 = 0$，$s = 0$，在模型的分析过程中必须找到满足该条件的平衡点 $(0, 0, 0)$，从平衡点出发对系统平衡状态的演化过程进行研究。对前面构建的模型进行求解后，可得到如下特征矩阵：

$$\begin{pmatrix} \alpha_3 & \alpha_1 + \alpha_4 q_2 & \alpha_2 + \alpha_4 q_1 \\ 0 & (\alpha - \gamma_1) - 2\lambda_1 q_1 - \beta_1 q_2 & -\beta_1 q_1 \\ 0 & 2\beta_2 q_1 & -\gamma_2 \end{pmatrix}$$

求解得平衡点 $(0, 0, 0)$ 处的特征方程是

$$\begin{pmatrix} \lambda - \alpha_3 & \alpha_1 & \alpha_2 \\ 0 & \lambda - (\alpha - \gamma_1) & 0 \\ 0 & 0 & \lambda + \gamma_2 \end{pmatrix}$$

因此，特征根为 $\lambda_1 = \alpha_3$，$\lambda_2 = \alpha - \gamma_1$，$\lambda_3 = -\gamma_2$。

原方程处于平衡位置时的稳定性由特征根的正负性决定，因此，想要实现众包创新生态系统达到平衡点的稳定条件，必须满足特征根实部均为负值；只要存在一个正值的特征根实部，就无法实现系统平衡点的稳定。根据方程的表达形式可知，由于 γ_2 表示阻尼系数，$-\gamma_2$ 恒为负值，即 $\lambda_3 < 0$ 恒成立，求得 $\alpha_3 < 0$ 或 $\alpha < \gamma_1$。

（1）当 $\alpha_3 < 0$，$\alpha < \gamma_1$ 时，意味着众包创新生态系统处于较为稳定的平衡点。此时，若营利能力没有达到能使有序度发生突变的阈值时，该众包创新生态系统就依旧处在稳定性较低级的状态。这说明在众包创新生态系统演化过程中，由于各成员企业合作时间较短，彼此之间无法很好地协调，系统协同演化的作用无法充分体现出来，资源整合的能力也不强，众包创新生态系统的稳定性较弱，营利能力较差。这时，众包创新生态系统协同能力较差，整个系统还处于一种不稳定状态，要维持众包创新生态系统的稳定需要更多时间的磨合，平衡点仍然具有"吸引性"。

（2）当 $\alpha_3 < 0$，$\alpha < \gamma_1$ 无法成立时，系统参数满足非稳定性条件，外部微小的随机涨落就会给众包创新生态系统带来结构上较大的变化，甚至出现更加稳定的新结构，使系统发生根本性的改变，此时，众包创新生态系统呈现出自组织演化和更替现象。当 $\alpha_3 = 0$，$\alpha = \gamma_1$ 时，众包创新生态系统将出现临界点和新的分支，其稳定性正在或即将发生改变。但随着众包创新生态系统内资源整合力度的逐渐增加，各节点企业之间的配合将会更加默契，众包创新生态系统的稳定性也会随之增加。当 $\alpha > \gamma_1$ 的情况出现时，只要出现一点点微小的随机涨落力，就会对整个系统产生扰动，众包创新生态系统将会发生根本性的变化，向更加高级的全新系统有序演变。

10.3.2　众包创新生态系统生态平衡模型

处于平衡状态的生态系统内，系统结构与功能就能够发挥正常，整个系统处于相对稳定的状态。与生态系统中物种之间的竞争、互利、捕食与被捕食的生态关系类似，众包创新生态系统中的生态因子之间也存在企业间的互利关系与竞争关系。众包创新生态系统中创新链上游的网络大众提供的众包方案被创新链下游的众包企业购买后，上游网络大众的库存减少，这种现象类似于自然生态系统中捕食与被捕食的关系，可以参照生态系统相关模型来进行研究。

1. 创新生态系统内竞争模型

竞赛式众包是众包的重要模式，主要是接包方互相竞争从而促进企业创新。假设系统内仅有 A、B 两个接包方，两者都接了同一个任务包，企业的需求是不变的，这就会导致 A、B 两个接包方之间参与市场竞争。设 y_1、y_2 分别表示 A、B 两个接包方的产出水平，r_1、r_2 分别表示两个接包方理想环境下的最大增长率，k_1、k_2 分别表示两个接包方由环境所决定的最大产出水平。则 A、B 两个接包方的 Logistic 增长方程为

$$\frac{dy_1}{dt} = r_1 y_1 \left(1 - \frac{y_1}{k_1}\right)$$
$$\frac{dy_2}{dt} = r_2 y_2 \left(1 - \frac{y_2}{k_2}\right)$$

（10-19）

为了进一步分析，此处引入竞争系数这一概念来表征两个接包方之间的竞争状态，由此可以得出 A、B 两个接包方之间的竞争方程。设接包方 B 对接包方 A 的竞争系数为 $\alpha = y_1 / y_2$，α 表示将接包方 B 的产能折算为接包方 A 的产能的比率，显示了在有限的环境下，接包方 B 的产能对接包方 A 所产生的效应。同样，设接包方 A 对接包方 B 的竞争系数为 $\beta = y_2 / y_1$，β 表示将接包方 A 的产能折算为接包方 B 的产能的比率，显示了在有限的环境下，接包方 A 的产能对接包方 B 所产生的效应。

则 A、B 两个接包方的竞争方程分别表示为

$$\frac{dy_1}{dt} = r_1 y_1 \left(\frac{k_1 - y_1 - \alpha y_2}{k_1}\right)$$

（10-20）

$$\frac{dy_2}{dt} = r_2 y_2 \left(\frac{k_2 - y_2 - \alpha y_1}{k_2}\right)$$

（10-21）

显然，A、B 两个接包方竞争达到平衡状态时的方程为

$$\frac{dy_1}{dt} = 0 = \frac{dy_2}{dt}$$

（10-22）

通过对上述方程的分析，可以得出四种可能的结果，具体如下。

（1）当 $k_1 > k_2 / \beta$，$k_2 < k_1 / \alpha$ 时，A 胜 B 败。

（2）当 $k_1 < k_2 / \beta$，$k_2 > k_1 / \alpha$ 时，B 胜 A 败。

（3）当 $k_1 < k_2 / \beta$，$k_2 < k_1 / \alpha$ 时，A、B 共存，且向稳定平衡点收敛。

（4）当 $k_1 > k_2 / \beta$，$k_2 > k_1 / \alpha$ 时，A、B 处于都有可能取胜的不稳定状态，此时要充分考虑其他相关因素。

进一步分析竞争模型，可以得出如下结论。

当 $k_1 = k_2$，即两个接包方完全同质时，稳定点的解变为：当 $\beta > 1$，$\alpha < 1$ 时，A 胜 B 败；当 $\alpha > 1$，$\beta < 1$ 时，B 胜 A 败；当 $\alpha < 1$，$\beta < 1$ 时，由于 $\alpha = 1/\beta$，α、β 不可能同时小于 1，故不可能出现 A、B 共存，且处于稳定平衡状态的情况。

由此可见，在创新生态系统内成员是竞争关系的前提下，具有不完全同质的差异性是系统保持平衡状态必不可少的条件。

2. 创新生态系统内互利模型

协作式众包是众包的重要模式，主要是接包方互相协作使创新具有促进作用。设 A、B 两个接包方各自的存在对对方的产出水平具有相互促进作用，用 θ_1 表示接包方 B 对接包方 A 产出水平的贡献率，用 θ_2 表示接包方 A 对接包方 B 产出水平的贡献率，$\theta_1 > 0$，$\theta_2 > 0$，则可以得到新的 Logistic 增长方程为

$$\frac{\mathrm{d}y_1}{\mathrm{d}t} = r_1 y_1 \left(1 - \frac{y_1}{k_1} + \theta_1 \frac{y_2}{k_2} \right)$$
$$\frac{\mathrm{d}y_2}{\mathrm{d}t} = r_2 y_2 \left(1 - \frac{y_2}{k_2} + \theta_2 \frac{y_1}{k_1} \right)$$
（10-23）

A、B 两个接包方互利达到平衡状态时的方程同样为

$$\frac{\mathrm{d}y_1}{\mathrm{d}t} = 0 = \frac{\mathrm{d}y_2}{\mathrm{d}t}$$
（10-24）

通过分析可得，达到均衡的稳定状态时有

$$y_1 = k_1 (1 + \theta_1) / (1 - \theta_1 \theta_2)$$
$$y_2 = k_2 (1 + \theta_2) / (1 - \theta_1 \theta_2)$$

因为 $y_1 > 0$ 及 $y_2 > 0$，所以 $(1 - \theta_1 \theta_2) > 0$，则 A、B 两个接包方互利共生达到平衡状态时应满足的条件是

$$\theta_1 \theta_2 < 1$$
（10-25）

进一步分析，可以发现：在存在两种创新资源领域相差很大的接包方时，产业系统内形成核心-从属型生态平衡状态。此时，众包创新生态系统内一个是核心接包方（设为接包方 A），另一个是为核心接包方提供中间服务的从属接包方（接包方 B）时，θ_1 很小而 θ_2 较大。在核心-从属型众包创新生态系统内，接包方 B 依赖于接包方 A 生存，而从属接包方 B 向核心接包方 A 提供一种或几种中间产品或服务，从属接包方 B 提供的创新资源越多，核心接包方 A 选择的空间就越大。此时，众包创新生态系统达到均衡的条件是：当条件满足 $\theta_1 \theta_2 < 1$ 时，两个接包方之间可以相互均衡；当条件满足 $\theta_2 > 1$ 与 $\theta_1 < 1$ 时，两个接包方则能够形成互利共生的均衡状态。

需要说明的是，当 A、B 两个接包方彼此对对方的贡献相差不大、所提供的

创新能力相同时，出现 $\theta_1 > 1$ 与 $\theta_2 < 1$ 或 $\theta_1 < 1$ 与 $\theta_2 > 1$ 这样的情况的可能性不大。由此可见，众包创新生态系统实现互利共生的均衡条件为 $\theta_1 < 1$ 与 $\theta_2 < 1$。由此可以得出如下两个基本结论：一是，在核心-从属型众包创新生态系统中，核心接包方与从属接包方之间达到均衡状态的条件是核心接包方本身具备较强的创新能力，从属接包方提供的创新服务较多，且产业内分工明确，结构化程度较高；二是，众包创新生态系统达到均衡状态的条件是接包方之间必须保持激烈的竞争，且接包方之间的彼此依赖程度不高。

3. 创新生态系统内捕食模型

众包创新生态系统内创新链下游的众包企业购买创新链上游的网络大众提供的众包方案，这种上下游产业之间的生态关系与生态学中捕食者与被捕食者之间的模型类似，可以参考其建模分析。

为了方便模型构建，假设系统内只存在一种上游产业和一种下游产业，当上游产业的全部产品能被下游产业最大限度地购买时，系统将达到生态平衡。在有限的空间内，对于上游产业来说，如果没有下游产业来购买它的产品，则系统内的生态平衡将遭到破坏。设 y_1 为下游产出产品的水平，y_2 为上游产业的库存量，r_1 为下游产业产出水平的最大增长率，r_2 为上游产业产出水平的最大增长率，q 为下游产业对上游产业产品的购买率，θ 为下游产业将上游产业产品转化为自身产品的效率，k 为系统所能容纳的最大产业规模，此时其产品库存量 y_2 将呈现 Logistic 增长。此时可以得到

$$\frac{\mathrm{d}y_2}{\mathrm{d}t} = r_2\left(1 - \frac{y_2}{k}\right) \tag{10-26}$$

对上述增长方程进行分析，可以得出两个基本结论。

一是当系统内上游产业无法提供产品或提供的产品无法满足下游产业需求时，系统内下游产业的发展将受到限制，下游产出产品的水平将呈几何级数减少，也就是说原有的平衡将被破坏。此时，

$$\frac{\mathrm{d}y_1}{\mathrm{d}t} = -r_1 y_1 \tag{10-27}$$

二是根据洛特卡-沃尔泰拉模型，当两种产业共存于一个有限空间时，可以得到系统内上游、下游产业的 Logistic 增长方程分别为

$$\frac{\mathrm{d}y_2}{\mathrm{d}t} = r_2 y_2\left(1 - \frac{y_2}{k}\right) - q y_1 y_2$$

$$\frac{\mathrm{d}y_1}{\mathrm{d}t} = \left(-r_1 + \theta q y_2\right) y_1 \tag{10-28}$$

对上述模型进行分析发现，当系统内下游产业对上游产业产品的购买力减少

时，上游产业产能库存增加，上游产业发展受阻，系统内生态平衡将遭到破坏；当系统内上游产业产能供应不足时，下游产业的产能也减少，产业发展受到阻碍。只有当上游产业产能正好满足下游产业产能需要，而又不增加库存（即上游产业库存出现零增长）时，可以认为系统内两种产业达到了生态平衡。此时，对上游产业的要求必须满足：

$$\frac{\mathrm{d}y_2}{\mathrm{d}t} = r_2 y_2 \left(1 - \frac{y_2}{k}\right) - qy_1 y_2 = 0 \qquad （10\text{-}29）$$

由此可得

$$y_1 = \frac{r_2}{q}\left(1 - \frac{y_2}{k}\right) \qquad （10\text{-}30）$$

系统内上下游产业达到均衡状态需满足：

$$\frac{r_2}{q} - \frac{r_1 r_2}{\theta k q^2} > 0 \qquad （10\text{-}31）$$

即，$q\theta > r_1/k$。

也就是说，产业生态系统内上下游产业达到均衡的前提条件是，上游产业的产能能够全部被下游产业转化，或下游产业具备将上游产业产能全部转化的效率与能力。因此，提高下游产业对上游产业产品的购买率或提高下游产业对上游产业产能的转化效率有利于两个产业发展和产业系统的生态平衡。

其中，参数 q 的变化对产业生态系统的影响比较复杂。首先，上游产业情况相对简单，购买率越大越好。而对于下游产业，则可用一个产出规模最大时的中间购买率作为产业的最佳选择，当数值偏高时，产出率与购买率成反比；当数值偏低时，产出率与购买率成正比。通过对上下游关系模型的分析，可以看出，在众包创新生态系统有限环境中，当上游产业的产品能被下游产业有效转化时，上下游产业之间将达到一种均衡状态，这种上下游产业之间的均衡发展，对整个众包创新生态系统的发展也是十分有利的。然而，下游产业对上游产业产品购买率的不断提高，对整个产业的稳定性将产生不利影响。反之，当下游产业对上游产业产品的购买率较小时，也会影响系统的稳定性和安全性，此时，增加购买率将对整个产业系统产生有利影响。因此，众包创新生态系统内保持上下游产业之间的相对均衡是十分必要的。也就是说，众包创新生态系统内各产业之间的依赖程度要适中。

10.3 节根据前文分析的众包创新生态系统的演化规律，根据自组织演化基本理论构建了众包创新生态系统自组织协同演化模型，并对模型进行求解说明和应用分析，然后根据自然生态系统基本理论和生态增长方程，构建了众包创新生态系统生态平衡模型。

10.4　研究结论

　　本章在对众包概念及其发展现状进行梳理后，结合自然生态系统及创新生态系统的相关理论，从生态系统角度出发，分析众包创新生态系统的相关特征及运行机制。主要分析思路是分析系统的构成，然后总结众包创新生态系统的边界特征，最后对比自然生态系统与众包创新生态系统结构的区别和联系。其中，系统的构成分为四个部分，即创新生产群落（接包方）、创新应用群落（发包方）、创新传递群落（众包平台）和创新扩大群落（利益相关者）。在对自然生态系统进行描述以后，本章分析众包创新生态系统的演化规律，根据生命周期理论，把众包创新生态系统分为四个阶段，分别为众包企业聚集、众包企业群落、众包产业集群、众包创新生态系统，最终，众包创新生态系统会趋于衰亡。通过对比自然生态系统，对众包创新生态系统的模仿性、竞合性及知识传导性进行讨论。

　　本章根据自组织演化基本理论构建了众包创新生态系统自组织协同演化模型，并对模型进行求解说明和应用分析，根据自然生态系统基本理论和生态增长方程，构建了众包创新生态系统生态平衡模型。

　　根据本章对众包创新生态系统的研究，可以得出对众包创新生态系统的管理启示有如下四点。

1. 保证众包创新生态系统中的个体的规模

　　众包创新生态系统首先是一个充满活力的人机交互系统，它的存活、发展、繁荣离不开系统中广大的发包方与接包方的沟通、交流、购买等商业活动。正是众包创新生态系统中广泛的竞争、合作与交易（捕食）创造了众包创新生态系统的商业价值，也为社会带来了大量的创新成果。产业经济学的相关研究成果早已表明，一个成熟完善的产业要想取得成本上的优势，必须依赖规模效应。通过前文的分析可以看出，在创新生态系统中个体间的竞合关系达到平衡时，在一段时间内，众包创新生态系统就能够保持发包方与接包方以一定的数量在空间内聚集，并形成稳定的产出规模。如果系统在外部环境基本稳定的条件下，能够长期维持这种竞合状态的均衡，那么，整个创新生态系统就能够稳健发展。

　　因此，在众包创新生态系统中，应当在保证公平合理的交易条件的基础之上，尽可能地鼓励新用户的加入，将众包平台的用户规模尽可能快地扩大到一个合理的范围，发挥众包模式的聚合优势，让众包市场成为一个多边的、有着充分选择权与被选择权的，同时又能维持均衡状态的创新生态系统。

2. 提升众包创新生态系统中各群落的多样性

在引入大规模的发包方与接包方的基础之上，应当重视各群落的"异质性"特性，即保证众包创新生态系统中拥有大量能力、兴趣、生态位各不相同的群落。如果引入的各群落在以上各方面完全同质化，势必创新生产出的成果也非常相似，这既不利于创意产品的创新，更会使得选择更加困难、竞争更加激烈，更有甚者，这种完全同质的竞争，必将带来激烈的价格战，进一步可能会发展演变为"劣币驱逐良币"的逆向选择现象，使得众包创新生态系统中优质的群落离开市场，最后必将导致整个众包创新生态系统的衰亡。

事实上，发挥众包创新生态系统的创新优势，离不开规模和多样性两个方面。扩大用户的数量，从概率上看也将更大可能地带来更多异质性的群落；随着更多异质性群落的加入，众包创新生态系统中的群体总数自然也会随之增加。因此，我们应当关注如何让更多的用户加入众包创新生态系统之中。

3. 建立各项约束机制，尽可能保护生态位变化时各群落的生存环境

前文已说明将更多的用户纳入众包创新生态系统的必要性，接下来关注的则是如何吸引用户。首要的就是建立健全各项约束机制及激励机制，保证各群落的生存环境。

本章已经分析了在众包创新生态系统之中，各群落的生态位并不是一直保持不变的，随着新的群落的涌入，更可能带来新旧群落间生态位的剧烈变化。因此众包平台既要保证新的发包方与接包方进入系统后能够获得一定的资源，激励其继续留在系统之中，又要注意保护系统中原有群落的生存环境。不仅要激励各群落之间的交流、交易，还应当注意规范与约束恶意竞争、刷单交易等行为。

4. 发挥众包平台优势产业的主导作用，增强创新生态子系统的竞争力

众包创新生态系统倾向于朝着序参量指定的方向演化，而一个众包创新生态系统可能还包含多个子系统。因此，充分发挥众包平台优势产业的优势效应，打造具有特色的众包创新生态子系统，有利于增强创新生态子系统的品牌竞争力，让更多潜在的用户了解众包创新生态系统，并且愿意加入这些子系统之中，为整个系统的发展提供动力和活力。

10.5　本　章　小　结

　　本章在对众包概念及其发展现状进行梳理后，结合自然生态系统及创新生态系统的相关理论，从生态系统角度出发，分析了众包创新生态系统的相关特征及运行机制。其次，根据生命周期理论，分析了众包创新生态系统的演化规律。最后，根据自组织演化基本理论构建了众包创新生态系统自组织协同演化模型，并对模型进行求解说明和应用分析，并根据自然生态系统基本理论和生态增长方程，构建了众包创新生态系统生态平衡模型。

参 考 文 献

艾瑞咨询集团. 2011-12-19. 2010 中国威客行业白皮书. https://wenku.baidu.com/view/a6480889a
    0116c175f0e4893.html.

曹兴，宋娟. 2011. 技术联盟知识转移影响因素的实证分析. 科研管理，32（2）：1-9，19.

曹忠鹏，周庭锐，陈淑青. 2009. 关系质量对顾客忠诚及口碑影响效果的实证分析. 预测，28（2）：
    9-15.

常静，杨建梅. 2009. 百度百科用户参与行为与参与动机的实证研究. 科学学研究，27（8）：
    1213-1219.

常静，杨建梅，欧瑞秋. 2009. 大众生产者的参与动机研究述评. 科技管理研究，（5）：423-425.

陈光华，梁嘉明，杨国梁. 2014. 产学研合作研发是规模经济的吗？——以广东省省部产学研合
    作专项为例的分析. 科学学研究，32（6）：882-889.

陈文波，曾庆丰，宋培建，等. 2010. 基于知识视角的组织信息技术吸收研究. 科学学与科学技
    术管理，（5）：81-86.

程贵孙. 2010. 组内网络外部性对双边市场定价的影响分析. 管理科学，23（1）：107-113.

邓春平，毛基业. 2008. 关系契约治理与外包合作绩效——对日离岸软件外包项目的实证研究.
    南开管理评论，11（4）：25-33.

董坤祥，侯文华，周常宝，等. 2016a. 众包竞赛中解答者创新绩效影响因素研究——感知风险
    的调节效应. 科学学与科学技术管理，37（2）：21-29.

董坤祥，张会彦，侯文华. 2016b. 众包竞赛中解答者中标影响因素研究. 科技进步与对策，
    33（1）：28-32.

杜学美，丁璟妤，谢志鸿，等. 2016. 在线评论对消费者购买意愿的影响研究. 管理评论，28（3）：
    173-183.

冯娇，姚忠. 2015. 基于强弱关系理论的社会化商务购买意愿影响因素研究. 管理评论，27（12）：
    99-109.

付菁华. 2009. 内部社会资本对跨国母子公司内部知识转移绩效的影响研究——以跨国在华子公
    司为例. 复旦大学博士学位论文.

高沛然，卢新元. 2014. 基于区间数的拓展 DEMATEL 方法及其应用研究. 运筹与管理，（1）：
    44-50.

葛如一，张朋柱. 2010. 网络创新外包交易机制比较研究. 管理科学学报，13（11）：20-26.

葛如一，张朋柱. 2015. 众包竞赛中众包方的反馈策略. 系统管理学报，24（6）：821-827.

郭三党，刘思峰，方志耕. 2016. 基于双边市场理论的网络团购定价策略分析. 系统工程，（1）：
    77-83.

郭文波，张朋柱，葛如一. 2016. 基于过程模型的众包市场信任增进机制. 系统管理学报，25（1）：
    115-120.

韩清池, 赵国杰. 2014. 基于众包的开放式创新研究: 现状与发展方向. 科技进步与对策, 31 (21):
　　11-16.

豪 J. 2009. 众包: 大众力量缘何推动商业未来. 牛文静译. 北京: 中信出版社.

郝琳娜, 侯文华, 张李浩, 等. 2014. 基于众包虚拟社区的诚信保障和信誉评价机制研究. 系统
　　工程理论与实践, 34 (11): 2837-2848.

黄莉, 徐升华. 2015. 生态产业集群知识转移影响因素研究. 图书馆学研究, (13): 2-9.

黄民礼. 2007. 双边市场与市场形态的演进. 首都经济贸易大学学报, 9 (3): 43-49.

黄敏. 2011. 基于协同创新的大学学科创新生态系统模型构建的研究. 第三军医大学博士学位
　　论文.

黄蕊, 李朝明. 2014. 跨国公司知识转移管理机制研究. 科技管理研究, 34 (13): 88-92.

黄微, 尹爽, 徐瑶, 等. 2011. 基于专利分析的竞争企业间知识转移模式研究. 图书情报工作,
　　55 (22): 78-82.

纪汉霖. 2011. 用户部分多归属条件下的双边市场定价策略. 系统工程理论与实践, 31 (1):
　　75-83.

纪汉霖, 管锡展. 2006. 双边市场及其定价策略研究. 外国经济与管理, 28 (3): 15-23.

纪汉霖, 管锡展. 2007. 服务质量差异化条件下的双边市场定价策略研究. 产业经济研究, (1):
　　11-18.

纪汉霖, 王小芳. 2007. 双边市场视角下平台互联互通问题的研究. 南方经济, (11): 72-82.

纪淑娴, 胡培, 程飞. 2008. 在线信誉管理系统中信用度计算模型研究. 预测, 27 (4): 59-65.

姜奇平. 2009.《众包》与长尾战略 2.0 版. 互联网周刊, (10): 80-81.

江文钰, 糜仲春. 2007. 电子商务信誉管理系统的多维评分模型. 管理学报, 4 (3): 302-305.

姜艳萍, 樊治平. 2002. 三角模糊数互补判断矩阵排序的一种实用方法. 系统工程, 20(2):89-92.

蒋伟进, 许宇胜, 郭宏, 等. 2014. 网络在线交易动态信任计算模型与信誉管理机制. 中国科学:
　　信息科学, 44 (9): 1084-1101.

郎宇洁. 2012. 基于长尾理论面向"众包"的信息服务模式研究. 情报科学, (10): 1545-1549.

雷宇. 2016. 声誉机制的信任基础: 危机与重建. 管理评论, 28 (8): 225-237.

李聪, 梁昌勇. 2012. 面向 C2C 电子商务的多维信誉评价模型. 管理学报, 9 (2): 204-211.

李贺. 2007. 基于组织结构模式创新的企业组织能力研究. 昆明理工大学硕士学位论文.

李靖华, 毛丽娜. 2013. 呼叫中心与后台服务部门间的知识转移——社会资本理论视角. 科学学研
　　究, 31 (8): 1231-1241.

李翔, 陈继祥, 张春辉. 2013. 动态能力影响创新模式选择的机理研究: 市场导向与企业家导向
　　的中介作用. 中国科技论坛, 1 (5): 36-43.

李旭芳. 2014. 基于 AHP 的电商多维信誉的模型设计. 统计与决策, (11): 179-182.

李耀, 周密, 王新新. 2016. "众包"背景下顾客自我生产的前因及其对企业影响实证研究. 中
　　国软科学, (4): 108-121.

李忆, 姜丹丹, 王付雪. 2013. 众包式知识交易模式与运行机制匹配研究. 科技进步与对策, 30(3):
　　127-130.

李勇. 2009. IT 外包中的知识转移机制研究. 图书情报工作, 53 (4): 124-127.

梁建英, 廖貅武. 2008. 企业信息技术外包中知识转移的影响因素分析. 工业技术经济, (9):
　　60-63.

林素芬, 林峰. 2015. 众包参与者中标影响机理研究. 东南学术, (1): 107-116.

刘丰. 2006. ERP 实施项目中的知识转移能力评估. 天津大学硕士学位论文.

刘锋, 张玲玲, 顾基发. 2007. 知识管理在互联网中的应用——威客模式在中国. https://max.
　　book118.com/html/2018/0527/168954075.shtm.

刘刚, 王岚. 2014. 公平感知、关系质量与研发合作关系价值研究. 科研管理, 35（8）：25-33.

刘景方, 张朋柱, 吕英杰, 等. 2015. 基于文本挖掘的众包人才能力分析. 系统管理学报, 24（3）：
　　365-371.

刘维奇, 张苏. 2016. 基于双边市场理论的平台企业互联互通问题分析. 系统工程, （6）：84-88.

刘文华, 阮值华. 2009. 众包：让消费者参与创新. 企业管理, （7）：93-95.

刘晓芳. 2011. 众包：微观时代. 北京：商务印书馆.

刘学元, 丁雯婧, 赵先德. 2016. 企业创新网络中关系强度、吸收能力与创新绩效的关系研究. 南
　　开管理评论, 19（1）：30-42.

刘咏梅, 丁纯洁, 王琦. 2013. IT 外包中知识转移影响因素的元分析. 中南大学学报（社会科学
　　版）, 2：1-7.

卢新元, 龙德志, 梁丽婷, 等. 2015. 众包网站中用户初始信任影响因素分析及实证研究. 长沙：
　　第十五届全国计算机模拟与信息技术学术会议.

卢新元, 王艳梅, 周茜. 2012. IT 外包服务中知识转移过程及影响因素分析. 情报科学, 30（11）：
　　1734-1738.

卢新元, 周茜, 高沛然, 等. 2013. 基于激励机制与知识联盟的 IT 外包中知识转移风险规避模
　　型. 情报科学, 31（5）：113-117.

鲁琨, 高强. 2009. 创新、服务质量与绩效：B2C 电子商务业实证研究. 科学学研究, 27（7）：
　　1110-1120.

陆伟刚. 2012. 电信运营商内容服务市场的接入定价策略：基于双边市场的理论分析. 中国软科
　　学, （5）：114-127.

吕品, 钟珞, 蔡敦波, 等. 2014. 基于 CRF 的中文评论有效性挖掘产品特征. 计算机工程与科学,
　　36（2）：359-366.

吕英杰, 张朋柱, 刘景方. 2013. 众包模式中面向创新任务的知识型人才选择. 系统管理学报,
　　22（1）：60-66.

马庆国, 徐青, 廖振鹏, 等. 2006. 知识转移的影响因素分析. 北京理工大学学报（社会科学版）,
　　8（1）：40-43.

孟韬, 张媛, 董大海. 2014. 基于威客模式的众包参与行为影响因素研究. 中国软科学, （12）：
　　112-123.

倪楠. 2009. "众包"——企业 HR 管理借助外力的新模式. 新资本, （4）：38-44.

庞建刚. 2015. 众包社区创新的风险管理机制设计. 中国软科学, （2）：183-192.

庞建刚, 刘志迎. 2016. 科研众包式科技创新研究——基于网络大众科技创新投入的视角. 中国
　　软科学, （5）：184-192.

庞建刚, 潘丽娟. 2016. 网络大众参与众包行为的动机——基于主成分分析法的研究. 科技管理
　　研究, （10）：225-230.

彭丽芳, 陈中, 李琪, 等. 2007. 网络交易中信用评价方法研究. 南开管理评论, 10（2）：76-81.

齐二石, 王慧明. 2005. 制造业信息化评价指标体系和方法研究. 工业工程, 8（2）：52-56.

阮闪闪, 王小平, 薛小平. 2015. 基于证据理论信任模型的众包质量监控. 计算机应用, 35（8）：
　　2380-2385.

施晓菁, 梁循, 孙晓蕾. 2016. 基于在线评级和评论的评价者效用机制研究. 中国管理科学, 24（5）：
　　149-157.

史新. 2009. "威客"模式在国内的发展现状及优化研究. 情报杂志,（1）: 156-160.

史新, 邹一秀. 2009. 威客模式研究述评. 图书与情报, 28（1）: 69-72, 96.

舒宗瑛. 2012. 基于物元模糊模型的图书馆知识转移评价研究. 情报科学,（7）: 1044-1047.

疏礼兵, 贾生华. 2008. 知识转移过程模式的理论模型研究述评. 科学学与科学技术管理, 29（4）: 95-100.

宋光兴, 曹春方. 2009. 电子商务中在线信用分的集结方法及个性化推荐研究. 预测, 28（5）: 55-58, 64.

孙宝文, 李二亮, 王珊君, 等. 2014. 动态交易保证金在网上交易信誉激励机制中的设计和实现. 管理评论, 26（3）: 31-38.

孙茜, 刘海波, 杨绪勇. 2016. 创新众包平台对接包方中标率的影响机制研究. 科学学研究, 34（2）: 279-287.

谭婷婷, 蔡淑琴, 胡慕海. 2011. 众包国外研究现状. 武汉理工大学学报（信息与管理工程版）, 33（2）: 263-266.

唐塞丽, 仙树, 胡蕾, 等. 2016. 面向在线产品评论数据的有效性建模与测度研究. 计算机应用研究, 33（5）: 1308-1311.

田剑, 王丽伟. 2014. 在线创新竞赛中解答者创新绩效影响因素研究. 科技进步与对策,（15）: 5-9.

涂慧. 2013. 社会网视角下众包中的知识流研究. 中南民族大学硕士学位论文.

王道平, 杨岑, 宁静. 2013. 知识服务网络知识转移行为演化研究. 科学学与科学技术管理, 34（8）: 34-42.

王丽伟, 田剑, 刘德文. 2014. 基于网络社区的创新竞赛绩效影响因素研究. 科研管理, 35（2）: 17-24.

王林, 曲如杰, 赵杨. 2015. 基于评论信息的网购情景线索类型及其作用机制研究. 管理评论, 27（4）: 156-166.

王姝, 陈劲, 梁靓. 2014. 网络众包模式的协同自组织创新效应分析. 科研管理, 35（4）: 26-33.

王宇, 魏守华. 2016. 网络交易市场中第三方标记的有效性研究——基于信号传递理论的一个解释. 管理评论, 28（9）: 51-60.

王智生, 李慧颖, 孙锐. 2016. 在线评论有用性投票的影响因素研究——基于商品类型的调节作用. 管理评论, 28（7）: 143-153.

王忠群, 皇苏斌, 修宇, 等. 2015. 基于领域专家和商品特征概念树的在线商品评论深刻性度量. 现代图书情报技术, 31（9）: 17-25.

王祖辉, 姜维, 李一军. 2014. 在线评论情感分析中固定搭配特征提取方法研究. 管理工程学报, 28（4）: 180-186.

威廉姆森 O E. 2002. 资本主义经济制度: 论企业签约与市场签约. 段毅才, 王伟译. 北京: 商务印书馆.

魏峰, 袁欣, 邸杨. 2009. 交易型领导、团队授权氛围和心理授权影响下属创新绩效的跨层次研究. 管理世界,（4）: 135-142.

魏江, 王铜安. 2006. 个体、群组、组织间知识转移影响因素的实证研究. 科学学研究, 24（1）: 91-97.

魏仁干, 郑建国, 张华平, 等. 2017. 引入营销效应的文本情感挖掘研究. 统计与决策,（9）: 48-53.

魏拴成. 2010. 众包的理念以及我国企业众包商业模式设计. 技术经济与管理研究,（1）: 36-39.

邬适融. 2010. 新产品开发模式研究. 管理学报, 7 (12): 1811.

吴碧蓉. 2009. 基于层次分析法的图书馆知识转移能力评价模型研究. 现代情报, 29 (8): 16-20.

吴克文, 赵宇翔, 朱庆华. 2010. C2C 电子商务中卖方信誉评价研究述评. 图书情报工作, 54 (14): 136-139, 101.

夏恩君, 赵轩维, 李森. 2015. 国外众包研究现状与趋势. 技术经济, 34 (1): 28-36.

夏火松, 甄化春, 张颖烨, 等. 2016. 线上商品评论有效性分类专业领域知识模型的构建研究. 情报学报, 35 (9): 946-954.

夏晓华, 王美今. 2009. 竞赛中的最优奖励: 一个拍卖分析框架. 经济学 (季刊), 8 (1): 23-40.

肖万福. 2014. 网络环境下第三方评论对消费者冲动购买意愿的影响研究. 华中科技大学博士学位论文.

肖小勇, 文亚青. 2005. 组织间知识转移的主要影响因素. 情报理论与实践, 28 (4): 355-358.

谢识予. 2001. 有限理性条件下的进化博弈理论. 上海财经大学学报, 3 (5): 3-9.

信妍. 2011. IT 外包中知识转移影响因素实证研究. 情报杂志, 30 (S1): 111-114, 95.

徐海玲. 2010. 基于社会资本理论的企业员工知识共享倾向研究. 科学与管理, 30 (161): 70-72.

徐晓钰, 李玲. 2008. 企业信息化过程中知识转移能力研究. 管理与创新, (4): 62-65.

严浩仁. 2005. 试论顾客忠诚的影响因与理论模型. 商业经济与管理, (4): 61-65.

严兴全, 周庭锐, 李雁晨, 等. 2011. 信任、承诺、关系行为与关系绩效: 买方的视角. 管理评论, 23 (3): 71-81.

杨波, 徐升华. 2010. 基于多智能体建模的知识转移激励机制的演化博弈模型与仿真. 计算机工程与科学, 32 (6): 162-166.

杨冠淳, 卢向华. 2009. 促进用户粘性的虚拟社区技术与管理设计创新——基于实证的研究. 研究与发展管理, (5): 29-38.

杨立公, 朱俭, 汤世平. 2013. 文本情感分析综述. 计算机应用, 33 (6): 1574-1578, 1607.

杨爽. 2013. 信息质量和社区地位对用户创造产品评论的感知有用性影响机制——基于 Tobit 模型回归. 管理评论, 25 (5): 136-143, 154.

杨雪莲. 2012. 工业品营销中关系质量对顾客购后行为倾向的影响研究. 山东大学博士学位论文.

姚亚萍, 刘伟, 付启敏. 2009. 信息系统外包中知识转移影响因素分析. 科技进步与对策, 26 (8): 128-131.

叶伟巍, 陈玉芬. 2015. 网络众包模式下开放式创新机制及激励政策研究. 北京: 科学出版社.

叶伟巍, 朱凌. 2012. 面向创新的网络众包模式特征及实现路径研究. 科学学研究, (1): 145-151.

殷国鹏, 刘雯雯, 祝珊. 2012. 网络社区在线评论有用性影响模型研究——基于信息采纳与社会网络视角. 图书情报工作, 56 (16): 140-147.

尤天慧, 李飞飞. 2010. 组织知识转移能力评价方法及提升策略. 科技进步与对策, (14): 121-124.

游小珺, 杜德斌, 张斌丰, 等. 2014. 高校在国家知识创新体系中的作用评价——基于部分创新型国家和中国的比较研究. 科学学与科学技术管理, 35 (7): 89-97.

袁建新, 周俊. 2014. 关系型规范、知识转移与项目完成度的关系研究. 财经问题研究, (8): 33-39.

岳翠霞, 吉久名. 2009. 高校图书馆知识转移能力评估研究. 情报探索, (7): 27-29.

岳中刚. 2006. 双边市场的定价策略及反垄断问题研究. 财经问题研究, (8): 30-35.

张娥, 杨飞, 汪应洛. 2007. 网上交易中诚信交易激励机制设计. 管理科学学报, 10 (1): 64-70.

张凯. 2013. 存在水平差异化的多寡头双边平台企业竞争研究. 运筹与管理, (2): 249-255.

张乐, 闫强, 吕学强. 2017. 面向短文本的情感折射模型. 情报学报, 36（2）: 180-189.

张利斌, 钟复平, 涂慧. 2012. 众包问题研究综述. 科技进步与对策, 29（6）: 154-160.

张利飞. 2009. 高科技产业创新生态系统耦合理论综评. 研究与发展管理, 21（3）: 70-75.

张伶, 连智华. 2017. 基于组织公正调节中介模型的新生代员工自我效能和创新绩效研究. 管理学报, 14（8）: 1162-1171.

张鹏, 鲁若愚. 2012. 众包式创新激励机制研究——基于委托代理理论. 技术经济与管理研究, （6）: 45-48.

张睿, 于渤. 2009. 技术联盟组织知识转移影响因素路径检验. 科研管理, 30（1）: 28-37.

张嵩, 张旭. 2015. 基于社会网络的隐性知识转移机制实证分析. 大陆桥视野, （2）: 87-89.

张廷海. 2009. 基于双边市场的平台产业定价策略. 安徽大学学报（哲学社会科学版）, 33（4）: 142-146.

张晓霞. 2010. 众包与外包商业模式比较及其启示. 商业时代, （16）: 18-20.

张旭梅, 刘春燕. 2009. 企业 IT 外包中知识转移的风险与防范对策研究. 科技管理研究, （6）: 267-269.

张运生. 2008. 高科技企业创新生态系统边界与结构解析. 软科学, （11）: 95-97, 102.

张志强, 逄居升, 谢晓芹, 等. 2013. 众包质量控制策略及评估算法研究. 计算机学报, 36（8）: 1636-1649.

郑海超, 侯文华. 2011. 网上创新竞争中解答者对发布者的信任问题研究. 管理学报, 8（2）: 233-240.

郑小勇. 2010. 创新集群的形成模式及其政策意义探讨. 外国经济与管理, 32（2）: 58-65.

钟耕深, 朱雅杰. 2010. 基于众包的商业模式优化. 大连: 第五届（2010）中国管理学年会.

钟敏娟, 万常选, 刘德喜. 2016. 基于关联规则挖掘和极性分析的商品评论情感词典构建. 情报学报, 35（5）: 501-509.

仲秋雁, 王彦杰, 裘江南. 2011. 众包社区用户持续参与行为实证研究. 大连理工大学学报（社会科学版）, 32（1）: 1-6.

周立君, 汪涛. 2014. 亚马逊土耳其机器人: 科学研究的众包网络平台研究综述. 科技进步与对策, 31（8）: 156-160.

周涛, 鲁耀斌. 2008. 基于社会资本理论的移动社区用户参与行为研究. 管理科学, 21（3）: 43-50.

周茵, 庄贵军, 杨伟. 2016. 企业间关系质量: 渠道影响策略的权变模型. 商业经济与管理, （7）: 23-32.

朱艳春, 刘鲁, 张巍. 2007. 在线信誉系统中的信任模型构建研究. 控制与决策, （4）: 413-417, 422.

宗利永, 李元旭. 2015. 基于扎根理论的文化创意类众包社区发包方参与动机研究. 科技进步与对策, 32（14）: 1-5.

邹凌飞. 2015. 众包社区成员创造力绩效影响因素分析及其应用研究. 华中科技大学博士学位论文.

Adler P S, Chen C. 2011. Combining creativity and control: understanding individual motivation in large-scale collaborative creativity. Accounting, Organizations and Society, 36（2）: 63-85.

Adler P S, Kwon S W. 2002. Social capital: prospects for a new concept. Academy of management review, 27（1）: 17-40.

Adner R. 2006. Match your innovation strategy to your innovation ecosystem. Harvard Business Review, 84（4）: 98-107.

Afuah A, Tucci C L. 2012. Crowdsourcing as a solution to distant search. Academy of Management Review, 37 (3): 355-375.

Ågerfalk P J, Fitzgerald B. 2008. Outsourcing to an unknown workforce: exploring opensourcing as a global sourcing strategy. MIS Quarterly, 32 (2): 385-409.

Albino V, Garavelli A C, Schiuma G. 1998. Knowledge transfer and inter-firm relationships in industrial districts: the role of the leader firm. Technovation, 19 (1): 53-63.

Albors J, Ramos J C, Hervas J L. 2008. New learning network paradigms: communities of objectives, crowdsourcing, wikis and open source. International Journal of Information Management, 28 (3): 194-202.

Alcalde J, Dahm M. 2007. Tullock and Hirshleifer: a meeting of the minds. Review of Economic Design, 11 (2): 101-124.

Allahbakhsh M, Benatallah B, Ignjatovic A, et al. 2013. Quality control in crowdsourcing systems: issues and Directions. IEEE Internet Computing, 17 (2): 76-81.

Allahbakhsh M, Samimi S, Motahari-Nezhad H R, et al. 2014. Harnessing implicit teamwork knowledge to improve quality in crowdsourcing processes//IEEE Computer Society. Proceedings of the 2014 IEEE 7th International Conference on Service-Oriented Computing and Applications. Washington: IEEE: 17-24.

Archak N. 2010. Money, Glory and cheap talk: analyzing strategic behavior of contestants in simultaneous crowdsourcing contests on TopCoder.com. Raleigh: The 19th International Conference on World Wide Web, WWW 2010.

Armstrong M, Wright J. 2007. Two-sided markets, competitive bottlenecks and exclusive contracts. Economic Theory, 32 (2): 353-380.

Arrow K J. 1984. The Economics of Agency// Pratt J W, Zeckhauser R J. Principals and Agents: the Structure of Business. Boston: Harvard Business School Press: 37-51.

Baba Y, Kashima H, Kinoshita K, et al. 2014. Leveraging non-expert crowdsourcing workers for improper task detection in crowdsourcing marketplaces. Expert Systems with Applications, 41 (6): 2678-2687.

Bagozzi R P, Dholakia U M. 2006. Open source software user communities: a study of participation in Linux user groups. Management Science, 52 (7): 1099-1115.

Bayus B L. 2013. Crowdsourcing new product ideas over time: an analysis of the Dell IdeaStorm community. Management Science, 59 (1): 226-244.

Baye M R, Dan K, Vries C G D. 1996. The all-pay auction with complete information. Economic Theory, 8 (2): 291-305.

Benjamin S, Harald P, Daniel S, et al. 2013. Auction-based crowd sourcing supporting skill management. Information Systems, 38 (1): 547-560.

Benkler Y. 2006. Commons-based peer production and virtue. The Journal of Political Philosophy, 14: 394-402.

Bhattacherjee A. 2001. Understanding information systems continuance: an expectation -confirmation model. MIS Quarterly, 25 (3): 351-370.

Blanchard A L, Markus M L. 2004. The experienced "sense" of a virtual community. Characteristics and Processes, 35 (1): 64-79.

Bolt W, Tieman A F. 2008. Heavily skewed pricing in two-sided markets. International Journal of

Industrial Organization, 26（5）: 1250-1255.

Boudreau K J. 2012. Let a thousand flowers bloom? An early look at large numbers of software app developers and patterns of innovation. Organization Science, 23（5）: 1409-1427.

Boudreau K J, Lacetera N, Lakhani K R. 2011. Incentives and problem uncertainty in innovation contests: an empirical analysis. Management Science, 57（5）: 843-863.

Bourdieu P. 2011. Forms of capital. Economic Sociology, 3（5）: 60-74.

Brabham D C. 2008. Crowdsourcing as a model for problem solving: an introduction and cases. Convergence: The International Journal of Research into New Media Technologies, 14（1）: 75-90.

Brabham D C. 2010. Moving the crowd at threadless: motivations for participation in a crowdsourcing application. Information, Communication and Society, 13（8）: 1122-1145.

Bücheler T, Sieg J H. 2011. Understanding science 2. 0: crowdsourcing and open innovation in the scientific method. Procedia Computer Science, 7（29）: 327-329.

Bullinger A C, Neyer A K, Rass M, et al. 2010. Community-based innovation contests: where competition meets cooperation. Creativity and Innovation Management, 19（3）: 290-303.

Cable D M, Edwards J R. 2004. Complementary and supplementary fit: a theoretical and empirical integration. Journal of Applied Psychology, 89（5）: 822-834.

Cao Q, Duan W, Gan Q. 2011. Exploring determinants of voting for the "helpfulness" of online user reviews: a text mining approach. Decision Support Systems, 50（2）: 511-521.

Cavallo R, Jain S. 2013. Efficient crowdsourcing contests. The 11th International Conference on Autonomous Agents and Multiagent Systems, 2: 677-686.

Chanal V, Caron-Fasan M L. 2008. How to invent a new business model based on crowdsourcing: the Crowdspirit® case. Conférence de I'Association International de Management Stratégique: 1-27.

Chandler D, Kapelner A. 2013. Breaking monotony with meaning: motivation in crowdsourcing markets. Journal of Economic Behavior & Organization, 90: 123-133.

Chang H H, Evans D S. 2000. The competitive effects of the collective setting of interchange fees by payment card systems. Antitrust Bulletin, 45（3）: 641-677.

Chau P Y K. 1996. An empirical assessment of a modified technology acceptance model. Journal of Management Information Systems, 13（2）: 185-204.

Che Y K, Gale I. 2003. Optimal Design of Research Contests. The American Economic Review, 93（3）: 646-671.

Chen P C, Hung S W. 2016. An actor-network perspective on evaluating the R&D linking efficiency of innovation ecosystems. Technological Forecasting & Social Change, 112: 303-312.

Chen Z, Ma N, Liu B. 2015. Lifelong learning for sentiment classification. Proceedings of the 53rd Annual Meeting of the Association for Computational Linguistics and the 7th International Joint Conference on Natural Language Processing, 2: 750-756.

Chesbrough H W. 2003. Open Innovation: The New Imperative for Creating and Profiting From Technology. Cambridge: Harvard Business School Press.

Chowdhury S M, Sheremeta R M. 2011. A generalized Tullock contest. Public Choice, 147（3/4）: 413-420.

Constant D, Kiesler S, Sproull L. 1994. What's mine is ours or it is? A study of attitudes about information sharing. Information Systems Research, 5（4）: 400-421.

Corney J R, Torres-Sánchez C, Jagadeesan A P, et al. 2010. Putting the crowd to work in a knowledge-based factory. Advanced Engineering Informatics, 24（3）: 243-250.

Cosley D, Frankowski D, Terveen L, et al. 2007. SuggestBot: using intelligent task routing to help people find work in Wikipedia. Honolulu: The 12th International Conference on Intelligent User Interfaces.

Crosby L A, Evans K R, Cowles D. 1990. Relationship quality in service selling: an interpersonal influence perspective. Journal of Marketing, 54（3）: 68-81.

Cuieford J P. 1965. Fundamental Statistics in Psychology and Education. British Journal of Educational Studies, 5（2）: 191.

Cummings J L. Teng B S. 2003. Transferring R&D knowledge: the key factors affecting knowledge transfer success. Journal of Engineering and Technology Management, 20（1~2）: 39-68.

Dai W, Wang Y F, Jin Q. 2016. An integrated incentive framework for mobile crowdsourced sensing. Tsinghua Science & Technology, 21（2）: 146-156.

Davenport T H, Prusak L. 2000. Working knowledge: how organizations manage what they know. Project Management Journal, 31（3）: 56-56.

David R K, Sewoong O, Devavrat S. 2014. Budget-optimal task allocation for reliable crowdsourcing systems. Operations Research, 62（1）: 1-24.

Davis F D, Bagozzi R P, Warshaw P R. 1992. Extrinsic and intrinsic motivation to use computers in the workplace. Journal of Applied Social Psychology, 22（14）: 1111-1132.

Demil B, Lecocq X. 2006. Neither market nor hierarchy nor network, the emergence of bazaar governance. Organization Studies, 27: 1447-1466.

Denicolò V, Franzoni L A. 2010. On the winner-take-all principle in innovation races. Journal of the European Economic Association, 8（5）: 1133-1158.

DiPalantino D, Vojnovic M. 2009. Crowdsourcing and all-pay auctions. Stanford: The 10th ACM conference on Electronic commerce.

DiPalantino D, Vojnovic M. 2011. Crowdsourcing and all-pay auctions. http://www.eecs.harvard.edu/cs286r/courses/fall12/papers/DiPalantino09.pdf.

Dixon N M. 2000. Common Knowledge: How Companies Thrive by Sharing What They Know. Boston: Harvard Business School Press.

Djelassi S, Decoopman I. 2013. Customers' participation in product development through crowdsourcing: issues and implication. Industrial Marketing Management, 42（5）: 683-692.

Doan A, Ramakrishnan R, Halevy A Y. 2011. Crowdsourcing systems on the world-wide web. Communications of the ACM, 54（4）: 86-96.

Duffy J. 2013. All-Pay auctions vs. lotteries as provisional fixed-prize fundraising mechanisms. University of Pittsburgh.

Dwyer F R, Schurr P H, Oh S. 1987. Developing buyer-seller relationships. Journal of Marketing, 51（2）: 11-27.

Enrique E, Fernando G. 2012. Towards an integrated crowdsourcing definition. Journal of Information Science, 38（2）: 189-200.

Estellés-Arolas E, González-Ladrón-de-Guervara F. 2012. Towards an integrated crowdsourcing definition. Journal of Information Science, 38（2）: 189-200.

Evans D S. 2003. Some empirical aspects of multi-sided platform industries. Social Science

Electronic Publishing, 2（3）: 191-209.

Fan J, Li G, Ooi B C, et al. 2015. iCrowd: an adaptive crowdsourcing framework. Melbourne: The 2015 ACM SIGMOD International Conference on Management of Data.

Felbo B, Mislove A, Søgaard A, et al. 2017. Using millions of emoji occurrences to learn any-domain representations for detecting sentiment, emotion and sarcasm. Copenhagen: The 2017 Conference on Empirical Methods in Natural Language Processing.

Feller J, Finnegan P, Hayes J, et al. 2012. 'Orchestrating' sustainable crowdsourcing: a characterisation of solver brokerages. The Journal of Strategic Information Systems, 21（3）: 216-232.

Fletcher S. 1992. Standards and Competence: A practice Guide for Employers Management and Trainers. London: Kogan.

Forman C, Ghose A, Wiesenfeld B. 2008. Examining the relationship between reviews and sales: the role of reviewer identity disclosure in electronic markets. Information Systems Research, 19（3）: 291-313.

Franke J, Kanzow C, Leininger W, et al. 2014. Lottery versus all-pay auction contests: a revenue dominance theorem. Games & Economic Behavior, 83（1）: 116-126.

Franklin M J, Kossmann D, Kraska T, et al. 2011. CrowdDB: answering queries with crowdsourcing. Athens: The 2011 ACM SIGMOD International Conference on Management of Data.

Fu Q, Lu J. 2012. The optimal multi-stage contest. Economic Theory, 51（2）: 351-382.

Fuller J, Hutter K, Hautz J, et al. 2007. Forthcoming, internal innovation communities: the influence of motives and barriers on employees' participation intensity. Journal of Product Innovation Management, 60（1）: 60-71.

Ganesh J, Arnold M J, Reynolds K E. 2000. Understanding the customer base of service providers: an examination of the difference between switchers and stayers. Journal of Marketing, 64（3）: 65-87.

Ganu G, Kakodkar Y, Marian A. 2013. Improving the quality of predictions using textual information in online user reviews. Information Systems, 38（1）: 1-15.

Gao G, Greenwood B N, Agarwal R, et al. 2015. Vocal minority and silent majority: how do online ratings reflect population perceptions of quality. MIS Quarterly, 39（3）: 565-589.

Gatautis R, Vitkauskaite E. 2014. Crowdsourcing application in marketing activities. Procedia-Social and Behavioral Sciences, 110（24）: 1243-1250.

Gefen D, Gefen G, Carmel E. 2016. How project description length and expected duration affect bidding and project success in crowdsourcing software development. Journal of Systems & Software, 116: 75-84.

Geiger D, Schader M. 2014. Personalized task recommendation in crowdsourcing information systems-current state of the art. Decision Support Systems, 65: 3-16.

Gilbert M, Cordey-Hayes M. 1996. Understanding the process of knowledge transfer to achieve successful technological innovation. Technovation, 16（6）: 301-312.

Golicic S L. 2007. A comparison of shipper and carrier relationship strength. International Journal of Physical Distribution & Logistics Management, 37（9）: 719-739.

Goncalves J, Ferreira D, Hosio S, et al. 2013. Crowdsourcing on the spot: altruistic use of public displays, feasibility, performance, and behaviours. Zurich: ACM International Joint Conference on Pervasive and Ubiquitous Computing.

Goo J, Kishore R, Rao H R, et al. 2009. The role of service level agreements in relational management of information technology outsourcing: an empirical study. MIS quarterly, 33 (1): 119-145.

Guglielmino P J. 1979. Developing the top-level executive for the 1980s and beyond. Training and Development Journal, 33 (4): 12-14.

Guo W, Straub D, Zhang P, et al. 2014. Understanding vendor selection in crowdsourcing marketplace: a matter of vendor-task fit and swift trust. Savannah: Twentieth Americas Conference on Information Systems.

Hackman J R, Oldham G R. 1976. Motivation through the design of work: test of a theory. Organizational Behavior and Human Performance, 16 (2): 250-279.

Hagiu A. 2009. Two-sided platforms: product variety and pricing structures. Journal of Economics & Management Strategy, 18 (4): 1011-1043.

Hamilton W L, Clark K, Leskovec J, et al. 2016. Inducing domain-specific sentiment lexicons from unlabeled corpora. Copenhagen: Empirical Methods In Natural Language Processing.

Hanvanich S, Sivakumar K, Hult G T M. 2006. The relationship of learning and memory with organizational performance: the moderating role of turbulence. Journal of the Academy of Marketing Science, 34 (4): 600-612.

Hearst M A. 1992. Direction-based text interpretation as an information access refinement. http://citeseerx.ist.psu.edu/viewdoc/download;jsessionid=09AC31E052D33ABAB4756628D81 DE9FC?doi=10.1.1.40.9124&rep=rep1&type=pdf.

Hennig-Thurau T, Klee A. 1997. The impact of customer satisfaction and relationship quality on customer retention: a critical reassessment and model development. Psychology & Marketing, 14 (8): 737-764.

Hirth M, Hoßfeld T, Tran-Gia P. 2013. Analyzing costs and accuracy of validation mechanisms for crowdsourcing platforms. Mathematical and Computer Modelling, 57 (11~12): 2918-2932.

Hodson H. 2013. Crowdsourcing grows up as workers unite. New Scientist, 217 (2903): 22-23.

Hofstetter R, Zhang J Z, Herrmann A. 2017. Successive open innovation contests and incentives: winner-take-all or multiple prizes? Journal of Product Innovation Management, 35 (4): 492-517.

Howe J. 2006. The rise of crowdsourcings. Wired, 24 (6): 176-183.

Howe J. 2008. Crowdsourcing: Why the Power of the Crowd is Driving the Future of Business. New York: Crown Business.

Huberman B A. 2008. Crowd sourcing and attention. Computer, 41 (11): 103-105.

Huberman B A, Romero D M, Wu F. 2009. Crowdsourcing, attention and productivity. Journal of Imformation Science, 35 (6): 758-765.

Humphrey S M, Mole R A, Thompson R I. 2010. Mixed alkali metal/transition metal coordination polymers with the mellitic acid hexaanion: 2-dimensional hexagonal magnetic nets. Inorganic Chemistry, 49 (7): 3441-3448.

Hung W H, Ho C F, Jou J J, et al. 2012. Relationship bonding for a better knowledge transfer climate: an ERP implementation research. Decision Support Systems, 52 (2): 406-414.

Ipeirotis P G, Provost F, Wang J. 2010. Quality management on Amazon Mechanical Turk. Washington: ACM SIGKDD Workshop on Human Computation.

Jan M L，Winfried E，Helmut K. 2005. Design，implementation，and evaluation of trust-supporting components　in virtual communities for patients. Journal of Management Information System，21（4）：101-136.

Jeon J，Croft W B，Lee J H，et al. 2006. A framework to predict the quality of answers with non-textual features. http://ciir.cs.umass.edu/pubfiles/ir-469.pdf.

Jiménez F R，Mendoza N A. 2013. Too popular to ignore：the influence of online reviews on purchase intentions of search and experience products. Journal of Interactive Marketing，27（3）：226-235.

Jordan A，Russel D. 2014. Embedding the concept of ecosystem services? The utilisation of ecological knowledge in different policy venues. Environment & Planning C Government & Policy，32（2）：192-207.

Kankanhalli A，Tan B C Y，Wei K K. 2005. Contributing knowledge to electronic knowledge repositories：an empirical investigation. MIS Quarterly，29（1）：113-143.

Kaplan T R，Wettstein D. 2015. The optimal design of rewards in contests. Review of Economic Design，19（4）：327-339.

Karger D R，Oh S，Shah D. 2014. Budget-optimal task allocation for reliable crowdsourcing systems. Operations Research，62（1）：1-24.

Kazai G. 2011. In search of quality in crowdsourcing for search engine evaluation. Advances in Information Retrieval，6611：165-176.

Kazman R，Chen H M. 2009. The metropolis model a new logic for development of crowdsourced systems. Communications of the ACM，52（7）：76-84.

Khasraghi H J，Aghaie A. 2014. Crowdsourcing contests：understanding the effect of competitors participation history on their performance. Behaviour & Information Technology，33（12）：1383-1395.

Kim D H. 2012. Equilibrium analysis of a two-sided market with multiple platforms of monopoly provider. Social Science Electronic Publishing，19：1-22.

Kim S，Park H. 2013. Effects of various characteristics of social commerce（s-commerce）on consumers' trust and trust performance. International Journal of Information Management，33（2）：318-332.

Kirppalani N. 2014. Connecting with consumers：marketing for new marketplace realities. Journal of Marketing Management，30（13~14）：1522-1524.

Kittur A，Chi E H，Suh B. 2008. Crowdsourcing user studies with Mechanical Turk. http://web.engr. oregonstate.edu/~burnett/CS589empirical/CS589-statisticalStudies/mechTurks-CHI08-kittur.pdf.

Kleemann F，Gunter G，Rieder K. 2008. Underpaid innovators：the commercial utilization of consumer work through crowd sourcing. Science Technology & Innovation Studies，4（1）：5-26.

Korfiatis N，Garciabariocanal E，Sanchezalonso S. 2012. Evaluating content quality and helpfulness of online product reviews：the interplay of review helpfulness vs. review content. Electronic Commerce Research and Applications，11（3）：205-217.

Koufaris M，Hampton-Sosa W T. 2004. The development of initial trust in an online company by new customers. Information & management，41（3）：377-397.

Krishnan V，Ulrich K T. 2001. Product development decisions：a review of the literature. Management Science，47（1）：1-21.

Kristof A L. 1996. Person-organization fit：an integrative review of its conceptualizations， measurement, and implications. Personnel psychology, 49 (1): 1-49.

Križman A. 2010. Involvement, knowledge sharing and proactive improvement as antecedents of logistics outsourcing performance. Economic & Business Review, 11 (3): 233-256.

Lakhani K R, Hippel E V. 2003. How open source software works: "free" user-to user assistance. Research Policy, 32 (6): 923-943.

Lakhani K R, Panetta J A. 2007. The principles of distributed innovation. Innovations: Technology Governance Globalization Summer, 2 (3): 97-112.

Lazear E. 2000. Performance pay and productivity. American Economic Review, 90 (5): 1346-1361.

Le J, Edmonds A, Hester V, et al. 2010. Ensuring quality in crowdsourced search relevance evaluation: the effects of training question distribution. SIGIR 2010 Workshop on Crowdsourcing for Search Evaluation, 2126: 22-32.

Le Q, Panchal J H. 2011. Modeling the effect of product architecture on mass-collaborative processes. Journal of Computing & Information Science in Engineering, 11 (1): 1-12.

Lee J N, Kim Y G. 1999. Effect of Partnership quality on is outsourcing success: conceptual framework and empirical validation. Journal of Management Information Systems, 15 (4): 29-61.

Lee S, Shin B, Lee H G. 2009. Understanding post-adoption usage of mobile data services: the role of supplier-side variables. Journal of the Association for Information, 10 (12): 860-888.

Leimeister J, Huber M, Bretschneider U. 2009. Leveraging crowd sourcing: activation-supporting components for IT-based ideas competition. Journal of Management Information Systems, 26 (1): 197-224.

Lerner J, Tirole J. 2002. Some simple economics of open source. Journal of Industrial Economics, 50: 197-234.

Li J J, Poppo L, Zhou K Z. 2010. Relational mechanisms, formal contracts, and local knowledge acquisition by international subsidiaries. Strategic Management Journal, 31 (4): 349-370.

Li L. 2005. The effects of trust and shared vision on in-ward knowledge transfer in subsidiaries intra-andinter-organizational relationships. International Business Review, 14 (1): 77-95.

Li Q, Ma F, Gao J, et al. 2016. Crowdsourcing high quality labels with a tight budget. San Francisco: The Ninth ACM International Conference on Web Search and Data Mining.

Li Y L, Du N, Liu C, et al. 2017. Reliable medical diagnosis from crowdsourcing: discover trustworthy answers from non-experts. Cambridge: The Tenth ACM International Conference on Web Search and Data Mining.

Liao S H, Hu T C. 2007. Knowledge transfer and competitive advantage on environmental uncertainty: an empirical study of the Taiwan semiconductor industry. Technovation, 27 (6~7): 402-411.

Lin W B. 2007. Factors affecting the correlation between interactive mechanism of strategic alliance and technological knowledge transfer performance. Journal of High Technology Management Research, 17: 139-155

Lindic J, Baloh P, Ribiere V M, et al. 2011. Deploying IT for organizational innovation. Internal Journal of Information Management, 31 (2): 183-188.

Liu F, Zhang L L, Gu J F. 2007. The application of knowledge management in the Internet -witkey mode in China. International Journal of Knowledge Systems Sciences, 4 (4): 32-41.

Liu T X, Yang J, Adamic L A, et al. 2014. Crowdsourcing with all-pay auctions: a field experiment on Taskcn. Management Science, 60 (8): 2020-2037.

Liu X, Lu J. 2014. The effort-maximizing contest with heterogeneous prizes. Economics Letters, 125 (3): 422-425.

Lu J, Parreiras SO. 2017. Monotone equilibrium of two-bidder all-pay auctions redux. Games & Economic Behavior, 104: 78-91.

Luoma-Aho V, Uskali T, Weinstein A. 2009. Pitfalls of attention work in the innovation ecosystem. Working Paper.

Madsen T L, Woolley J, Sarangee K. 2012. Using Internet-based collaboration technologies for Innovation: crowdsourcing vs. expert sourcing//Academy of Management Proceedings. New York: Academy of Management Briarcliff Manor.

Majchrzak A, Malhotra A. 2013. Towards an information systems perspective and research agenda on crowdsourcing for innovation. The Journal of Strategic Information Systems, 22 (4): 257-268.

Majchrzak A, Wagner C, Yates D. 2013. The impact of shaping on knowledge reuse for organizational improvement with wikis. MIS Quarterly, 37 (2): 455-469.

Manenti F M, Somma E. 2009. Plastic clashes: competition among closed and open payment systems. Manchester School, 79 (6): 1099-1125.

Martinez M G. 2015. Solver engagement in knowledge sharing in crowdsourcing communities: exploring the link to creativity. Research Policy, 44 (8): 1419-1430.

Matros A, Possajennikov A. 2016. Tullock contests may be revenue superior to auctions in a symmetric setting. Economics Letters, 142: 74-77.

McClelland D C. 1973. Testing for competence rather than for "intelligence". American Psychologist, 28 (1): 1-14.

Mirabile R J. 1997. Everything you wanted to know about competency modeling. Training & Development, 51 (8): 73-77.

Mishra A, Dey K, Bhattacharyya P. 2017. Learning cognitive features from gaze data for sentiment and sarcasm classification using convolutional neural network. Vancouver: The 55th Annual Meeting of the Association for Computational Linguistics.

Mo K, Zhong E, Yang Q. 2013. Cross-task crowdsourcing//ACM SIGKDD International Conference on Knowledge Discovery and Data Mining. New York: ACM: 677-685.

Mohr J, Spekman R. 1994. Characteristics of partnership success: partnership attributes, communication behavior, and conflict resolution techniques. Strategic Management Journal, 15 (2): 135-152.

Moore J F. 1993. Predators and prey: a new ecology of competition. Harvard Business Review, 71 (3): 75-86.

Morgan R M, Hunt S D. 1994. The Commitment-trust theory of relationship marketing. Journal of Marketing, 58 (3): 20-38.

Morris R R, Dontcheva M, Gerber E M, 2012. Priming for better performance in microtask crowdsourcing environments. IEEE Internet Computing, 16 (5): 13-19.

Mu J F, Tang F C, Maclachlan D L. 2010. Absorptive and disseminative capacity: knowledge transfer in intra-organization networks. Expert Systems with Applications, 37 (1): 31-38.

Mudambi S M, Schuff D. 2010. What makes a helpful online review? A study of customer reviews on amazon. com. MIS Quarterly, 34 (1): 185-200.

Nahapiet J, Ghoshal S. 1998. Social capital, intellectual capital, and the organizational advantage. Knowledge & Social Capital, 23 (2): 242-266.

Nan L. 1982. Social resources and instrumental action// Marsden P V, Lin Y N. Social Structure and Network Analysis. Beverly Hills: Sage: 131-145.

Nelson P. 1970. Information and consumer behavior. Journal of Political Economy, 78 (2): 311-329.

Nevo D, Kotlarsky J. 2014. Primary vendor capabilities in a mediated outsourcing model: can IT service providers leverage crowdsourcing? Decision Support Systems, 65 (1): 17-27.

Nigel T. 2006. Re-inventing invention: new tendencies in capitalist commodification. Economy and Society, 35 (2): 279-306.

Nonaka I. 1991. The knowledge creating company. Harvard Business Review, 69 (6): 96-104.

Nonaka I. 1994. A dynamic theory of organizational knowledge creation. Organization Science, 5 (1): 14-37.

Nonaka I, Takeuchi H. 1995. The knowledge-creating company: How Japanese Companies Create the Dynamics of Innovation. Oxford : Oxford University Press.

Ograniscia P. 2010. Why bother? Examining the motivations of users in large-scale crowd-powered online initiatives. University of Alberta Master of Arts.

Oliver. 1980. A cognitive model of the antecedents and consequences of satisfaction decisions. Journal of Marketing Research, 17 (4): 460-469.

Opricovic S, Tzeng G H. 2004. Compromise solution by MCDM methods: a comparative analysis of VIKOR and TOPSIS. European Journal of Operational Research, 156 (2): 445-455.

Palvia P C, King R C, Xia W, et al. 2010. Capability, quality, and performance of offshore IS vendors: a theoretical framework and empirical investigation. Decision Sciences, 41 (2): 231-270.

Panchal J H. 2009. Agent-based modeling of mass-collaborative product development processes. Journal of Computing and Information Science in Engineering, 9 (3): 1-12.

Paulsen J M, Hjert K B. 2014. Exploring individual-level and group-level levers for inter-organizational knowledge transfer. The Learning Organization, 21 (4): 274-287.

Pénin J, Burger-Helmchen T. 2011. Crowdsourcing of inventive activities: definition and limits. International Journal of Innovation & Sustainable Development, 5 (2~3): 246-263.

Poetz M K, Schreier M. 2012. The value of crowdsourcing: can users really compete with professionals in generating new product ideas? Journal of Product Innovation Management, 29 (2): 245-256.

Poria S, Cambria E, Hazarika D, et al. 2017. Context-dependent sentiment analysis in user-generated videos//Proceedings of the 55th Annual Meeting of the Association for Computational Linguistics, 1: 873-883.

Prahalad C, Ramaswamy V. 2005. The Future of Competition Co-Creating Unique Value with Customers. Boston: Harvard Business Press.

Prpić J, Taeihagh A, Melton J. 2015. The fundamentals of policy crowdsourcing. Policy & Internet, 7 (3): 340-361.

Rasch A. 2007. Platform competition with partial multihoming under differentiation: a note. Infection & Immunity, 79 (4): 1489-1497.

Reagans R, McEvily B. 2003. Network structure and knowledge transfer: the effects of cohesion and range. Administrative Science Quarterly, 48 (3): 554-554.

Reichheld F P, Sasser W E. 1990. Zero defections-quality comes to services. Harvard Business Review, 68 (5): 105-111.

Ridings C M, Gefen D. 2004. Virtual community attraction: why people hang out online. Journal of Computer-mediated communication, 10 (1): 119-132.

Rochet J C, Tirole J. 2006. Two-sided markets: a progress report. The RAND Journal of Economics, 37 (3): 645-667.

Rogers E M, Kincaid D L. 1982. Communication networks: Toward a new paradigm for research. Contemporary Sociology, 11 (2): 203.

Rogstadius J, Kostakos V, Kittur A, et al. 2011. An assessment of intrinsic and extrinsic motivation on task performance in crowdsourcing markets. http://www.mediateam.oulu.fi/publications/pdf/1405.pdf.

Rosen P A. 2011. Crowdsourcing lessons for organizations. Journal of Decision Systems, 20 (3): 309-324.

Roth Y, Brabham D C, Lemoine J F. 2015. Recruiting individuals to a crowdsourcing community: applying motivational categories to an Ad copy test//Garrigos-Simon F J, Gil-Pechuán L, Estelles-Miguel S. Advances in Crowdsourcing. New York: Springer International Publishing: 15-31.

Rovere A, Raymo M E, O'Leary M J, et al. 2012. Crowdsourcing in the quaternary sea level community: insights from the pliocene. Quaternary Science Reviews, 56 (21): 164-166.

Rubinstein A. 1982. Perfect equilibrium in a bargaining model. Econometrica, 50 (1): 97-109.

Ruder S, Ghaffari P, Breslin J G. 2016. A Hierarchical Model of Reviews for Aspect-based Sentiment Analysis. Austin: The 2016 Conference on Empirical Methods in Natural Language Processing.

Rysman M. 2009. The Economics of two-sided markets. Journal of Economic Perspectives, 23 (3): 125-143.

Sauermann H, Cohen W M. 2010. What makes them tick? Employee motives and firm innovation. Management Science, 56 (12): 2134-2153.

Sawhney M, Prandell I E. 2000. Communities of creation: management distributed innovation turbulent markets. California Management Review, 42: 24-54.

Saxton G D, Onook O, Kishore R. 2013. Rules of crowdsourcing: models, issues, and systems of control. Information Systems Management, 30 (1): 2-20.

Scahill L, Riddle M A, McSwiggin-Hardin M, et al. 1997. Children's Yale-Brown obsessive compulsive scale: reliability and validity. Journal of the American Academy of Child and Adolescent Psychiatry, 36 (6): 844-852.

Schenk E, Guittard C. 2011. Towards a characterization of crowdsourcing practices. Journal of Innovation Economics, 7 (1): 93-107.

Schöttner A. 2008. Fixed-prize tournaments versus first-price auctions in innovation contests. Economic Theory: 35 (1): 57-71.

Schuhmacher M C, Kuester S. 2012. Identification of lead user characteristics driving the quality of service innovation ideas. Creativity & Innovation Management, 21 (4): 427-442.

Schwartz. 1992. Universals in the content and structure of values: theoretical advances and empirical tests in 20 countries. Advances in Experimental Social Psychology, 25 (1): 1-65.

Shao B J, Shi L, Xu B, et al. 2012. Factors affecting participation of solvers in crowdsourcing: an empirical study from China. Electronic Markets, 22 (2): 73-82.

Simonin B L. 1999. Transfer of marketing know-how in internation strategic alliances: an empirical investigation of the role and antecedents of knowledge ambiguity. Journal of Internation Business Studies, 30 (3): 463-490.

Simula H, Ahola T. 2014. A network perspective on idea and innovation crowdsourcing in industrial firms. Industrial Marketing Management, 43 (3): 400-408.

Sisak D. 2009. Multiple-prize contests-the optimal allocation of prizes. Journal of Economic Surveys, 23 (1): 82-114.

Sorokin A, Forsyth D. 2008. Utility data annotation with Amazon Mechanical Turk. Alaska: IEEE Computer Society Conference on Computer Vision and Pattern Recognition Workshops.

Spence M. 1973. Job market signaling. Quarterly Journal of Economics, 87 (3): 355-374.

Standifird S S. 2001. Reputation and e-commerce: eBay auctions and the asymmetrical impact of positive and negative ratings. Journal of Management, 27 (3): 279-295.

Sun Y Q, Wang N, Peng Z. 2011. Working for one penny: understanding why people would like to participate in online tasks with low payment. Computers In Human Behavior, 27 (2): 1033-1041.

Sun Y Q, Wang N, Yin C X, et al. 2015. Understanding the relationships between motivators and effort in crowdsourcing marketplaces: a nonlinear analysis. International Journal of Information Management, 35 (3): 267-276.

Szulanski G. 2000. The process of knowledge transfer: a diachronic analysis of stickiness. Organizational Behavior and Human Decision Processes, 82 (1): 9-27.

Szulanski G, Cappetta R, Jensen R J. 2004. When and how trustworthiness matters: knowledge transfer and the moderating effect of causal ambiguity. Organization Science, 15 (5): 600-613.

Talib F, Rahman Z, Qureshi M N. 2013. An empirical investigation of relationship between total quality management practices and quality performance in Indian service companies. International Journal of Quality & Reliability Management, 30 (3): 280-318.

Taylor C R. 1995. Digging for golden carrots: an analysis of research tournaments. American Economic Review, 85 (4): 872-890.

Teece D. 1977. Technology transfer by multinational firms: the resource cost of transferring technological know-how. The Economic Journal, 87 (346): 242-261.

Terwiesch C, Loch C H. 2004. Collaborative prototyping and the pricing of custom-designed products. Management Science, 50: 145-158.

Terwiesch C, Xu Y. 2008. Innovation contests, open innovation, and multiagent problem solving. Management Science, 54 (9): 1529-1543.

Tran A, Hasan S U, Park J Y. 2012. Crowd participation pattern in the phases of a product development process that utilizes crowdsourcing. Industrial Engineering & Management Systems, 1 (3): 266-275.

Tseng M L. 2009. A causal and effect decision making model of service quality expectation using grey-fuzzy DEMATEL approach. Expert Systems with Applications, 36 (4): 7738-7748.

Tung Y H, Tseng S S, Tsai W T. 2014. Corrigendum to a novel approach to collaborative testing in a crowdsourcing environment. The Journal of Systems and Software, 86: 2143-2153.

Vukovic M, Bartolini C. 2010. Towards a research agenda for enterprise crowdsourcing. international conference on leveraging applications of formal methods, verification, and validation. Lecture Notes in Computer Science, 6415: 425-434.

Wang C L, Ahmed P K. 2007. Dynamic capabilities: a review and research agenda. International Journal of Management Reviews, 9 (1): 31-51.

Wang W, Pan S J, Dahlmeier D, et al. 2016. Recursive Neural Conditional Random Fields for Aspect-based Sentiment Analysis. Austin: The 2016 Conference on Empirical Methods in Natural Language Processing.

Wasko M M L, Faraj S. 2005. Why should I share? Examining social capital and knowledge contribution in electronic networks of practice. MIS Quarterly, 29 (1): 35-57.

Weber B, Weber C. 2007. Corporate venture capital as a means of radical innovation: relational fit, social capital, and knowledge transfer. Journal of Engineering & Technology Management, 24: 11-35.

Wechsler D. 2014. Crowdsourcing as a method of transdisciplinary research: tapping the full potential of participants. Futures, 60: 14-22.

Wen B L. 2007. Factors affecting the correlation between interactive mechanism of strategic alliance and technological knowledge transfer performance. The Journal of High Technology Management Research, 17 (2): 139-155.

Whitla P. 2009. Crowdsourcing and its application in marketing activities. Contemporary Management Research, 5 (1): 15-28.

Wijk R V, Jansen J J P, Lyles M A. 2008. Inter-and intra-organizational knowledge transfer: a meta-analytic review and assessment of its antecedents and consequences. Journal of Management Studies, 45 (4): 830-853.

Wu F, Huang Y, Yan J. 2017. Active Sentiment Domain Adaptation//Proceedings of the 55th Annual Meeting of the Association for Computational Linguistics, 1: 1701-1711.

Xu H, Larson K. 2014. Improving the efficiency of crowdsourcing contests. Richland: International Foundation for Autonomous Agents and Multiagent Systems.

Yang J, Adamic L A, Ackerman M S. 2008a. Crowdsourcing and knowledge sharing: strategic user behavior on Taskcn. Chicago: ACM Conference on Electronic Commerce.

Yang J, Adamic L A, Ackerman M S. 2008b. Competing to share expertise: the Taskcn knowledge sharing community. Seattle: 2nd the International Conference on Weblogs and Social Media.

Yang Y, Chen P Y, Pavlou P. 2009. Open innovation: an empirical study of online contests. ICIS 2009 Proceedings: 13.

Yoo B, Choudhary V, Mukhopadhyay T. 2002. A model of neutral B2B intermediaries. Journal of Management Information Systems, 19 (3): 43-68.

Yu H, Shen Z, Miao C, et al. 2013. A reputation-aware decision-making approach for improving the efficiency of crowdsourcing systems. Minnesota: The 12th International Conference on Autonomous Agents and Multi-Agent Systems.

Yu J, Jiang J. 2016. Learning sentence embeddings with auxiliary tasks for cross-domain sentiment classification. Austin: The 2016 Conference on Empirical Methods in Natural Language Processing.

Yukino B, Hisashi K, Kei K, et al. 2014. Leveraging non-expert crowdsourcing workers for improper task detection in crowdsourcing marketplaces. Expert Systems with Applications, 41（6）: 2678-2687.

Zadeh L A. 1965. Fuzzy sets. Information & Control, 8（3）: 338-353.

Zadeh L A. 1975. The concept of a linguistic variable and its application to approximate reasoning. Information Science, 8（4）: 301-357.

Zahra S A, Nambisan S. 2012. Entrepreneurship and strategic thinking in business ecosystems. Business horizons, 2012, 55（3）: 219-229.

Zhang P, Ng F F. 2013. Explaining knowledge-sharing intention in construction teams in Hong Kong. Journal of Construction Engineering & Management, 139（3）: 280-293.

Zhang R, Tran T. 2011. An information gain-based approach for recommending useful product reviews. Knowledge & Information Systems, 26（3）: 419-434.

Zheng H C, Li D H, Hou W H. 2010. Task design, motivation, and participation in crowdsourcing contests. International Journal of Electronic Commerce, 15（4）: 57-88.

Zhuang G, Xi Y, Tsang A S L. 2010. Power, conflict, and cooperation: the impact of guanxi, in Chinese marketing channels. Industrial Marketing Management, 39（1）: 137-149.